二井彬緒

ハンナ・アーレントと共生の〈場所《トポロジー》〉論

パレスチナ・ユダヤのバイナショナリズムを再考する

晃洋書房

凡例

一、人名の英語表記は生没年とともにすべて巻末の人名索引に記した。
一、先行研究や参照文献は、原則として［著者名（姓）公刊年：ページ数］で表記した。
一、引用は基本的に既刊の日本語訳を参照しつつ引用者が訳出した。参照した各日本語訳は巻末の参考文献にまとめている。
一、一部、原本を確認の上、既刊の日本語訳をそのまま使用して引用した場合は、原本のページ数をアラビア数字、日本語訳のページ数を漢数字の順で記した。
一、書簡集は原本を確認の上、基本的に既刊の日本語訳を使用した。『アーレント＝マッカーシー往復書簡』をのぞいて、書簡番号（no.）と頁数を順に併記した。
一、引用文中の強調は基本的に原著者によるものである。
一、引用者によって内容を補足した場合は、〔 〕と記した。
一、引用者によって内容を省略した場合は、〔…〕と記した。
一、アーレントの著作、主要な先行研究からの引用は略号を用いて表記した。アラビア数字のページ数は原本のものを示している。略号は以下の通り。

略号

JW : Hannah Arendt, ed. by Jerome Kohn, *The Jewish Writings*, New York: Schocken Books, 2007.
EU : Arendt, and ed. by Jerome Kohn, *Essays in Understanding*, New York: Harcourt. Brace & Company, 2005.
OT : Arendt, *The Origins of Totalitarianism*, New York: Penguin Random House Group, 2017.
HC : Arendt, *The Human Condition*, Chicago: University of Chicago Press, 2018.
OR : Arendt, *On Revolution*, New York: Penguin Random House Group, 2006.
EJ : Arendt, *Eichmann in Jerusalem : The Banality of Evil*, New York: Penguin Random House Group 2006.
MDT : Arendt, *Men in Dark Times*, London: Mariner Books, 1970.
BPF : Arendt, *Between Past and Future : six exercises in political thought*, New York: Viking Press, 1968.

CR: Arendt, *Crises of the republic,* Harmondsworth: Penguin, 1973.

RJ: Arendt, and ed. by Jerome Kohn, *Responsibility and Judgement,* New York: Schocken Books, 2003.

COR A=J: translated from the German by Robert and Rita Kimber, *Hannah Arendt / Karl Jaspers correspondence, 1926–1969,* New York: Harcourt Brace Jovanovich, 1992.（本書では基本的に英訳版を参照し、その底本は hrsg. von Lotte Köhler und Hans Saner, *Hannah Arendt / Karl Jaspers: Briefwechsel 1926–1969,* München: Piper, 1985. このドイツ語底本の邦訳はハンナ・アーレント、カール・ヤスパース著、L・ケーラー、H・ザーナー編、大島かおり訳『アーレント＝ヤスパース往復書簡　1～3：1926 1969』みすず書房、2004年である。）

COR A=S: ハンナ・アーレント、ゲルショム・ショーレム著、マリー・ルイーズ・クノット編集、ダーヴィト・エレディア編集協力、細見和之他訳『アーレント＝ショーレム往復書簡』岩波書店、2019年。（底本は hrsg. von Marie Luise Knott unter Mitarbeit von David Heredia, *Hannah Arendt / Gershom Scholem: Der Briefwechsel,* Jüdischer Verlag im Suhrkamp Verlag, Berlin, 2010.）

COR A=M: ハンナ・アーレント、メアリー・マッカーシー著、キャロル・ブライトマン編、佐藤佐智子訳『アーレント＝マッカーシー往復書簡――知的生活のスカウトたち』法政大学出版局、1999年。（底本は ed. by Carol Brightman, *Between friends: the correspondence of Hannah Arendt and Mary McCarthy, 1949–1975,* New York: Harcourt Brace, 1995. である。）

目次

第二部 『人間の条件』における共生の〈場所〉論

第三部　『革命について』と〈場所〉への倫理、そしてアイヒマン裁判へ

はじめに

否、われわれの足はいまも焦土のうえにある。

——川満信一(1)

ユートピアとは世界に欠けているものであり、
さまざまな不可能が絡まりあう結び目をほどくことができる、
唯一のリアリズムである。

——エドゥアール・グリッサン、パトリック・シャモワゾー(2)

本書はユダヤ系思想家ハンナ・アーレントの「バイナショナリズム」論の具体像と思想的意義の研究である。バイナショナリズム(bi-nationalism)(3)とは、パレスチナ地方におけるパレスチナ人とユダヤ人の共生国家建設に向けた思想や運動のことを指す。アーレントは一九四〇年代を中心にこのバイナショナリズムを支持し、運動にも携わった。本書では、このバイナショナリズム論の全容と後年の思想に対するインパクトを、〈場所〉というキーワードのもと初期から後期までの著作を通史的に読解することで明らかにする。(4)

この惨禍の時において、パレスチナ人とユダヤ人の共生という「ユートピア」を語ることに疑義を持つ読者もいるだろう。二つの民族はけっして対等ではない。安全地帯にいる研究者がそうした議論をしていいのか、と。思想研究はこの苦境に対して何もできないのだろうか。

そうではない。人文学は、この武力対立の中をいかに歩き抜けばいいのか、どこへ向かえばいいのかを示すだけの力《パワー》がある。ひとはそれを「想像力」という。想像力によって語られる希望や「ユートピア」を夢想家のいうことだ、と一蹴してしまいたくなるほど、現状は暗く、先がみえない。だが、想像力はリアリズムに立脚した知識と思考によって成り立つ。先がみえない時にこそ躓かないように、最悪のことを最善の形で回避する道を想像しなければならない。この先の和平と脱植民地化への見通しをよくし、現在地を教えてくれる政治思想を、今、語らねばならない。

本書が論じるアーレントの政治思想は、停戦に向かうためにも、いかにこの紛争地帯で和平を打ち立てるのかという選択肢の一つであり、あたらしい地図である。

本書は〈場所〉をテーマとしている。アーレントにおいて〈場所〉とは政治思想と政治的実践とがめぐりあう地点である。[5] 言い換えれば、迫害と入植の時期にアーレントはどういう希望をみいだし思考したのかと、アーレント自身はユダヤ人として何をしたのかが、パレスチナという〈場所〉において交錯する。ユダヤ人としてナチス・ドイツから迫害を受け、フランス、アメリカに亡命し、難民・無国籍者として生きた。その中で、シオニズム運動に携わり、ユダヤの青少年をパレスチナへと逃す団体のスタッフとして働き、シオニズム‐バイナショナリズムやヨーロッパ情勢に関する時事評論を書いていた。先行研究では、こうした実体験がもととなり、後年の政治思想が練り上げられた、としばしばエピソード的に指摘される。

アーレントは難民で、バイナショナリズムを支持していた。「場所を失った人」であり、同時に「場所を求めた人」だった。すなわち、一方では諸権利を剥奪されて故郷に留まることさえ違法化され、信頼していた人びとを失い、住むうえでの場所も精神的な居場所も失いながら、もう一方では、場所を失った人びとはどこに、どのような場所へとあらたに向かうべきか、考え実践しようとしたひとなのだ。そしてその場所は、ユダヤ難民のみにとっての希望ではなく、パレスチナ人を難民化させないための思想でもあった。ではその希望、共生の〈場所〉とはいかなる倫理に基づいた空間で、いかにして可能で、今も希望たりえるのか。

本書の立論は次のとおりである。アーレントにおいて、場所を失い場所を求めた政治的実践の経験によって、その後の政治思想が醸成された。シオニズム－バイナショナリズムという政治的な経験や実践と、一九五一年以降の政治思想が交叉する地点、いうなればそれは共生の〈場所〉論である。

背景――〈パレスチナ〉をめぐる問いかけ

一九四八年のイスラエル建国と民族浄化に伴い、約七〇万人のパレスチナ人がガザ・西岸地区に避難、あるいは近隣諸国へと流出した。現在に至るまで、イスラエルによる検閲や制限、軍事侵攻によりガザ・西岸地区の経済・政治状況は日に日に悪化し、現状として民族浄化が行われている［Roy 2016／岡他編 2024］。

一方でユダヤ人がこの地域に国家を樹立した経緯も複雑である。入植が加速化した要因として一九三〇―四〇年代のナチス・ドイツによるユダヤ人迫害が指摘される。ヨーロッパ・ユダヤ人は、ナチスによる迫害によって難民化され、最終的には約六〇〇万人が絶滅強制収容所で大量虐殺された。エヴィアン会議(6)にみられるように、当時の国際社会はユダヤ難民を認識しつつも入国受入には消極的だった。結果、多くの難民がパレスチナへ流入した。

イスラエルは建国以来、パレスチナ・アラブ人の家屋や畑、工場の破壊を繰り返しては、入植地域を拡大し、人びとを難民化させ、空にした土地の所有権をあらゆる方法で正当化してきた［Pappé 2006］。例えば、旧約聖書に基づいて通りや街に名前をつけ、エルサレムの丘にはシオニズムの始祖、テオドール・ヘルツルの名を冠して彼を埋葬し、その周りには国防軍の軍用墓地、またヤド・ヴァシェム（ショア博物館）を建設した［Benvenisti 2000; 今野 2021］。

このように、イスラエルはパレスチナ人が暮らした痕跡を消去し、イスラエル国家の土地への正統性を示すかのように、思うままに地図を書き換え、住民を排除し、人口をコントロールしてきている。〈場所〉には、そこに住む人びとと政治のあり方が表象される。

イスラエル・パレスチナ紛争は、一つの〈場所〉をめぐる問いかけである。その問いとは「ある一つの場所に誰がどのように住むのか」というものである。もっといえば、次のようなものである。居場所、居住地、故郷、あらゆる〈場所〉を失った難民は、いかに再定住先をみつけ、いかに住まうべきなのか。

政治思想家ハンナ・アーレントとパレスチナ／イスラエル

この「ある一つの場所に誰がどのように住むのか」という問いに、「ユダヤとアラブ、二つの民族が住むべき」と応答する人びとがいる。その先駆者がハンナ・アーレント（Hannah Arendt, 1906–1975）だった。

アーレントは、一九〇六年にドイツ・ハノーファーの裕福なユダヤ人商家に生まれた。マルティン・ハイデガー、カール・ヤスパースのもとで現象学を学び、一九二八年に『アウグスティヌスの愛の概念』を上梓し博士号を取得した。その後、ナチス・ドイツ政権の樹立、また激しい反ユダヤ主義による迫害を受け、シオニズムに目覚めていく。(7) ドイツ・シオニズム運動の中でも左派のクルト・ブルーメンフェルト（Kurt Blumenfeld, 1884–1963）に影響を受け、シオニスト団体の仕事を手伝っていたことから、一九三三年にはゲシュタポに逮捕された。釈放された後、フランスに亡命し、「農業と手工業」、「ユース・アリア」(8) といったユダヤ難民支援に従事した。だが、一九四〇年にはフランスのギュルス収容所に移送され、これをきっかけに翌年一九四一年、アメリカへ二度目の亡命をした。

アーレントの無国籍者としての生活は、アメリカで市民権を取得する一九五一年まで、一八年間続いた。年齢にして二七―四五歳の時期にあたる。亡命後は、アメリカ・ユダヤ人向けの雑誌記者として働きつつ、シオニズムやバイナショナリズムに関する記事・論考を執筆した。

アメリカ亡命前後にあたる一九四一―四五年、アーレントはシオニズムに関する分析とともに、「ユダヤ軍」の創設を訴えた。この時期、ナチスによるユダヤ人迫害・虐殺が加速化したため、アーレントはこれに抵抗し、収容所のユダヤ人を救出する、離散ユダヤ人による独自の軍隊、いわば「ユダヤ軍」が必要である、と主張したのである。

> この戦争中、すべてのユダヤ政治が失敗しないために、われわれが達成しなければならない計画目標はただ一つである。それは完全で、平等な権利をもって戦争へ参加すること、すなわちユダヤ軍（Jewish army）だ[JW: 178]。

「すべてのユダヤ政治」とは、ユダヤ難民の保護、シオニズム主流派の政治指針であるパレスチナにおける国家建設の是非、また収容所にいる同胞の人命救助のこともふくめて指している。アーレントはこれらすべてを達成するには、まずユダヤ軍によるディアスポラ・ユダヤ人の組織化が必要だと訴えた。

同時に、アーレントはバイナショナリズムを主張した。バイナショナリズム論は、初期論考において、連邦制国家（federated state）、両民族国家（bi-national state）といった語とともに議論されている。

> 連邦国家という代替案は〔…〕はるかに現実的である。それは、二つの異なる民族で共通の政府を確立するという内容にもかかわらず、はなから解決不可能である多数派／少数派の位置関係という厄介な問題を回避できる。さらに連邦制の構造は、ユダヤ-アラブの地域評議会に依拠しなければならないが、そうなれば、ユダヤ-アラブの紛争は、最小単位かつ最も期待できるレベルの近しさと隣人との付き合いによって解決されることになるだろう[JW: 400]。

ここでバイナショナリズムは、端的に「二つの異なる民族で共通の政府を確立する」ものと定義されている。引用の中で続くように、アーレントの場合、この共通の政府は「ユダヤ-アラブの地域評議会に依拠」した「連邦」の形をとる。

第二次世界大戦が終結し、一九四七年には国連でパレスチナ分割案が採択され、イスラエルが建国された。アーレントは国連に向けバイナショナリズムのアピール運動を行なっていたが、同年、運動のパートナーだったユダ・レオン・マグネス（Judah Leon Magnes, 1877-1948）[9]を亡くし、一九五〇年を最後にシオニズム、バイナショナリズムに関して発言しなくなった。

一九五一年以降、アーレントは思想家として目覚ましい活躍をみせていく。一九五一年には『全体主義の起原』、一九五八年『人間の条件』、一九六三年『革命について』を刊行した。とりわけ、『起原』を出版し、アメリカ市民権を取得して以降、アーレントの政治思想は多くの人びとに受け入れられ、大学での安定した仕事も得られるようになった。一九六一年には、イスラエルにおけるアイヒマン裁判のレポートをまとめた『エルサレムのアイヒマン』を出版し、ユダヤ人の間でも論争が起こる注目作となった。

アーレントは人間を「政治的（political）」な存在として定義し、この生は労働（labor）、製作（work）、活動（action）によって成り立つとした。最も重視される活動とは、政治的な行為のことを指す。平等かつ異なる他者が「現れ（appearance）」、集まるという複数性（plurality）を基盤とし、ともに何かを「はじめる（begin, はじまり beginning）」といった協働によって活動は成り立つ。この時、人びとのあいだに生じる非-暴力的な力を「権力（power）」とした。この複数性と、権力と対極の概念として議論されるのが主権（sovereignty）である。アーレントは、主権制を単一者による暴力的な支配体制として定義し、批判した。

〔なぜなら〕主権（sovereignty）とは、妥協のない自己充足と支配の概念であり、まさに複数性の条件と矛盾する〔からである〕。地上に住んでいるのは一人の人間（one man）ではなく、複数の人びと（men）であるために、誰しも主権者になりえない［HC: 234］。

主権は「一人の人間」、すなわち単一者による「支配の概念」である。しかし、地上に住まうのは、単一的な存在ではなく、差異を持った「複数の人びと」である。主権制は、複数の他者との共生（live together）という現実に即していない、虚構的な概念として論じられる。

さらに、アーレントはこの定義に基づき、国民国家（nation-state）を、単一的な「民族」を「国民」とする政治体制、言い換えれば、単一者による支配体制とみなした。こうした観点から、ナチズムやスターリニズムといった全体主義運動、また広く近代の主権的国民国家のあり方を批判した［例えばOT: 335-360など］。とりわけ、人種主義の観点から民族を同質的なものとして規定した全体主義運動を「反政治的」な運動だとしている。それらは異なる人びとの複数性、また他者との共生を根本的に否定したためである。

このように、アーレントは主権制度を単一者による支配体制として批判しつつ、複数性や権力を活かすあらたな政治制度として連邦・評議会制（federation, counsil）を議論した［OR］。

シオニストとして――ユダヤ軍創設論をめぐって

こうしてアーレントの足跡を辿ると、初期のパレスチナをめぐるバイナショナリズムの主張と、思想家として脚光を浴びてからの思想はどことなく似通ってみえないだろうか。本書は、バイナショナリズムとはどのような文脈で論じられ、アーレントが論じた「共生」するパレスチナとはどのような〈場所〉なのかを、初期から後期の思想を通史的に読解することで明らかにすることを目指す。そのためにはまず、アーレントのユダヤ・シオニズム論、バイナショナリズム論の先行研究をひもとかねばならない。

アーレントをシオニストとみなすか、非シオニストとみなすかは実は議論が分かれている。というのもシオニズムの主流派を批判し、ユダヤ人の主権国家建設には反対していたことから、アーレントを「非シオニスト」ないし「反シオニスト」とみなす研究があるのだ［例えば戸谷・百木 2020; Laquer 2001］。一方で、これまで引用で示してきたとおり、アーレントは初期においてユダヤ軍の創設というユダヤ・ナショナリズムの議論や、パレスチナでのバイナショナル国家の建設を論じている。そこで、本書ではアーレントをシオニストとして論じたものに絞って先行研究をみていきたい。

アーレントの初期思想を最も早く取り上げたのは、エリザベス・ヤング＝ブルーエルである。一九八二年に出版された伝記研究『ハンナ・アーレント』(10)［Young-Bruehl 1982/2004］は、アーレントの亡命期の足跡やその期間に発表したシオニズムに関する論考を紹介した、最初の研究だった。

その後、ポスト冷戦期にあたる一九九〇年代以降、アーレント思想を再評価する流れ、いわゆる「アーレント・ルネサンス」が起こり、ヤング＝ブルーエルに続きようやく亡命期の著作に光を当てた研究が出てきた。この時期、アーレントの初期思想は「ユダヤ性」の観点から検討された。その代表的な研究として、一九九〇年刊行のダグマール・バーナウによる『可視的空間』［Bernouw 1990］、一九九八年刊行のマルティーヌ・レイボヴィッチによる『ユダヤ女ハンナ・アーレント』［レイボヴィッチ 2008］が挙げられる。これらは、ヤング＝ブルーエルの研究からさらに踏み込み、亡命期の論考や『ラーエル・ファルンハーゲン』を中心的に分析した、先駆的な研究であり、アーレントが自身のユダヤという出自をいかに捉え、いかにしてシオニズムへと接近したのかが描出されている。

ただし、これらの研究が論じた中心的テーマはアーレントのユダヤ性、つまり「ユダヤ人であること」をいかに受容したのか、という内的受容の点だった。もちろん「ユダヤ人であること」を政治的文脈にいかに位置づけたのか、という点にも言及はしている。だが、そうした初期のシオニズム論がイスラエル・パレスチナ紛争に対して、いかなる展望を持つのかは議論されていない。本書では、ユダヤ性に関する研究にも目を配りつつ、アーレントがシオニズム、またパレスチナ紛争に対してとった政治的姿勢に注目していく。

他方で、紛争に対する展望は示さないものの、アーレントのシオニズム、バイナショナリズムについて積極的な議論を提示したのがリチャード・バーンスタイン『ハンナ・アーレントとユダヤ人問題』(11)［Bernstein 1996］、スティーブン・アッシュハイム編集による論文集『エルサレムのアーレント』［ed. by Aschheim 2001］、船津真『初期アーレント思想の生成』［船津 2008a］である。

バーンスタインは、初期思想を「ユダヤ性」という問題にとどまらず、後年の思想に続くような萌芽的な要素を持ったものとして読解した。例えば、アーレントのシオニズム左派・右派に対する批判は、シオニズムにおける「複数性」を提起したものだったこと、バイナショナリズム論の「連邦制」「評議会」は『革命について』での議論に通底していることに言及している［Bernstein 1996: 104–106, 118, 135–136］。また、二〇一三年刊行の『暴力』では、ユダヤ軍創設論がユダヤ人の民族的「革命」に向けた「はじまりの暴力」だったと指摘した［Bernstein 2013: 78–104］(12)。バーンスタインの一連の議論は、アーレントをシオニストとして位置づけ、かつ、初期の議論が(13)ショアや難民問題といった限定的な状況によって迫られて議論されただけのものではない、ということを明示した。事実、初期テクストには「はじまり」「連邦」といった後年の中心的概念が登場する。ギル・ルービン、シュミュエル・リーダマンといった近年の先行研究も、連邦制という点で初期の議論と『革命について』の間に共通性をみいだしている［Rubin 2015; Lederman 2019］。本書も、初期思想は後年の諸概念に強い影響を与えた、萌芽的な議論として論じることとする。

一方で、バーンスタインの議論にはいくつかの限界がある。まず、多くの研究に当てはまるが、バーンスタインはシオニズム、バイナショナリズム、ユダヤ軍創設論をそれぞれ別に論じており、三つの議論の有機的な連続性は論じていない。つまり、バーンスタインの分析からすると、これらの議論はアーレントがそれぞれの文脈や出来事に応じてばらばらに行ったものにみえてしまう。また、彼はアーレントの初期論考すべてを検討したわけではなく、一九四〇年代の論考を中心に分析を行っている。そのため、一九三〇―五〇年代にかけてアーレントのユダヤ人問題やシオニズムに対する考えがいかなる変遷をたどって成立したものかは明らかにしていない。アーレントの一九三〇―五〇年代、六〇年代以降におけるユダヤ・シオニズム関連の記事や論考が一挙に収められた『ユダヤ論集』が編集・刊行されたのは二〇〇七年であり、資料的な限界があったともいえる。本書では、当時の議論の成立過程をみることでシオニズム、バイナショナリズム、ユダヤ軍創設論は連続性を有しているのか否か、また連続性があるとしてそれはいかなるものかを明らかにする。

また初期と後年の議論の思想的な関係性に対して、批判を投げかけた研究として船津真の研究がある［船津 2008a, b］。船津は、シオニズム論にみられるような初期のナショナリズム論と、「非‐暴力」を権力として定義し「共生」を重視した後年の思想とを比較し、アーレント思想は「右傾的」なものから「リベラル」なものへと転換した、と指摘した［船津 2008b: 242–243］。似た指摘としてウォルター・ラカーは、アーレントがユダヤ軍創設論を主張しつつ、バイナショナリズムを論じたことを「矛盾」と批判している［Laquer 2001: 53］。

だが、例えばリチャード・ダナ・ヴィラが指摘したように、アーレント思想をリベラルか、非リベラルか、といった一つのイデオロギーの枠に当てはめて論じることは、むしろ、アーレント思想の多面性を取り逃がしてしまうのではないか［Villa 1999: 199–203］。アーレント・ルネサンスも、彼女のリベラリズムか保守かという枠組にとらわれない姿勢が再評価され起こったことだった。

他方で、バーンスタインのような、ユダヤ軍創設論とバイナショナリズムを切り分けて論じるスタイルが、船津の批判を呼び起こした、ともいえよう。この点は看過できない問題である。なぜなら、バーンスタインはユダヤ軍創設論とバイナショナリズムを別個に論じることで、自らの結論――後年の思想にとって初期の議論は萌芽的なものだったという結論――を否定しかねないからだ。つまり、双方の議論の連続性を説明できなければ、結局はそれぞれ特殊な政治的状況に応じて論じただけの、時局的な議論だと認めることになりはしないだろうか。

そこで、本書ではユダヤ軍創設論とバイナショナリズムの有機的なつながりに注目して初期テクスト全体を検討する。この時、より重要であるのは次の点である。すなわち、仮にアーレントが「保守的」なものと「リベラル」なものを入り交ぜた、独自のシオニズムを論じたとして、それはいかなる政治的、思想的展望を持つものだったのか。

ポスト・シオニストとして？　――バイナショナリズムをめぐって

こうした際に指標となるのが、アーレントのバイナショナリズムに対する再評価の動きである。例えば、モシェ・ジマーマンはアーレントを「ポスト・シオニスト」(14)として位置づけ、現在のイスラエル国家と、それを下支えするシオニズムの再考を促す議論として高く評価した［Zimmerman 2001: 193］。

だが、アーレントの議論を「ポスト・シオニズム」と分類するのはやや強引だろう。なぜなら、ポスト・シオニズムは近年登場した新潮流であり、アーレントはそのずっと以前の論者だからである。とはいえ、ジマーマンの指摘がまったく無効とはいえない。むしろこの視点こそが、現代においてアーレントのバイナショナリズムに政治的、思想的意義があることを示す契機となっている。

ジマーマンと同じく、バイナショナリズムを中心にアーレントの議論をポスト・シオニズムとして再評価した研究者として、アムノン・ラズ＝クラコツキン、ジュディス・バトラーが挙げられる［Raz-krakotzkin 2001, 2011; Butler 2013］。二人による議論の特徴は、二点ある。一つは、アーレントのバイナショナリズムをパレスチナ・イスラエル間の一国家解決案として評価する点である。オスロ合意に代表されるような、パレスチナ・イスラエルがそれぞれ主権国家として独立する、という二国家解決案は、仮に実現したとしても、国家間の国境線策定の問題が解決されるわけではない。それに対し、一国家解決の場合、国境線の策定は理論上、問題とならないことになる。両者が注目したのはこの点だった。もう一つは、アーレントの初期議論に他者への責任＝応答性という思想的意義をみいだしている点である。

ラズ＝クラコツキンは、アーレントの初期シオニズム、バイナショナリズム論を反ユダヤ主義、国民国家論、帝国主義など、『起原』での主要概念を先取りした議論である、とした［Raz-krakotzkin 2001: 167］。さらに、アーレントのバイナショナリズム論を再論することは、パレスチナにおいて起こったユダヤ人とパレスチナ人の間の分断を見直し、両者の「和解のプロセスを方向づける原理」、「紛争解決の基礎」となるという［Raz-krakotzkin 2001: 171, 172］。

この文脈で重要視されるのが「連邦・評議会制」である。両民族から代表者を選出し評議会を形成するとしたアーレントの議論は、両者の対話を促進し、分断から和解へとつなげる、より具体的な政治的提案だとみているのである。加えて、この「和解」への試みは「政治的な責任（responsibility）と思考の枠組」を生むだろう、とラズ＝クラコツキンは指摘している［Raz-krakotzkin 2011: 65］。つまり、アーレント思想をユダヤ人からパレスチナ人に対する、政治的な応答可能性の議論として読み直そうとしたのである。

これに呼応したのが、バトラーによる『分かれ道』である［Butler 2013］。バトラーは初期思想をめぐって、アーレントはユダヤ軍からバイナショナリズムに考えを転換した、と論じた［Butler 2013: 137-138］。この点は船津やラカーの見解と同一である。さらにバトラーは、主権国家を批判し、バイナショナリズムを支持する文脈において、アーレントの「共生（live together）」概念を評価し、肯定的に再解釈した。アーレントは、『エルサレムのアイヒマン』で「共生」を「この世界に誰が住み誰が住んではならないかを決定することはできない」こと、と定義した。『起原』以来の思想からみると、広く主権国家体制自体、この共生に反する政治構造だといえる。主権国家は単一民族を国民とし、それに該当しない者は領土において「住んではならない」と一方的に「決定する」[15]。バトラーはこのアーレントの主権国家批判に注目し、「共生（live together）」概念を「共棲（cohabitation）」という一つの倫理的要請として再解釈した。

> その概念〔イスラエル・パレスチナに必要な、政治的正義のためのあらたな概念〕は難民の権利に関する公正な政治原則を伴い、また、占領や土地収奪やパレスチナ人の政治的拘禁と追放を支える国家暴力のナショナリズム的様式に対する批判を伴うだろう。それがまた含意するであろうものとは、共棲概念（notion of cohabitation）なのである［Butler 2013: 118／二二五］[16]。

この共棲の倫理からすると、現在のイスラエル国家、またそれを下支えするシオニズムは共生に反し、住民を選別し、パレスチナ人を排除している、とバトラーは批判した。

一方で、こうしたバトラーの読解には一つの問題が生じている。バトラーは複数の人びとが「その土地に共に住まう」こと、言い換えれば、ある〈場所〉に集い、現れる身体の複数性に注目して議論を進めているのである。これは、複数性を言論活動によって現れるものとした、アーレントによる本来の議論と異なる解釈である［山本 2020: 143–145］。

バトラー自身、この誤読とも取れる解釈は意図的な試みである、と明言している。アーレントは「公共圏を私的領域から切り離している」［Butler 2013: 174／三三〇］。だが、「私たちは身体をもった生物として、欲求、飢え、そして住まいに関する問題を、この複数性にとって不可欠なものとして考えなければならない」［Butler 2013: 176／三三四］、というように。

バトラーの読解には問題が認められるものの「選ぶことのできない共生／共棲」を中心に据え、バイナショナリズムを思想的に再評価したことは、アーレント思想全体を再考する重要な手掛かりとなる。バトラーがアーレントを通して立ち上げようとした「共棲」概念とは、人びとは選ぶことのできない隣人と共に棲み、生きていくべきである、という〈場所〉をめぐる倫理である。バイナショナリズムとは、一つの〈場所〉における先住者と入植者／移民の共生に向けた議論だった。さらに、アーレントは当時、難民の立場から、ユダヤ難民の再定住問題を提起する文脈でバイナショナリズムを論じている。この点で、バトラーの観点は正鵠を射たアプローチだといえる。

こうしたバイナショナリズムへの積極的評価とあわせて、近年ではその限界を指摘する声もある。早尾貴紀は、アーレントのバイナショナリズム論をマルティン・ブーバー（Martin Buber, 1878–1965）などの議論、また、ジャック・デリダやジョナサン・ボヤーリンといった現代の思想家による議論と比較して論じた。その中で、バイナショナリズムが、ヨーロッパ連邦の一端として構想されていた点を取り上げ、アーレントの地理的感覚がヨーロッパ中心主義的なものだったことを指摘した［早尾 2008: 146–147］。同じことをラズ＝クラコツキン、バトラーも指摘している［Raz-krakotzkin 2011: 68, 72–73; Butler 2013: 139］。

本書の議論――アーレントの共生の〈場所《トポロジー》〉論

以上の先行研究における問題点は、次の三点にまとめることができる。

第一に、アーレントの初期テクスト全体を体系的に分析した研究はない。このため、シオニズム－バイナショナリズム論の全体像は明らかになっていない。一九五〇年以降、イスラエルやシオニズムに関する発言が避けられたことから、バイナショナリズムはアーレントの中で「敗北」した議論だとされてきた［早尾 2008: 63］。これに対して、近年ではラズ＝クラコツキン、バトラーといった、バイナショナリズムが現代においても政治的、思想的意義を持つことを説得的に論じる研究が出てきている。ただし、バイナショナリズムが再評価される中で、ユダヤ軍創設論は無視されるか、別個のテーマとして論じられてきた。

ゆえに第二の問題点として、ユダヤ軍創設論とバイナショナリズムのつながりについて有機的に論じた研究が少ない。特にユダヤ軍創設論は時局的な文脈で論じられた「保守的」な考えとして、初期思想の中でも、初期から後年への思想においても、バイナショナリズムや権力論と区別して論じられてきている。だが、アーレント思想が一つのイデオロギーに囚われない政治思想であり、なおかつ初期思想は後年の萌芽的議論なのだとしたら、次の二点を分析する必要がある。なぜアーレントは軍の組織化を論じる必要があったのか。ユダヤ軍はいかなる政治的、思想的展望を持っていたのか。

よって第三に、これまでの研究は初期テクストと一九五一年以降のアーレントの政治思想の関係性を十分に説明したとはいえない。本書では、初期論考にこそアーレント独自の諸概念の「はじまり」があると考え、初期テクスト全体の精緻な分析をもとに、初期から一九五一年以降で、いかなる点で思想的連続性があり、変遷があるのかを論じる。

以上のとおり、本書では、初期テクストの全体像を明らかにし、後年の思想との連続性と相違点を示すのだが、さらに初期から後期を読み直すうえで一筋のテーマを設けてみたい。それが「〈場所〉をめぐる倫理」である。ラズ＝クラコツキンはアーレントのバイナショナリズムを再評価しつつも、最終的にアーレント思想が提示する「政治的な責任と思考の枠組」とはいかなるものなのか、示していなかった［Raz-krakotzkin 2011: 65］。この点において、バトラーの〈場所〉をめぐる倫理としてアーレントを再解釈したアプローチは重要な手がかりとなる。しかし、バトラーには複数性を「身体」のものとして解釈する、という戦略的な誤読があった。

そこで、本書ではバトラーによる〈場所〉をめぐる倫理からの再解釈というアプローチを採用しつつ、複数性を「言論活動」のものとして、アーレントによる本来の定義として読み直す。これはバトラーの、現在のイスラエル、シオニズムを批判するうえでのクィア的、脱構築的な戦略という企図を崩すことになってしまう。一方で、アーレントは実際に〈場所〉をめぐる倫理をいかに考えていたのか、その本来の全体像をまず示さないことには、バトラーの視点の重要性を論じることもできない。本書は、バトラーとの思想史的比較までは踏み込めないが、それを見据えた最初の段階として〈場所〉を鍵概念にアーレント思想を初期から六〇年代までを再読解することを試みる。「〈場所〉をめぐる倫理」からアーレントを読むことは、現代の難民問題を考えるうえでの試みの一つでもある。〈場所〉を失った人びととは、あらたな〈場所〉を必要とする。この場合の〈場所〉とは、住む場所という意味での具体的な地理的地点であり、また政治的、社会的な居場所の意味もふくむ。住む場所と、人びとに認められた居場所、これら双方が揃って人はその〈場所〉に存在することができる。難民はこうした意味で〈場所喪失〉（placelessness）の状態にある、といえる。(17)

アーレント思想において、難民の経験は後年に強く影響している、と多くの研究で、あらゆる場面で言及されてきた。しかしながら、先行研究が参照するのはほとんどが『起原』（一九五一年）以降の著作である。それ以前の、難民だった時期に当たる一九三〇—五〇年に執筆・発表されたテクストは、代表的な論考以外ほとんど読解されてこなかった。だがこの初期論考にこそ、アーレントの政治経験のはじまりが記録されているはずである。

また、初期のテクストを出発点として後年の思想を紐解くことで、アーレントを一人の「難民」当事者として読むことにつながる。これによって、アーレントが〈場所喪失〉者として伝えようとした、細かい襞を捉えられるはずである。また〈場所〉という観点からみて、バイナショナリズムには、難民の再定住先をめぐる問題がふくまれている。パレスチナにおいて、〈場所喪失〉者は移民となり同時に入植者となった。この再定住問題は、最終的にパレスチナ人の難民化という、あらたな〈場所喪失〉者を生む一因となった。では、アーレント自身の〈場所喪失〉者としての経験が踏まえられた、あらたな〈場所〉への希求と模索であり、かつ先住者との共生を訴えたバイナショナリズムとは、いかなる議論だったのか。

以上の点を踏まえ、本書はアーレント思想における、パレスチナをめぐる〈場所〉の倫理を提示することを目的とする。具体的には、アーレントの政治思想を〈場所〉論として再構築し、初期バイナショナリズムを再評価することで、現代においていかなる政治的、思想的展望を持つのかを示す。そのために三つの作業を行う。第一にバイナショナリズムはどのような文脈で論じられ、アーレントが論じた「共生」するパレスチナとはどのような〈場所〉なのかを明らかにする。第二に、そのパレスチナをめぐる〈場所〉の思想がアーレント思想全体においてどのような位置づけなのかをみていく。第三に、現在のイスラエル・パレスチナ紛争に対し、いかなる可能性、あるいは問題点を生むのかを示す。

方法論――〈場所〉の問題からみえるもの

そこで本書は、方法論として〈場所〉(place)を鍵概念としてアーレントのテクストを読解する。ここでの〈場所〉(place)は、住むところ(home, habitat)や具体的な地理的地点(location)、社会的に保証された居場所(place)や政治的立場(position)など、包括的な言葉として定義する。

人文・社会科学において、場所論（topology）は、少なくとも三つの分野で議論されている。現象学研究［Bachelard 1964; 河野 2014など］、地理学研究（政治地理学など）［Flint 2016; 山崎 2022など］、人類学研究［Tuan 1990, 2001など］である。これらの三領域は現在まで相互に影響し、融合しつつ発展してきた。近年では、思想家のテクストを「場所」の観点から通史的に読み解くものも増えてきている(18)。

なかでも思想・哲学史の観点から「場所」を論じた代表的な研究として、エドワード・ケーシー『場所の運命』が挙げられる［ケーシー 2008］。ケーシーは古代から近現代の思想・哲学において時間が中心とされつつ、いかに場所（place）が論じられてきたか、辿っている。

ケーシーは「場所」を境界性と唯一性を持った特定の、実在の空間を指し、人びとがそれぞれ多様な主体性を獲得する条件となるものとして、広い形で定義した［ケーシー 2008: 442–444］。同時に、こうした定義から外れる場所やその現象を「反-場所」とした。例として、難民のように、ある特定の場所に存在するという安定性を失うことや、監獄、収容所、学校など、固有性を捨象した場所が挙げられている［ケーシー 2008: 13–14, 252］。

場所は古代、アリストテレスによって哲学の主題として論じられていたが、中世、近世にかけて科学技術が発展し、哲学もその影響を受ける中で「等質的、平板的、単線的、系列的」な存在として議論された［ケーシー 2008: 187, 251–252］。場所が再び、固有性を持った重要な概念として本格的に論じられたのは、ホワイトヘッド、フッサール、ハイデガー、メルロ=ポンティといった、二〇世紀以後の思想家たちによってである［ケーシー 2008: 270–319］。とりわけハイデガーの影響を受けつつ、バシュラール、フーコー、ドゥルーズ=ガタリ、デリダ、イリガライによって、場所は発展的に論じられるようになった［ケーシー 2008: 367–437］。

以上の中で、ケーシーはアーレント思想全体を取り上げることはせず、デカルトの宇宙論やフッサール、メルロ=ポンティの議論を補足するものとしてのみ扱っている。だが、テクストの冒頭では興味深い形でアーレントに触れている。

「政治学（politics）」および「倫理学（ethics）」両者の語源は、それぞれ場所を意味するギリシャ語であるpolisとēthea、つまり都市国家と住処である。社会（society）という言葉自体も「分かち合い（sharing）」を意味するsociusに由来し、分かち合いは共同の場所で行われるのである。ここで問題になっていることは言葉の歴史に止まらない。今世紀、倫理学や政治学を論じた思想家はほぼ全て、直接的にせよ間接的にせよ共同体の問題を扱っている。〔…〕ハンナ・アーレントは、ポリスが公開論争のための舞台であったことを示す――むしろそう要求する――が、その際、境界づけられ、制度上認められた場所を、「現象の公共圏」の土台として引き合いに出す［ケーシー 2008: 15］。

政治学、倫理学は共同体やそのための場所（place）に由来する学問であり、まさにその探究者として、ケーシーはアーレントを紹介したのだ。『人間の条件』に触れ、ポリスは自然的な空間から境界によって区切られた政治的、公的な場所であったこと、また、個々人がそれぞれユニークな存在として登場し、互いに言論を交わす「現れ」の空間（「現象の公共圏」）だったことに言及している。にもかかわらず、政治的・倫理的な場所の内容についてケーシーは議論していない。理由として考えられるのは、アーレントがアウシュヴィッツ以後の思想家だったためだろう。ケーシーは移民・難民の存在や収容所、植民地といった、「反‐場所」的な政治的事象について触れながらも、これらが「場所」の思想・哲学史に与えた影響を正面から扱うことはしなかった［ケーシー 2008: 13-14］。それは、収容所という空間が場所の思想・哲学史において、大きすぎる主題であることを意味しているようにみえる。

本書は、ケーシーの議論にしたがいながらアーレント思想を読解し、難民問題という反‐場所的現象、また、それに対抗する政治的・倫理的な場所についての考察を引き出す。アーレントの初期テクストは、〈場所〉を持てなかった一人の「難民」が、「移民」となっていく経験のなかで紡がれた。すなわち、アーレントは、ケーシーのいう「反‐場所」的経験の当事者だった。特に、バイナショナリズムはユダヤ難民によるパレスチナへの再定住の議論であり、あたらしい〈場所〉を求める難民当事者の声であり、同時に、パレスチナという〈場所〉をめぐる、異なる二民族、あるいは先住者と難民、移民の政治的、倫理的な関係性を模索した議論だった。難民・移民の存在は〈場所〉とそこにすでに住む人、これから住む人びととの、政治的な関係性を顕にする。ある場所で住人同士が出会う時、そこには共存、親しみ、衝突、反発、排除、和解といった、政治的な問題が開かれる。

またケーシーの指摘のとおり、『人間の条件』は政治的・倫理的な場所について論じている。ほかにも、『エルサレムのアイヒマン』では「この世界に誰が住み、誰が住むべきでないかを決定する権利」は誰も持たない、とされた [EJ: 279]。この「共生」概念は、言い換えれば、ある〈場所〉で選択不可能な複数の者たちが住まうことだった。なにより後年の思想にも無国籍者、公的・私的・社会的領域、タウンホールなど〈場所〉に関わる用語や考えが実に多い。こうしたことは、アーレント思想において〈場所〉が重要なキーワードだったことを示している。〈場所〉を通してアーレントのテクストを読解することは、バイナショナリズムを難民による政治的・倫理的な声として再解釈し、パレスチナ・イスラエル和平の停滞を克服するような、思想的地平を拓くのではないか。

本書の流れ――『ユダヤ論集』から『エルサレムのアイヒマン』まで

本書は場所論という方法論のもと、パレスチナに対してアーレントが論じた「共生」とはいかなる倫理に基づくものだったのか、その全体像と現代的意義を提示することを目的とする。具体的には三つの作業を行う。まず初期論考全体から〈場所〉についての言及を確認し、シオニズム－バイナショナリズム論の体系的な全体像と、後年の思想(19)との共通点や相違点を描出する。次に〈場所〉をキーワードに主要テクストを読解し、共通点また相違点を示しつつ〈場所〉論として再構築する。最後に、この〈場所〉論からシオニズム－バイナショナリズムを再解釈し、その現代的な可能性と限界とを洗い出す。

初期思想と後年の思想との連続性を検討するうえで、特にユダヤ軍との繋がりの記述に注目し、バイナショナリズムのその後の影響を読み解く。〈場所〉という観点に着目しつつ、初期のシオニズム関連論考全体の整理・分析、また初期論考群と『全体主義の起原』以降のテクストとの体系的な比較分析を行うことで、アーレント思想全体における バイナショナリズム論の思想的意義を再評価する。

本書は一九三〇—六〇年代のテクストを年代順に読解する形で構成している。アーレントのテクストを大きく三つの時期（初期・中期・後期）に分け、第一部では初期テクストとして『ユダヤ論集』（一九三五—五一年）から『全体主義の起原』（一九五一年）、第二部では中期テクストとして『人間の条件』（一九五八年）、第三部では後期テクストとして『革命について』（一九六三年）、『エルサレムのアイヒマン』（同年）を中心に扱った。

本書の流れとして、第一部でシオニズム－バイナショナリズムの具体的議論を明示する。第二部・第三部ではアーレントが考えていた政治的な〈場所〉のあり方、仕組みを明らかにする。同時にその〈場所〉論とシオニズム－バイナショナリズムを比較分析する。これらを通して、シオニズム－バイナショナリズムの限界と可能性を示すことが本書の目標である。

第一部は初期テクストを中心に扱いつつ、まずアーレントのシオニズム－バイナショナリズム論を整理・分析し、『全体主義の起原』（以下『起原』）とのつながり、また相違点を確認する。第一章では、一九三〇—四〇年代当時の歴史的背景やアーレントの状況、思想的立ち位置を確認したうえで、シオニズム論、とりわけ、アーレントのシオニズム論における中心的議論として、ユダヤ軍創設論の分析、評価を行った。第二章では、初期の時点でのバイナショナリズム論はいかに構想されていたかを描出した。第三章では、シオニズム、バイナショナリズムそれぞれの議論が独立したものではなく、一つの文脈をなして展開された議論であることを示す。また、『起原』のナショナリズム批判と、初期のシオニズム－バイナショナリズムといったナショナリズムへの支持との連続性、相違点を明らかにする。

第二部では、〈場所〉をキーワードとして『人間の条件』を読解する。第四章では、都市国家の構造に注目し、城壁や垣といった場所を区切る境界線、また法がいかなる機能を持っているのか、それらは労働、製作、活動といった諸概念といかなる関係を持つのかを確認する。第五章では公的領域、私的領域という〈場所〉がいかにして定義され、「活動」や「共生」概念へと接続されているのかを分析し、アーレントが考える政治的な〈場所〉のあり方をスケッチする。また、この政治的な〈場所〉のあり方が、主権的国民国家に対するアンチテーゼとして議論されていることを確認する。

第三部は第六・七章では『革命について』（以下『革命』）、第八章では『エルサレムのアイヒマン』（以下『アイヒマン』）を中心に扱う。初期のバイナショナリズム論では、ユダヤ－アラブ民族の連邦制と評議会の設置が論じられている。この議論は『革命』における思想的枠組と細部までほぼ一致している。そればかりでなく、アーレントのユダヤ軍創設論も『革命』における創設行為の議論の通奏低音をなしている。第六章では、一九四〇年代と一九六三年との思想的共通性、また不一致の点を整理する。

そのうえで、第七章では、『革命』の連邦制・評議会制論を検討し、初期から後期までの議論を反映させた、〈場所〉論の全体像を明らかにする。これにより、初期のバイナショナリズム論を発展的に再解釈し、イスラエル・パレスチナ和平における限界と可能性を明らかにする。最後に第八章で『アイヒマン』から、アーレントの思想的変遷、またシオニズムに対する姿勢の変化を論じる。

註

（1）川満信一、仲里効『琉球共和社会憲法の潜勢力――群島・アジア・越境の思想』未來社、二〇一四年、一〇頁。

（2）エドゥアール・グリッサン、パトリック・シャモワゾー著、中村隆之訳『マニフェスト――政治の詩学』以文社、二〇二四年、一二五頁。

（3）バイナショナリズムはこれまで「二民族主義」「二重ネイション論」「二国民国家主義」と訳され、翻訳が定まっていない。アーレントのバイナショナリズム論は、パレスチナの各地区でパレスチナ民族とユダヤ民族、それぞれの代表者を選出し、評議会ひいては連邦政府を形成する、というものである。つまり、評議会は民族的な帰属という意味でのナショナリティないしナショナリズムを単位とし、ゆえにバイナショナリズムとは「異なる民族的帰属を持つ二民族の評議会をめぐる議論」という意味に近い。現在普及している上記三つの翻訳は、アーレントの考えやその新規性を十分に反映できていないと考え、本書ではそのまま「バイナショナリズム」と表記する。

（4）本書は二〇二三年二月に東京大学大学院総合文化研究科に提出した博士論文を改稿したものである。二〇二三年一〇月七日以降のパレスチナ／イスラエルの状況に関わる点もいくつかあるものの、本書では深く立ち入ることはしていない。

（5）以降、本書で「場所」と示す際は、アーレント思想において意味を伴い、本書のキーワードとして注目する場合には「〈場所〉」とし、端的に地理的な地点や空間を示すのみの場合はただ「場所」と表記している。

（6）一九三八年にフランスで開かれたアメリカ、フランス、イギリスなどの国々によるユダヤ難民問題を協議した会議。

（7）シオニズムは大きく三つの潮流（政治的、宗教的、文化的シオニズム）に分類できる。実践的政治運動としてのシオニズムを概して、政治的シオニズムと呼ぶ。この政治的シオニズムは更に大きく三つ、シオニズム左派（労働シオニズム）、シオニズム右派（シオニズム修正主義。なお、この「修正主義」は歴史修正主義とは異なる）、宗教シオニズムに分類される。宗教的シオニズムは、宗教的立場からシオニズムを支持する人びとであり、英米福音主義もこれにふくまれる。文化的シオニズムは、主に学問としてシオニズムを主張することを指す。本書が中心的に取り上げる一九三〇―五〇年代は、シオニズム左派（労働シオニズム）が政治的シオニズム運動の中で主流派を占めた時期である。

（8）ユース・アリア（Youth Aliyah）とは一九三三年に設立された、シオニスト団体。ユダヤ系青少年に農業技術とヘブライ語を習得させ、ナチスから身を守るためにパレスチナにおけるユダヤ人自治共同体（キブツ、Kibbutz）へと移住させることを目的としていた。アーレントはフランス亡命中、この団体で働いた。なお「アリア」とはヘブライ語で「上る・登る」ことを意味し、旧約聖書的な意味でのパレスチナへの「帰還」を指す。これが転じてパレスチナへの「移住／入植」を意味するようになっていった。「農業と手工業」も同じく、ヨーロッパからユダヤ系青少年をパレスチナに移住させる団体である。

（9）ユダ・レオン・マグネスはユダヤ教改革派のラビで、シオニズム左派の指導者の一人。パレスチナへ渡り、マルティン・ブーバーとともにキブツを基盤とするブリット・シャローム運動（Brit Shalom, 後のイフード運動、Ihud Group）をはじめ、パレスチナ人との共存に尽力した。ヘブライ大学創設時には初代学長を務めた。一九四八年、イスラエル建国とシオニズム左派のパレスチナ人排除に失望し、アメリカへ帰国。その際アーレントと知り合い、バイナショナリズムのアピール運動を行なった［Kotzkin 2010: 324］。

（10）本書では以降より、初版との違いに触れつつ、基本的に第二版（二〇〇四年刊行）を参照した。

（11）アッシュハイム編集の論文集『エルサレムのアーレント』は、二二本のユダヤ人問題の先行研究を収録した重要な研究ではあるものの、そのほとんどがドイツ・ユダヤ人としての意識や言語の問題、ショアやアイヒマン論争を取り上げたもので、シオニズムを主題とした論文は四本、バーンスタイン、ウォルター・ラカー、モシェ・ジマーマン、アムノン・ラズ＝クラコツキンの論文のみである。このうち、バーンスタインの論文は一九九四年の『アーレントとユダヤ人問題』とほぼ同じ内容のため、今回は説明を割愛する。

（12）ユダヤ軍創設論に関する先行研究は他にパトリシア・オーウェンズによるものがある［Owens 2007］。これについては第一章にて詳しく紹介する。

（13）ショア（שואה, Shoah）とはヘブライ語で「破局」を意味し、この場合ナチス・ドイツによるユダヤ人の大量虐殺のことを指す。一般ではこのユダヤ人大量虐殺を「ホロコースト」と呼ぶが、本来この言葉はユダヤ教における宗教用語で「燔祭」という供儀を指すものである。宗教的な意味合いから区別するために、本書では「ショア」を採用し使用する。

（14）ポスト・シオニズムとは、一九八〇年代以降に登場した、イスラエルによる国家暴力を批判し、シオニズムを再考・批判する中でパレスチナとの共存を模索する学問的試みを指す。イラン・パペなどに代表される、パレスチナ人側からシオニズムを捉え直す「あたらしい歴史家」たちを中心として展開された、まさに「国家創設以後（ポスト）の／から考えるシオニズム」である［Pappé 1992など］。

（15）アーレントの元の概念と区別するため、「cohabitation」を「共棲」と訳した点については、ハーバーマス、テイラー、バトラー他編、箱田徹・金城美幸訳『公共圏に挑戦する宗教』における、金城による翻訳に倣った［ハーバーマス et.al 2014］。

（16）『分かれ道』に関しては原書を確認の上、該当箇所を邦訳から引用した。アラビア数字は原書の、漢数字は邦訳の頁数である。

（17）金賢京は『人、場所、歓待』で次のように述べている。「ここで「場所」という単語は英語のplaceに対応する。〔…〕この単語は何かが属していたり、いるべきだと考えられる位置を指しもし、誰かが専有できる位置positionを指しもする。このような意味の「場所」を持ちえない人びと、つまり自分たちが属した場所やいるべきだと考えられる場所がどこなのか知りえない人びと、または彼らがいてもいい席、専有できる位置をこの世界の中で発見できない人びとがだんだん増えている。場所喪失placelessnessはかつて特定範疇の人びとにのみ該当する例外的状況と認識されたが、現在はほとんどの人びとに現実的な威嚇として近づいている。もちろん元来の場所から根こそぎ放り出される経験は、近代が無数の者たちの記憶の中に残した根本的な衝撃でもある」[金 2020: 275]。金は場所喪失をホームレスやいじめの被害者、また奴隷など、かなり広い意味で使用しているが、本書では上の引用にある「特定範疇の人びとにのみ該当する例外的状況」、すなわち難民に絞って用いる。

(18) 例えば、エマニュエル・レヴィナス(Emmanuel Lévinas, 1906–1995)の思想を現象学的「場所論」として読解した研究に、藤岡俊博『レヴィナスと〈場所〉の倫理』がある。藤岡は、レヴィナスのイスラエルに対する思想・発言を取り上げる際、現象学・ユダヤ思想の枠組としてのみではなく、政治思想にも拡張する読み方を提示している[藤岡 2014: 317–378]。ほかにも、例えば杉村・渡名喜・長坂編『個と普遍』など、近年のレヴィナス研究はイスラエルという具体的な「場所」を論じた研究が出てきている[杉村他 2022]。

(19) 本書で扱うテクストはアイヒマン論争が終わる一九六九年までのものに絞った。そのため、晩年の著作や仕事である『精神の生活』、『カント哲学講義録』は分析の対象としていない。理由としては、この時期がイスラエル、シオニズム、ショアについて言及される最後の時期であること、『エルサレムのアイヒマン』が本書の鍵概念である〈場所〉に関して論じた最後のテクストであるためである。

第一部　パレスチナという「革命」

——初期シオニズム–バイナショナリズムの全体像

第一部では、一九三〇—五〇年までの初期論考全体を分析し、シオニズム‐バイナショナリズム論の具体像を明示する。まず第一章では、シオニズムについて、とりわけ議論の核心であるユダヤ軍創設論を取り上げる。当時のシオニズム運動におけるアーレントの立場を確認しつつ、ユダヤ軍創設論とはいかなる議論だったのか、後年の権力論や暴力批判といかなる連関性を持つのかを明らかにする。

つづく第二章では、バイナショナリズム論を取り上げる。初期論考の記述から、一九五〇年までの時点で、アーレントはパレスチナにおける連邦制国家をどのように構想していたのか、初期のバイナショナリズム論が持つ後年の思想との連関性、また相違点を論じる。また二〇〇〇年代以降、アーレントのバイナショナリズム論は一部の研究者から注目され、議論の対象となった。アーレントの議論が評価された要因や、可能性に簡単に触れる。

第三章では、第一章、第二章での議論を一度まとめ、アーレントのシオニズム‐バイナショナリズム論の全体像を示す。そのうえで、『起原』におけるナショナリズム論との比較検討を行う。アーレントは『起原』でナショナリズムと主権的国民国家を批判した。このことと初期にユダヤ・ナショナリズムを支持したこととの整合性を明らかにする。

第一章　ユダヤ軍創設論
——初期におけるシオニズム論と後年に対する影響

アーレントは一九四〇年代にシオニズムを支持する中で「ユダヤ軍創設論」、すなわちナチス・ドイツのユダヤ人虐殺に抵抗するため世界に離散するユダヤ人が武装し、軍隊を組織することを主張した。ほとんどの先行研究がこの議論をアーレントの政治的経験の「はじまり」と捉える点で一致しているものの、エピソード的な言及しかせず、その詳細を分析するまでには至っていない。こうした「エピソード」化は、ユダヤ軍創設論の議論としての扱いにくさ、つまり「暴力」を初期には肯定し後期には否定した食い違いを、いかに読解するべきかといったとまどいや、あくまで『起原』以降をアーレントの政治思想とみなす姿勢の表れだろう。しかし実際、ユダヤ軍創設論には一九五〇年代以降のアーレント思想で展開された諸概念——活動（action）、権力（power）、物語（story-telling）、連邦（federation）、評議会（council）——が先取りされて論じられている。とすればユダヤ軍創設論を後のアーレントの「非‐暴力」の政治思想から切り離して論じ、初期の逸話の一つとして済ますことは果たして妥当なのだろうか。

そこで本章は、アーレントのシオニズム論、とりわけユダヤ軍創設論の具体像を、シオニズム運動やゲットー蜂起といった当時の時代的背景とあわせて明らかにし、『起原』以降の彼女の政治理論の主要テーマとの関連性と相違点を素描する。(1) これらを通じて、アーレントの初期の議論が差別への対抗と克服という点で後年に影響を与えていることを示す。

第一節　アーレント思想のアポリア？――ユダヤ軍創設論への評価

これまでユダヤ軍創設論が分析の対象にならなかったことは、大まかに二つの理由が挙げられる。第一に、ユダヤ軍創設をめぐる問題系は思想的観点と歴史学的観点、双方からの分析が必要とされるためである。例えばリチャード・バーンスタインは、比較的早い時期にアーレントのシオニズムについて論じた一人だが、彼の著書『ハンナ・アーレントとユダヤ人問題』は歴史的・社会的背景を十分に参照しているとはいえず、当時のシオニズム運動におけるアーレントの立ち位置を説明していない［Bernstein 1996］。また、参照されているテクストはほとんどが『起原』以降のもので、一九四〇年代当時のものはごく一部のみの紹介に留まっている。なにより、当時のユダヤ人の状況はナチスによる迫害によって文字どおり極限状態にあった。シオニズムはそうした状況と切り離せない議論であり、ユダヤ軍創設論もまた歴史的文脈を踏まえた慎重な分析が必要とされるはずである。

この点において、ダグマール・バーナウと船津真の論文は、シオニズム運動内のアーレントの立ち位置やその特徴を分析していて重要だ。だが両者とも一九三〇―五〇年までのアーレントのシオニズム論が、一九五一年以降の思想といかなる連関性を持つのかは明らかにしてない。具体的には、バーナウはシオニズム論の分析に重点を置き、ユダヤ軍創設論については詳細な分析は行っていない［Barnouw 1990］。

一方、船津はやや踏み込んだ分析をしている。船津によると、アーレントのシオニズムにおける中心的テーマは、パレスチナの土地中心（一九三二？―四一年）からユダヤ軍中心（一九四二―四四年）、再びパレスチナの土地中心（一九四五―五〇年）へと変遷・回帰を辿った、とされる［船津 2008b: 251］。さらに船津は、アーレントの初期のシオニズム論と一九五一年以降の思想とを、方向性を異にするものとして論じた［船津 2008a: 5-7］。つまり、アーレントはユダヤ・イスラエルというトピックに関してはナショナリスティック、船津の言葉でいえば「右傾」的で［船津

2008a: 6]、それ以外のトピックに対してはリベラルだったに過ぎない、という。さらに船津は、一九三二―五〇年までのシオニズムに関する記事・論考および『起原』を分析の対象としており、『人間の条件』『革命』との比較作業は行なっていない。だが、具体的な分析抜きに初期と後年の思想は乖離している、と結論するのは尚早ではないだろうか。

第二に、ユダヤ軍創設論は文字どおり、武器を持ち実力行使に出る「暴力」の議論である。そのため、権力を「非‐暴力」と定義する従来のアーレント思想、またその解釈との食い違いから検討が避けられる傾向にあった。実はこの点はマルティーヌ・レイボヴィッチ、バーンスタイン、パトリシア・オーウェンズがすでに取り組んでいるテーマでもある。三者とも、ユダヤ軍の暴力性は当時完全に無力化されたユダヤ人たちが、政治的主体として「現れる」ための創始、すなわち「はじまり」における根源的な暴力である、という点で見解は一致している［レイボヴィッチ 2008: 361-369; Bernstein 2013: 78-104; Owens 2007: 17-25］。これらの研究によると、アーレントはある危機的な状況下において暴力が「はじまり」として正当化されると同時に、その暴力によって主体が立ち上がることを認めていた、とされる［Bernstein 2013: 101-102］。レイボヴィッチはさらに踏み込んで、アーレントのシオニズム論を一つの「活動」として読解した。レイボヴィッチによると、アーレントにとってシオニズムはユダヤ人によるあたらしいユダヤ人政治のための「革命」であり、ユダヤ軍創設論はその前段階に当たる、ユダヤ人解放のための「暴力」だった、とされる［レイボヴィッチ 2008: 327-344］。

また、アーレントの権力概念は必ずしも「平和主義」的、「ユートピア的」思想とはいえない、とオーウェンズは指摘した［Owens 2007: 28, 31］。なぜなら、アーレントは「政治」の原型を第二次世界大戦時のパルチザン、レジスタンスにみいだしており［Owens 2007: 18-19］、一時的な「政治的自由」を可能とするための道具としての暴力を否定しなかった。その意味でユダヤ軍創設論は、ユダヤ人としてのアーレントによる、ユダヤ人のための「政治的自由」の企図だった、としている［Owens 2007: 31-32］。

著者の立場を示しておくと、特にバーンスタイン、レイボヴィッチ、オーウェンズに共通の見解、すなわちユダヤ軍創設論はアーレントの「活動」ないし「権力」論の布石としてみる点に異論はない。一方で、これらの先行研究は初期テクスト全体を分析したものではなく、ユダヤ軍創設論の具体的な全体像を明らかにしたわけでもない。そのためユダヤ軍創設論と、同時期に論じられたバイナショナリズムとのつながりも示されてきていない。両議論のつながりの有無をふくめて調べるには、一九四〇年代の代表的なテクストのみならず、一九三〇―五〇年に発表されたテクスト全体を検討するべきではないだろうか。そうすることで、アーレントは時局に応じてそれぞれの主張をしたに過ぎないのかどうかもまたわかるはずである。また、先行研究は歴史的分析、思想的分析に分かれてきたが、ユダヤ軍創設論はその性質からして双方の観点から包括的に分析する必要がある。これによりアーレントがどこから影響を受け、いかなる点で独自性を持っていたか、相対的に捉えることができる。

以上を踏まえ、本書では次のような問いを提起する。ユダヤ軍創設論は現代においていかなる解釈が可能なのか。本書はレイボヴィッチ、バーンスタイン、オーウェンズの主張を踏まえつつ、とりわけ日本の先行研究が示してこなかった、ユダヤ軍創設論が持つ政治的、思想的展望を明らかにする。それにはアーレントの当時のテクストの分析が重要である。さしあたり『ユダヤ論集』に収められた一九三二―五〇年の記事・論考群を分析し、ユダヤ軍創設論の具体的全体像、その詳細を示す。あわせて『起原』以降の著作また主要テーマと照らし合わせることで、ユダヤ軍創設論がもたらした後年の思想への影響と相違点を素描する。

第二節　一九三〇―五〇年代のシオニズム運動におけるアーレントの立場

まず、当時のシオニズム運動の大まかな流れを確認する。シオニズムとは、ユダヤ人の民族運動、あるいはユダヤ人の故郷・国家建設を目的とした運動である。シオニズムの政治運動としての確立は、ドレフュス事件を目撃したテオドール・ヘルツル（Theodor Herzl, 1860–1904）による世界シオニスト会議の設立を端緒としている。シオニズム運動は、一九―二〇世紀においてはヘルツルやダヴィッド・ベン＝グリオン（David Ben-Gurion, 1880–1973）らによる社会主義・農業による開発・開拓重視の「シオニズム左派（労働シオニズム）」を中心として展開された。同時に台頭したのが、ゼエヴ・ジャボティンスキー（Ze'ev Jabotinsky, 1880–1940）やメナヘム・ベギンが主力の「シオニズム右派（修正主義シオニズム）」である。一九〇三年、第六回世界シオニスト会議において、ヘルツルはウガンダにおけるユダヤ人国家建設を提案した。これに対し、アハド・ハアム（Ahad Ha'am, 1856–1927）をはじめとする宗教シオニストらはユダヤ教にとっての「故郷」はパレスチナであると主張した。特にこの頃から、パレスチナへのユダヤ人移住、アリアが加速していった(2)。

こうした東ヨーロッパやフランスの動きと比べ、一九―二〇世紀初頭のドイツ国内のユダヤ人の間でシオニストはまだ少数派だった。この頃に活躍した一人に、クルト・ブルーメンフェルトが挙げられる。彼はシオニズム左派、その中でもパレスチナ人擁護派に属し、アーレントのシオニズム論に影響を及ぼした人物である［Barnouw 1990: 85–96; 船津 2008a: 9–13］。彼が中心となって主張した「ポスト同化主義シオニズム」は、左派と活動を共にしつつ、同化主義から脱却するための触媒としてシオニズムを捉えた［Elon 2002: 291, 279］ことが最大の特徴である。ユダヤ人解放令以降、ドイツではユダヤ人に同化、すなわち自らのユダヤ性の棄却を強いることにより、「国民」としての共存を実現させていた。言い換えれば、同化主義はユダヤ人差別と表裏一体なのである。こうした状況に対しポスト同化主義シオニズムは、同化から脱し、かつユダヤ教に帰依せずに世俗的な意味においての「ユダヤ的なもの」の再獲得を目指すという、ドイツ観念論の影響によるナショナリスティックな傾向を持ち合わせていた［Elon 2002: 291–292］。

アーレントはこうしたブルーメンフェルトの影響を受けつつ(3)、ユース・アリアでの活動を経て自身のシオニズム観を形成し、一九三二―五〇年の間シオニズムに関する論考を執筆した(4)。その内容は、当時のシオニズム運動に対する批判だった。さらにそこでは、ブルーメンフェルトとも異なる、アーレント独自のシオニズムの内容が示されている。ブルーメンフェルトとアーレントの決定的な相違点、それこそユダヤ軍創設論だった。

一九四一年、アーレントはアメリカのシオニスト団体がパレスチナ防衛のためのユダヤ軍の創設について議論したことをめぐり、次のように言及した。

> 今はまだ、パレスチナのユダヤ人とパレスチナ外の代表による孤立した要求であったとしても、明日にはユダヤ民族の大多数はユダヤ人として、ユダヤの隊列で、ユダヤの旗のもと、ヒトラーに対する闘いに参加するという生きた意志となるはずである。パレスチナの防衛はユダヤ民族の自由のための闘いの一部である。ユダヤ民族はこの問題のためにすべてを捧げる覚悟ができた時のみ、パレスチナも防衛することができるだろう [JW: 137]。

一九四一年当時、アメリカのシオニストらはヨーロッパにおけるユダヤ難民の窮状に鑑み、難民のためのパレスチナにおける国家建設について議論しはじめていた。しかしその議論は、まだディアスポラ・ユダヤ人全体からみて少数派の「孤立した」意見だった。それでも、ユダヤ人は「ユダヤ民族の自由のため」、「ユダヤの隊列で、ユダヤの旗のもと」ナチスに対する戦争に参加するべき、つまり軍隊を組織するべきだ、としている。アーレントにとって、この「ユダヤ軍の創設」は民族として「すべてを捧げる覚悟」を要する喫緊の問題であり、パレスチナの防衛に先立つべきイシューでもあった。

第三節「活動」としてのユダヤ軍創設論——その全体像と思想的分析

ユダヤ軍創設論の特徴

先の引用のとおり、一九四〇年代、シオニズム運動内においてアーレントのみがユダヤ人による軍隊の組織化を議論したわけではない。シオニズム左派、右派それぞれがユダヤ人による軍を立ち上げていたが、その目的はいずれもパレスチナに移住・入植したユダヤ人らの生活圏域（パレスチナ・イシューヴ）[5]の防衛だった。軍の組織化とイシューヴ防衛をセットで考えていた点では、ポスト同化主義シオニストらも同様である［レイボヴィッチ 2008: 365］。

しかしながら、アーレントの主張した「ユダヤ軍」はそれらの主張と内容を異とするものだった。アーレントのいうユダヤ軍の特徴は大きく分けて四点挙げられる。すなわち、離散ユダヤ人が「民族」として組織化するための触媒となる点、「ユダヤ民族」が世界に「現れる」ための方法という点、強制収容所の解放を主目的とする点、主権国家に結びつかない軍事力の構想であるという点である。

民族主体化の「触媒」

第一に、アーレントのいうユダヤ軍はその組織化を通してユダヤ人に同化主義からの脱却を促し、自ら積極的な主体となる——つまり「ユダヤ民族」になる——という機能を持つ。

〔ユダヤ人のパルチザンやレジスタンスの存在によって〕ユダヤ人なるもの（*the Jew*）が姿を消しつつある分、ユダヤ人たち（Jews）が蘇ってきている。自らを組織し、敵と闘い、自らの旗印や行為を誇り、よりよい未来のために苦しみ、希望をつなぐユダヤ人たち——これは西洋史の土壌から生まれた、ほかの諸民族（nationalities）と同じような民族（nationality）――なのだ［JW: 256］。

右の引用における「ユダヤ人なるもの（*the Jew*）」とは、主権国家における「国民」、つまりマジョリティから一方的に規定されるユダヤ人のステレオタイプのことを指す。「ユダヤ人なるもの」という他者を措定し、その差異を通して「国民」は自らを主体化してきた。だが、そうした「ユダヤ人」とは、実体があるわけではなく主権国家側によって作られたイメージでしかない。

もっといえば、ユダヤ人はしばしば主権を持つ多数派民族への同化によって国民国家で生き延び、移送・虐殺の際は支配者に無抵抗に従属するという、弱々しい存在として表象されてきた[6]。ユダヤ人にとって軍の組織化が、客体的かつ単一的で固定的なイメージから、それぞれがユニークさを持って政治に参加する、より「リアリティ」のある像へと変容していく契機となる、とアーレントは考えていた。ユダヤ軍の暴力を通じてユダヤ人は他者から相対的に規定される「何か（what）」ではなく、自らの行為によって唯一無二の「誰か（who）」となる［HC: 179-180］ことができる、と捉えられていた、ともいえよう。このユダヤ軍を通して現れるリアリティを持った複数的な「ユダヤ人たち」の集合体が「ユダヤ民族」である。つまり、ユダヤ軍は「ユダヤ民族」の「解放」のための「道具的暴力」［Owens 2007: 20］であると同時に、「ユダヤ人たち」という限定されたものであれ、ある種の複数性を出現させるのである。

世界への「現れ」

第二に、ユダヤ人の「現れ（appearance）」を狙いとしたものである。自らナチスと闘い、戦争の前線に「現れる（appear）」ことで周囲の連合国軍にも「ユダヤ民族」を直にみて、聞いて、語ってもらうことを狙いとしていた。記事「ユダヤ軍――ユダヤ人政治のはじまり？-」［JW: 136-139］では、以下のように述べている。

ユダヤ民族（the Jewish people）にはよく知られていない、だが彼ら彼女らが学びはじめている、ある真実がある。それは、人は攻撃されている者としてのみ、自分を守ることができる、ということだ。ユダヤ人として攻撃される者は、イギリス人やフランス人として自身を守ることはできない［JW : 137］。

ナチス・ドイツがヨーロッパ各地に侵攻していく時代状況の中で、同化ユダヤ人は「国民」として国家の承認と保護を求め、居住先の国軍に入隊し前線で闘うケースもあった。だがアーレントは、どこかの国家の同化ユダヤ人として権利を求めるのではなく、「ユダヤ民族」として武器を手にナチスに抗して反ユダヤ主義という差別を拒絶するべきとする。

> われわれが反ユダヤ主義と闘うことができるのは、武器を取ってヒトラーと闘う時だけだ。しかし、この闘いもまた一定の理論的見識に基いて遂行されねばならず、その見識の結論を現実化したいと望む。こうした見識の第一点目は、われわれがこの戦争〔第二次世界大戦〕に一ヨーロッパ民族（a European people）として、ヨーロッパの栄光と悲惨にほかの民族と同じく貢献してきた存在として、参入することだ。われわれは今も昔も常に歴史の犠牲者や客体でしかない、と主張するような、われわれ自身と同じ立場の人びととも常に闘わねばならない［JW : 143］。

ここから、ユダヤ軍を媒介として主体となる「ユダヤ民族」をアーレントが「一ヨーロッパ民族」と考えていたこと、言い換えると、ユダヤ人問題を「ヨーロッパ」の問題として捉えていたことがうかがえる。こうした姿勢はほかの箇所からも看取できる。

> ヨーロッパ民族の中で、われわれほどこうしたあたらしい境遇〔無国籍状態〕のもとに置かれ、苦しんでいる者はいない。ポーランド人もチェコ人もわれわれほどではないのだ。われわれの唯一のチャンスは——それは

すべての小民族にとっての唯一のチャンスだが――あたらしいヨーロッパの連邦制度にある［JW: 129］。

上記のようなユダヤ人問題をヨーロッパ内部の少数民族問題として捉え、その解決のために複数の民族とヨーロッパ連邦を創設するというアーレントの考えは、初期論考において一貫して強調される。その証左として、パレスチナ地方にパレスチナ人とユダヤ人による連邦制共生国家を建設する、としたバイナショナリズムは、パレスチナ地方をふくむ「地中海地域」を「ヨーロッパ」の一部として議論している［JW: 197など］。つまり、アーレントはユダヤ人問題を国際問題というより、ヨーロッパ内部の問題として位置づけているのである。このヨーロッパにおける少数民族の無国籍・難民化問題の解決という論点は、『起原』第九章「国民国家の没落と人権の終焉」にも引き継がれている［OT: 349–352］。

さしあたり、当時のアーレントからすると、ユダヤ軍という暴力手段の存在は、「ユダヤ民族」があたらしい「世界」、すなわち「あたらしいヨーロッパの連邦制度」の「はじまり」を打ち立てることを意味した。このように、ユダヤ軍創設論は、「イデオロギーとテロル」（一九五八年）以降の権力論と通底する議論なのである。また、抑圧された人民が連帯し、やがては権威的な存在を打倒してあたらしい権威を実現する、というユダヤ軍の議論は、『革命』で論じられる複数人の権力によって下から支えられる政治のあり方そのものである。(7)

強制収容所の解放

第三に、アーレントのユダヤ軍は強制収容所の解放を主な目的としている。当時、「ユダヤ人の軍隊」(8)はシオニズム左派・右派によるものがすでに存在した。例えば、左派のハガナ、右派のイルグン・ツヴァイ・レウミである。これらをアーレントはユダヤ軍として認めることはなかった。いずれの組織もパレスチナ・イシューヴの防衛、また彼の地に先住のパレスチナ人に対する攻撃を目的としており、移送され虐殺される大陸のユダヤ人の救難は意味しなかったためである［JW: 146–149, 417–419など］。

これに対し、アーレントはユダヤ軍創設論において、ユダヤ人の民族としての主体化抜きには、戦争が終結してもパレスチナでのユダヤ人の生活（入植）は国際的に認められない［例えばJW: 146］、と考えていた。また、イシューヴ「防衛」のため周囲のパレスチナ人に暴力を用いるとなれば、平等な民族同士によって成立するはずの連邦は叶わない夢となる。実際、イルグンは一九四八年にパレスチナ人・ユダヤ人の混住地域を対象としたテロ、デイル・ヤーシーン事件[9]を引き起こし、アーレントは幾度もこれを厳しく批判している［JW: 418など］[10]。そのため、アーレントのユダヤ軍は、強制収容所の解放という目的を達した時点で解散するものでなければならないのだ。

アーレントは、自身のユダヤ軍について強制収容所の解放が達成されれば解散する一時的なもの、「儚い」出来事となるものと考えていた。また、アーレントは先の引用のように、ユダヤ軍の創設について論じる際、たびたびユダヤ人が民族となって「歴史の主体」になる好機だとした。これらは『人間の条件』における物語論とも通底している。民族のような集団と個々人の「現れ」という点に相違はあるものの、一瞬の「儚い」出来事でありながら権力の現れとなり、その行為は「偉業の記憶」として継承されることを意味する［HC: 197–199］。ここにおける記憶の主体とは、ユダヤ民族、また、ともに連邦をなすパレスチナ・アラブ民族、ひいてはヨーロッパの諸民族を指す。

主権国家に結びつかない軍事力

最後に、アーレントのユダヤ軍は主権（sovereignty）に結びつくものではない。これは最も重要な点である。通常、軍事力（force、強制力）は主権国家と結びつくことが多い。主権国家は軍隊を所有できる主体であり、また軍事力を占有する暴力装置である。例えば、ハガナは現在のイスラエル国防軍の前身である。アーレントにとって、国家は暴力と結びつかないものとして考えられている。アーレントによれば、政治に「製作」すなわち一者による暴力の行為が持ち込まれたものこそ、主権概念だった〔例えばBPF: 162–164〕。換言すれば、主権はマジョリティの民族による暴力の占有、均質的な「民族と国家の融合（the amalgamation of nation and state）」〔JW: 130〕を意味した。「一人の人間ではなく複数の人間こそが地上に住む」〔HC: 234〕からこそ、ユダヤ民族が目指すべきはあくまで諸民族による連邦制国家だった。よってユダヤ軍創設論は、イスラエル建国前後の軍事行動への支持をただちに意味するわけではない。

したがって、アーレントの論じたユダヤ軍創設は「革命」の前段階ないし初期段階である「解放」の行為に近い。『革命』でアーレントは「解放」と「自由」の関係性を次のように説明している。

あたらしいはじまりという意味で変化が起こるところ、暴力がまったく異なる政治組織を構成するところ、あたらしい政治体の形成をもたらし、抑圧からの解放が少なくとも自由の構成を目指しているところでのみ、わたしたちは革命について語ることができる。〔…〕先の数世紀の革命的精神とは、すなわち、解放を求め、また自由が住まうあたらしい家を築くのだという熱望であり、先例のないような、そしてこれまでのすべての歴史において無比のものなのである〔OR: 25〕。

ユダヤ軍創設論は、「自由が住まうあたらしい家」ないしは「自由の構成」〔OR: 25〕へと向かう、「解放」の段階に位置づけられる。この場合、解放の目的は強制収容所の解放とユダヤ人の主体化であり、「自由の構成」とはバイナショナリズム、ひいてはヨーロッパ連邦を指す。解放に武器という道具を要することに対し、この自由の構成、すなわち革命には道具は不要となる。革命は複数の民族との言論をもととした連帯によって実現されるからである。「権力と暴力は、性質の異なった現象だが、たいていは共に現れる」〔CR: 151〕。解放とそれに基づく革命は、一連のものとなって「活動」となる。それゆえにユダヤ軍創設論を中心としたシオニズムと、それに基づくバイナショナリズムは、すべてあわせて「活動」なのだ。後に『暴力について』で明示したように、「自衛のための暴力行使」は暴力の「正当化」［CR: 151］に当たる。(11) ユダヤ軍は当時のユダヤ人の状況に限定して正当化される、まさにこの具体例である。よって、ユダヤ軍創設論における「暴力」は解放の暴力であり、一定の目的を達したら権力へと遷移しなければならない。その際問題となるのは、この解放の暴力をいかに権力へとスライドさせていくのか、という点なのだ。

また、ユダヤ軍創設論では、ユダヤ人の主体化が「民族」としての「はじまり」だけでなく、同時にヨーロッパ諸民族が共生するあたらしい政治体の「はじまり」を成すものと考えられていた。(12) したがって、アーレントのユダヤ軍創設論は、ベンヤミンでいうところの法措定的暴力、すなわち来るべき共生のための根源的暴力に近いとして思考されていた、といえるだろう［ベンヤミン 1969: 7–38］。(13) ベンヤミンの議論では、法措定的暴力、法維持的暴力はともに神話的暴力として、神的暴力と比較されたうえで否定的に論じられる。これに対し、アーレントは法措定的暴力と法維持的暴力をあえて区別し、前者を「はじまり」として肯定的に論じている。こうした点に、アーレントの権力・暴力論の特徴がある。アーレントは法措定的暴力を主権国家創設のために使用することも、また主権国家を維持するために派生する暴力も拒絶し、同質的な共同体を維持する暴力（主権）を回避しようとした。(14) 換言すると、アーレントの権力論は暴力の作用と切り離せないが、同時に暴力の制限を試みた点に特徴がある、といえる。このように、アーレントのユダヤ軍創設論の目的はヨーロッパ連邦、つまりヨーロッパの共生にある。また、一九五〇—六〇年代に展開された権力、革命論の基本的なアイデアは、初期論考、とりわけユダヤ軍創設論において準備されていたことがわかる。

ユダヤ軍創設論をめぐる周囲の反応

アーレントのユダヤ軍創設論は当時においても珍しい議論だった。当時のシオニズム運動内で「ユダヤ人の軍隊」といえば、パレスチナ・イシューヴを防衛するための軍隊のことを指していた。一九四〇年には、左派の中心メンバーだったベン＝グリオンがアメリカを訪れ、パレスチナ・イシューヴ防衛を目的としたユダヤ軍の創設、またそれへの志願を募って講演を開いている［池田 2011: 109］。

しかし、当時のアメリカ・ユダヤ人は、ユダヤ軍ひいてはシオニズムにあまり関心を持っていなかった。なぜなら、第二次世界大戦以前に移住してきたユダヤ人の多くは、アメリカにほとんど同化していたからである。そのため、ヨーロッパ・ユダヤ人の迫害は「対岸の火事」として受け取られていた［大形 2021: 21］。また、アメリカで同化していたユダヤ人にとって、シオニズムは「二重の忠誠（double loyalty）」を引き起こしかねない、厄介な問題だった。「二重の忠誠」とは、アメリカに同化して市民権を得ながら、将来建国されるほかの国にも忠誠を持つのか、いずれの国の「国民」として生きるのか、というアイデンティティの問題である。第一次世界大戦以前に移住し、すでに同化を果たしていたユダヤ人たちにとって、シオニズムはようやく得たあらたな定住先への背信を意味した。

アメリカ・ユダヤ人社会の状況が変化しはじめたのは、一九四〇年以降である。この時期、ようやくコミュニティの中でヨーロッパ・ユダヤ人の難民化、またあらゆる国から受け入れ拒否されている事態が問題視されるようになった。同化してアメリカで成功した裕福なユダヤ人たちは、そうした難民を救援するという意味でシオニズムに関心を向けはじめた。すなわち、第二次世界大戦下のアメリカでシオニズムが受容されたのは、アメリカ・ユダヤ人の権利やパレスチナへの移住といった論点によってではなく、あくまで難民のためにパレスチナでユダヤ人国家を建設するという方向においてであった［池田 2011: 111］。

こうしたアメリカ・ユダヤ人社会に向けて、アーレントのユダヤ軍創設論を中心としたシオニズムは、民族的な独立を訴える点で珍しく、敬遠される内容だった、と考えられる。また、「ユダヤ軍」というキーワードから、アーレントもパレスチナ・イシューヴの防衛とユダヤ人国家建設を支持している、と誤解される場面もあったようである。例えば、アイザィア・バーリン（Isaiah Berlin, 1909-1997）は一九四一年にブルーメンフェルトを介してアーレントと会った際、ユダヤ軍創設論の話を聞いて狂信的なシオニストという印象を持った、とされる［Hiruta 2021: 15］。つまり、軍隊を組織してまでユダヤ人国家の建国を支持する人物として誤解されたのである。そう受け取られるほど、アーレントの「ユダヤ軍」とは、当時一般的だった文脈から離れたものであり、当時のシオニズム運動でも珍しく、また際立ってラディカルな議論だった。

第四節　ユダヤ軍の「現れ」——ゲットー蜂起と想起の問題

ワルシャワ・ゲットー蜂起というユダヤ軍の「現れ」、「はじまり」

アーレントのユダヤ軍創設論は、あるリアルな「出来事」に結びついている。一九四四年、アーレントは実際にユダヤ軍が現れた、とする記事を五度にわたって発表した。その「ユダヤ軍」とは、ワルシャワ・ゲットー蜂起をはじめとした、中央・東ヨーロッパ各地のゲットーで起きた一連の蜂起またその企図のことである(15)。一九四三年、ポーランドのワルシャワにあったゲットーにおいて、ユダヤ人がナチス兵を銃撃してはじまったこの蜂起は、約二ヶ月で鎮圧されたものの、各地に潜伏していたユダヤ人・パルチザンに強い影響を与えた。

一九四四年三—四月、アーレントは蜂起のことを知り、立て続けに記事を発表した［JW: 199–201, 213–219, 221–224］(16)。その中でアーレントは、ワルシャワ・ゲットー蜂起をはっきりと「ユダヤ軍」の現れである、としている。例えば四月の記事「ユダヤ民族の名誉と栄光のために」には次のように記されている。

> 世界中のユダヤ人やとりわけパレスチナ・イシューヴのユダヤ人たちが長年懇願してきたこと——ユダヤ軍の創設——は、そのような行為を期待されていなかった人びとによって突如として成し遂げられた。彼ら彼女らは心身ともに傷つき、避難所や療養所の将来の住民として、世界のユダヤ慈善事業の対象となるだろう人びと

> だった。一年前はまだ助けを求め、叫び声を上げていた、血に飢えた殺人者ら〔ナチス・ドイツを指す〕の無力な犠牲者たち、よくても他国による施しを受けながら生を終えるはずだった人びとが、突然、一夜にして、可能ならば自分たち自身を救い、またユダヤ民族を救おうと決意したのだ［JW: 199］。

右記にある「パレスチナ・イシューヴが懇願してきた」とは、ヨーロッパの同胞を心配していた一部のパレスチナ入植者たちのことを指す。アーレントは蜂起を起こした人びとを、ナチスの移送と虐殺を生き延びたとしても、将来的に連合国による「避難所や療養所の住民」となるはずだった存在、またアメリカやイギリスに居住する一部の裕福なユダヤ人の「慈善事業」の保護対象だった、とする[17]。蜂起を「ユダヤ軍」として論じることは、すなわち蜂起の暴力性をユダヤ人の解放と諸民族の共生におけるはじまりとして位置づけることを意味する。また、ここでアーレントは、ユダヤ人という無力化された存在が蜂起を通して、歴史上の「犠牲者や客体」［JW: 143］から脱却しようとした、と論じている。蜂起に関するほかの記事でも「歴史」は強調されている。

> 逆説的なことだが、歴史は、もっとも恐ろしい迫害や隷属からも、こうした自由のはじまり（the beginning of freedom）からも同じ結果を生み出す。というのも、パレスチナの軍隊のユダヤ人部隊と、ソヴィエト連邦（ソ連）のユダヤ民族が肩を並べる相手は、ユダヤ人の地下運動の英雄たち、ワルシャワやビアリストクのゲットーの闘士たち、チトー軍のユダヤ人グループ、フランスの何千ものユダヤ人ゲリラ、さらに、ミンスク陥落に先立って市街戦に参加した、その多くはおそらくユダヤ系だったパルチザンたちであるからだ［JW: 214］。

ここでアーレントは、蜂起をユダヤ人による差別への抵抗と民族的主体化の「はじまり」として捉えると同時に、あらたな「歴史」の出発点となった、としている。このあらたな「歴史」の出発点とは、二つの意味を持つ。一つは、国民国家によって規定されてきた「ユダヤ人なるもの」ではなく、自らが積極的に自身のユニークさを獲得していく「ユダヤ人たち」つまりユダヤ民族の「歴史」である。もう一つは、ユダヤ民族が「はじまり」となって生まれる、諸民族の共生の「歴史」である。

ベティの「活動」

蜂起に関する記事のうち最も注意を引くのは一九四四年八月の記事「六発の教訓」だろう。リトアニア・ビルニュス（ヴィルナ）におけるナチス親衛隊とゲットーのパルチザンが衝突した際にナチス側の兵士を射殺したという、一七歳のユダヤ人ベティについて書かれたものである。[18] アーレントは、ベティについて「六発の銃弾で彼女は犠牲者たち、あの無防備で従順な犠牲者たちの恥辱を消し去った」[JW : 218]とした。収容所に移送され虐殺された同胞の無抵抗な追従という「恥辱」を、ベティが暴力で洗い流してくれた、と讃えたのだ。アーレントはベティの行為を一つのはじまりとして認めると同時に、「記憶」また「想起／忘却」というテーマを提起している。

> 私がたいへん心配しているのは、平和がベティに第二の過酷な教訓を与えるのではないかということだ。〔…〕彼女はまだ知らない。われわれ〔アメリカ在住のシオニズムに関心のあるユダヤ人富裕層を指す〕が実際誇りとするのは犠牲者のみで、それも無実な犠牲者のみだけだと。〔…〕このあらたな、ほぼ無意識でほぼ自動的な「沈黙の共謀」を彼女はまだ知らない。それは、大きな、あまりにも大きな嘆きによって、彼女の声や彼女のような子たちの声を、消し去るのである。
>
> それでも彼女の声は十分に大きい。善意ある人びとにとって、それは新聞の小さな——断片となって散り散らばった——記事の中で毎日響きわたっている[JW : 218]。

ここでいう「無実な犠牲者」とは、武器を取らず、何もせずに死んでいったユダヤ人のことを指し、ベティが戦闘でナチス兵を殺害していることと対比している。ヨーロッパのユダヤ難民を苦慮する、アメリカやイギリスの裕福なユダヤ人は、なすすべのない難民により同情を寄せる、とアーレントは揶揄しつつ、戦闘に参加したユダヤ難民の偉大さを評価した。

また、ベティは一七歳とまだ若い。後年、アーレントは人びとの「出生」は第一の「はじまり」であるとした[HC: 177-178]。子どもが生まれてくることは、世界にあたらしいユニークさが到来することでもある。アーレントが「子ども」を気遣う場面は、ユダヤ・シオニズム論考にもそのほかにも多くある[JW: 29-37]。(19)一九六〇年代になされたギュンター・ガウスとのインタビューにおいても、一九三〇―四〇年当時、反ユダヤ主義的な場面に日常的に出くわすことで、ユダヤ人の子どもたちの心が「毒される」ことを懸念していた、と告白している[EU: 7]。「六発の教訓」ではこれを裏づけるような語りがなされている。

> 政治的な準備を整え、もう何年も海外に代表を持つほかのヨーロッパ諸民族のレジスタンスと比べると、〔ユダヤ民族は〕非常に遅れている。つまりベティやベティのような子にとって、彼女たちだけが語る権利を持つあたらしいリアリティを確立するのは、ほかの諸民族の同志たちよりも難しいだろう。
> しかし、私はわれわれの中の善意ある人びと――ヒトラーが打倒されてもユダヤ人問題が自動的に解決するわけではないと理解している人びと、ユダヤ人の未来という困難な課題にむけて準備しようとしている人びと――にお願いしたい。ベティの六発の銃弾を忘れないでほしい。可能なかぎり、昔の黙想修行のように、ワルシャワ・ゲットーの闘いにおける諸段階をくりかえし想起してほしい[JW: 219]。

アーレントはベティをナチスによる迫害の被害者としてではなく、「あたらしいリアリティ」、つまりショアの記憶について語る資格を持つ人物として描いている。この場合の「あたらしいリアリティ」とは、ヨーロッパ諸民族に比肩し共生する、ユダヤ民族による反ユダヤ主義への抵抗運動を指す。こうしてアーレントは、一七歳の少女によるナチスの男性兵士の殺害により、あたらしい政治がはじまることを賞賛し、歓迎したのだ。

このように、アーレントはユダヤ人、とりわけシオニストの大多数によってベティの行為が「消し去」られ[JW: 218]、忘却されることを懸念している。当時のシオニズム運動で重視されたのはパレスチナへの入植とイシューヴの安全保障、そして主権国家建設であり、ヨーロッパ・ユダヤ人の救出は省みられることがなく、ナチスに自ら抗することも重視はされなかった。そうした状況をアーレントは「沈黙の共謀」とした[JW: 218]。これに抗うために、アーレントは「ベティの六発の銃弾を忘れ」ず、「くりかえし想起してほしい」と離散するユダヤ人に要請したのである[JW: 219]。

「イデオロギーとテロル」で触れられているように、ナチス・ドイツは人種主義というイデオロギーのもと、複数の人びとを「一人の人間」のような同質的な「国民」にした。均質的な存在とされた人びとには差異がないため、活動を可能とする「あいだ」の空間も生まれない。そうした中で権力や「はじまり」を正規のやり方で生み出してゆくことは到底叶わなかった[OT: 607, 621-622]。改めて当時の状況を振り返れば、ユダヤ人はあらゆる法的権利を剥奪され、無力化された状態にあった。また、ナチスは侵略した領土内でもユダヤ人の移送・虐殺を行った。その堅牢な近代的システムのもとで、抑圧された人びとが自らを政治的に顕現させるには、武装抵抗のほかに手段はなかったはずである[レイボヴィッチ 2008: 362-363]。こうした文脈において、蜂起は一九四〇年代時点のアーレントにとって、すでに「現れる」ための解放の暴力、つまり「活動」の一環として把握されているのである。

とはいえ、ベティの議論は、なぜここまで読み手の注意を引くのか。それは、彼女がある種の規範を撹乱し、別様の生のあり方を提示するからだろう。その規範とは、第一に近代以降の主権的国民国家におけるユダヤ人の生を指す。アーレントは、居住先の主権国家やその国民に依存する形で生をつなぐ同化した成り上がり者的ユダヤ人を批判し、ベティをその対極、つまり蜂起に自ら参加し、世界で自ら現れようとする「ユダヤ人たち」として捉えた。ユダヤ人の若者がナチス兵士の殺害によって、ユダヤ人をめぐる近代的な諸規範を克服する。アーレントが「はじまり」、「活動」としたベティの殺人とそれによるユダヤ民族の現れは、主体をあらたに生み出してゆくパフォーマティヴな行為といえよう。

また、ベティがパフォーマティヴな行為を通して主権国家という近代的規範を覆す時、それは単に制度のみを転覆するのではない。被抑圧民族が人権を獲得するには主権国家が必要である、という近代において反復されてきた「歴史」をも覆すのである。このように、ベティという一人の行為がやがてあらたな政治のはじまりに連なるとされる時、『革命』で強調される「下からの政治」の実現がここで予感されているともいえる。

このように、アーレントはユダヤ軍創設論を通して、近代から続く諸民族たちの主体化の歴史――人権のアポリアを反復する歴史――から、被抑圧者たちによるあらたな「はじまり」という「真珠」[MDT: 205] を採り出そうとした。ワルシャワ・ゲットーをはじめとしたヨーロッパ・レジスタンスの物語は、「過去をあったとおりに蘇生させるためではなく、死に絶えた時代のあたらしいものとして見出すために」[MDT: 206]、アーレントの手によりテクストとして遺された [BPF: 3-6, 8-9]。「あたらしいもの」、それは主権をめぐるオルタナティブな思考である。ここにこそ、ユダヤ軍創設論の政治的、思想的な展望が込められている。

ワルシャワ・ゲットー蜂起をめぐるアーレントとイスラエルにおける言説の相違

最後に、ワルシャワ・ゲットー蜂起の語りをめぐる、イスラエルの言説とアーレントの考えとの違いに触れておく。イスラエルは蜂起を国家の歴史の起源として位置づけている。イスラエルが制定している「ショアとその殉教者を想起する日」(20)は、蜂起をショアの悲劇の象徴として、また、ヨーロッパ・ユダヤ人のヒロイズムとして、同時にそれをイシューヴのヒロイズムとして解釈した記念日の一つである [Segev 1993]。一見するとアーレントもイスラエル国家と同様の仕方で蜂起を「犠牲」として論じたようにみえるが、その意味づけは対極にある。イスラエルが蜂起を主権国家創設の犠牲として位置づけることに対し、アーレントは一九六〇年代までシオニズムの主権国家創設を一貫して否定した。アーレントからすると蜂起の「犠牲者」は、ヨーロッパ連邦国家というあたらしい政治体の「英雄」的犠牲となるべき存在だった。つまり単一民族国家のための「犠牲」ではなく、ヨーロッパ諸民族の共生のための「犠牲」となることが重要になる(21)。

ユダヤ軍創設論は緊急避難的な意味での武装抵抗の議論にとどまらず、後の政治思想に強く結びついている。ユダヤ軍創設論は権力論、とりわけ「はじまりの暴力」と権力の関係性を理解するうえで不可欠な議論であり、バイナショナリズム、ヨーロッパの連邦化の議論にもつながっている。したがって一九四〇年代の時点ですでにアーレントは権力、活動、物語、革命といった一九五〇年代以降の自身の政治思想のヴィジョンを持っていた、といえる。

さらに、ユダヤ軍創設論には極限状態下における被抑圧者の暴力行使という積極的な意味がある。ユダヤ軍創設論は単なる「暴力」論でも、エピソードでもない。それは、アーレントにとって反ユダヤ主義という差別への徹底的な対抗の思想として紡がれている。冒頭で述べたとおり、これまでの先行研究はユダヤ軍創設論に関してエピソード的な言及の仕方しかしてこなかった。だが、ユダヤ軍のような初期のテクストから後年の思想を検討すると、アーレントの政治思想は差別に対峙し、さらにそれを克服して他者と共生する手立てを一貫して模索しているようにみえる。

こうした分析を踏まえ、より広く初期の思想全体を把握し、後年の思想との繋がりを知るために、バイナショナリズム論にも目を向けなければならない。

註

(1) アーレントの独自の概念、特に「はじまり(beginning)」は、この世界に生まれるという「出生(natality)」、世界においてアイデンティティを確立する「第二の出生」、また活動を通し、他者とともに政治的にあたらしいことを始める「創設・創始(foundation)」といった、三つの意味で使われる。本書では主に、最後の「創設・創始」という意味での「はじまり」に注目していく。

(2) ただし、それ以前においても、パレスチナへの「帰還」を目指すユダヤ教一派や、社会主義の影響を受けた東ヨーロッパのユダヤ人による民族運動は小規模に存在した。

（3）アーレントは自らブルーメンフェルトの影響を認めている［COR A=J: no. 135/197–198］。

（4）アーレントは当時、大きく分けて三種の新聞・雑誌に寄稿していた。

(1)「アウフバウ（*Aufbau*）」：アメリカに住むドイツ語話者のユダヤ人に向けた新聞で、一九三〇—四〇年代にアメリカに移住したドイツ・ユダヤ人が読者層。

(2)「コメンタリー（*Commentary*）」：アメリカ・ユダヤ人に広く読まれる文化雑誌の一つ。アメリカ・ユダヤ委員会（ＡＪＣ）発行。

(3)「メノラージャーナル（*Menorah Jernal*）」：一九三〇年代のユダヤ人移民の急激な流入以前から、(2)「コメンタリー」と並んでアメリカに住んでいたユダヤ人に広く読まれていたとされるジャーナルである［矢野 2002］。

このほかに「パルチザン・レビュー」、「コンテンポラリー・ジューイッシュ・ワールド」、「ジューイッシュ・フロンティア」といった媒体で論考を発表している。当時、アーレントは思想の違いから、あらゆるシオニズム機関と距離をとり、アメリカでシオニズムに関して発言する際、戦略的に発表先を区別していた、と考えられる。

（5）パレスチナのユダヤ人共同体を指す。

（6）ナチス・ドイツによる強制移動や虐殺にしたがう「弱々しい」ユダヤ人のイメージはしばしば「羊」などの動物に喩えられてきた。これに対して、当時のシオニズムは土地を耕す健康的で「強い」ユダヤ人のイメージを打ち出そうとしていた。この点に関しては批判的動物論の観点からシオニズムにおける「動物」の表象について論じた保井啓志の論文が詳しい［保井 2022: 61–93］。

（7）ユダヤ軍への言及はないが、バイナショナリズムを『革命』の「下からの政治」の先駆的具体例と位置づけた先行研究としては Shmuel Lederman, *Hannah Arendt and Participatory Democracy: A People's Utopia*, Cham: Palgrave Macmillan, 2019 を参照。

（8）ハガナ（Haganah）はユダヤ人によるキブツ自警団で主として左派シオニストらによって組織された。イルグン・ツヴァイ・レウミはシオニズム右派の地下軍事組織の一つで、参加者にはのちにイスラエル首相になったメナヘム・ベギンがいた。イルグンはイスラエル建国直前のデイル・ヤーシーン事件（注9参照）にも関与した［森 2008］。

（9）一九四八年四月九日、エルサレム北西のパレスチナ・アラブ人村、デイル・ヤーシーンで起きた、パレスチナ人虐殺事件を指す。シオニストの自衛団、イルグンなどによる犯行だった。この事件では殺戮行為のほか、性暴力が行われたなど非人道的行為が指摘されている。この土地が標的とされたのは、イシューヴ指導者らにとってエルサレム占領の戦略において重要な地政的位置にあったためとされる。デイル・ヤーシーンはイシューヴに対し友好的なことで有名だった上、一九四二年には周囲のユダヤ人入植地との間に不戦協定を締結していた［金城 2010: 196–179］。

（10）アーレントは一九五一年以降、シオニズムに関して公的な発言を控えるようになったが、書簡ではそれ以降もデイル・ヤーシーン事件について言及している。この事件がパレスチナ人の難民化において重大な役割を占めたことを、一九五八年のヤスパースへの書簡で説明するなどしている［COR A=J: no. 233/358］。

（11）限定的な暴力によって主体の立ち上げを図ることは、ジャック・デリダが『法の力』の第一部「正義への権利について／法（＝権利）から正義へ」にて議論している［デリダ 2004］。また、ホロコースト期のユダヤ人の抵抗に近似した例は、第二次世界大戦下において植民地化されたアフリカや南米、東南アジア諸地域にももちろん当てはまる議論だろう。

（12）『人間の条件』等では「はじまり」概念は「出生」や「あたらしいことをはじめる」など、より広範な意味で捉えられている。本書で取り上げた法や政治体の「創設」としての解釈は、後年確立される「はじまり」概念のあくまで一部である。

（13）暴力／権力をめぐってアーレントとベンヤミンを比較検討した代表的な研究が本章の冒頭で挙げているバーンスタイン［Bernstein 2013］である。またアーレントの「暴力／権力」、ベンヤミンの「法措定的暴力／法維持的暴力／神的暴力」といった鍵概念を突きあわせ、比較したものとして青木崇の先行研究が詳しい［青木 2022］。

（14）ただし、アーレントのユダヤ軍創設論は二一世紀に頻発するようになったテロリズムとは区別されるべきである。テロリストの目的は自らの死と多くの死者によってある種のメッセージを発信することであるが、アーレントのユダヤ軍が目的としていたのはあくまで強制収容所の解放だったこと、アーレント自身、イルグンらによるテロ事件を強く批判していたことを強調しておく。抵抗運動による死や政治的抗議のための自死といった、一九四〇年代におけるアーレントの議論は、現代のテロの背景的思想とは大きく異なっている。この点は、オーウェンズによって指摘されている［Owens 2007: 47］。

（15）アーレント研究において、アーレントがワルシャワ・ゲットー蜂起におけるユダヤ人の抵抗を称賛した事実は、これまでほとんど議論されてきていない。これについて言及した数少ない研究として、矢野久美子『ハンナ・アーレント、あるいは政治的思考の場所』［矢野 2002: 40–41］を参照した。

（16）蜂起が起こった時期とアーレントがそれを知り記事にした時期のタイムラグは、おそらく当時の報道の伝達速度によるものと考えられる。

（17）本章第三節の「ユダヤ軍創設論をめぐる周囲の反応」を参照。

（18）一九四一年にナチス・ドイツはビルニュスに進軍し、もともとあったユダヤ人街にゲットーを設置、周辺のユダヤ人を

「処刑」しつつほかの地域からも強制移動させて収容していた。四二—四三年ごろにパルチザン運動が活発化し、ワルシャワ・ゲットーとも連絡を取り合っていたとされる。四三年四月一九日—五月一六日にかけてワルシャワ・ゲットー蜂起が起こり、各地域のゲットーに潜伏していたパルチザン・レジスタンスもそれに続く動きをみせたものの、その後ナチス側もユダヤ人の武装蜂起を強く警戒するようになり、四三年六月にはヒムラーからオストランドのゲットーを精算する命令が下された。ビルニュス・ゲットーも九月に強制収容所へと移送された。このころ、パルチザン組織はすでに徹底的な抵抗はしない方針を固めており、ゆえにこの地域で本格的な武装蜂起は起こっていないが、小規模戦闘はあったとされる［ラカー編 2003; 櫻井編 2020: 112–117; Yad Vashem のウェブサイト］。以上のことからアーレントのいう「ベティ」という人物が活動していたのは、四三年四—七月かと推測される。なお、リトアニアにおける反ユダヤ主義の歴史的背景などは重松尚の研究が詳しい［重松 2015, 2017］。

（19）　例えばアーレントは一九五七年にアメリカで人種統合校に黒人生徒が入学したことから始まった白人による暴動事件、リトルロック事件に関する論考「リトルロックに関する考察」を著している［Arendt 1994］。ここでは黒人の子どもである「エリザベス」について論じられている。「リトルロックに関する考察」やアーレントのアメリカ黒人問題へのまなざしについてはガインズ、河合恭平、大形綾の論文が詳しい［Gines 2014; 河合 2014; 大形 2017］。

（20）　ヘブライ語ではヨム・ハズィカロン・ラショア・ヴェ・ラグヴラ（יום הזיכרון לשואה ולגבורה）、直訳で「ショアとその殉教者を記憶する日」。通称ヨム・ハショア（יום השואה）、「ショアの日」となる。ショア（שואה）にかかる「ה」は定冠詞であり、ショアそれ自体の記憶（のみ）を追悼することを意味する。

（21）　他方で、高橋哲哉が指摘したように、アーレントのこうした「闘うユダヤ人」の記憶と想起を呼びかけることは、「偉業」を達成した者を「忘却の穴」にある人びとに対して優越した存在とすることにつながる［高橋 2012: 66–67］。

第二章　バイナショナリズム
――パレスチナをめぐる「共生」概念

ユダヤ軍の組織化はそれまでのユダヤ人に押しつけられた画一的なイメージを覆し、複数的なユダヤ人の現れに通じるものとして思考されていた。初期テクストにおいてアーレントは「活動」という言葉は使っていないが、ユダヤ軍創設論はのちの「活動」また複数人による「権力」の現れに非常に近い議論だといえる。

一方で、当時ヨーロッパのユダヤ人全体が難民化しており、彼ら彼女らを受け入れる国家もなかった。仮にユダヤ軍を通した解放が達成されたとしても、難民、無国籍者の帰還、定住先の問題が残る。この問題をめぐってアーレントはパレスチナ入植を支持したのである。したがって、パレスチナ入植はこうしたユダヤ軍による「解放」の次の段階として捉えられていた。その際に論じられたのがバイナショナリズムである。

第一節　バイナショナリズム論への評価――オスロ合意以前、以後

バイナショナリズム論を対象とした研究は、大きく二つに分けることができる。一つは一九九〇年代までのもの、もう一つは二〇〇〇年代以降のものである。

前者はアーレントのシオニズムに注目した研究が中心である。先駆的なものだとヤング＝ブルーエル『ハンナ・アーレント伝』［Young-Bruehl 2004］、バーンスタイン『ハンナ・アーレントとユダヤ人問題』［Bernstein 1996］が挙げ

られよう。ヤング＝ブルーエルの研究はアーレントの伝記であり、彼女の当時の状況や知的交流、テクストの成立過程などを伝えてくれる、先行研究の中でも重要な一冊であるが、当時の思想の具体像を批判的に示すものではない。バーンスタインは当時のシオニズム運動におけるアーレントの立ち位置や、彼女のシオニズム観自体について議論を展開しているわけではない。また、バーンスタインが参照しているテクストはほとんど『起原』以降のもので、当時のアーレントの主張に精細に立ち入るものではない。これに対して、バーナウ『可視的空間』［Barnouw 1990］はアーレントのシオニズム、シオニズム運動に参加した歴史的背景や影響を与えた人物を詳しく論じている。だが、アーレントの初期テクストを紹介するにとどまっており、やはり初期思想の全体像に迫ったものとはいえない。

このように、九〇年代のバイナショナリズム研究もまた、全体としてバイナショナリズムを主張するまでの背景を説明した歴史的な分析と、バイナショナリズムの紹介にとどまったものに乖離していた。九〇年代後半になるとその双方を同時に行う研究も出てきた。レイボヴィッチは、この学際的研究の草分け的存在といえるだろう［レイボヴィッチ 2008］。『ユダヤ女ハンナ・アーレント』はアーレント思想におけるユダヤ性に着目し、彼女のシオニズム論を当時の状況や背景、当時の主張の両文脈から明らかにしている。他方で、レイボヴィッチはバイナショナリズムに関して、当時の主張を読み解くもの、初期における諸テーマのつながりを相関的に示したわけではない。例えば、ユダヤ軍創設論とバイナショナリズムがなぜ両立するのか、いかなるつながりを有しているのかはみえてこないのである。

二〇〇〇年代以降、一部の研究者からアーレントのバイナショナリズム論が再度注目されるようになった。この動向は政治的な出来事――オスロ合意の締結から破綻までと時を同じくしている。

一九九三年に締結されたオスロ合意は、アメリカ主導のもと、パレスチナの代表（パレスチナ解放機構、ＰＬＯ）とイスラエル政府が直接交渉した初めての協定であり、その内容は二民族それぞれによる主権国家としての分離・独立に向けた議論「二国家解決（two-state solution）」をもととした「和平協定」とされた。
ただし、この合意を「和平協定」ととるかは、意見が分かれるところである。この合意は内実として、エルサレムの帰属、在外パレスチナ難民の帰還、ユダヤ人による入植地撤退、国境策定の問題をすべて先送りした、パレスチナ側にきわめて不利な協定だった。その後、一九九五年のラビン首相（当時）暗殺事件、翌年のハマスによる自爆攻撃、続くネタニヤフ率いる右派政権発足により、オスロ合意は「破綻」した、とされる。以後現在に至るまで、イスラエルはパレスチナに対する強硬姿勢をとりつづけており、「和平」からは遠のいた状況にある［阿部 2024など］。

他方、オスロ合意締結は、二国家解決に対する批判を呼び起こした。その際、対抗案として出されたのが「一国家解決（one-state solution）」案である。これは、イスラエル、パレスチナの両民族が一つの国家の中で共生する、という議論である。この議論こそバイナショナリズムが再論される呼び水となった。このなかで、シオニズムによる主権国家建設に一貫して反対し、バイナショナル国家という共生国家論を早い段階から提唱したアーレントに、再びスポットライトをあてる議論が登場した[1]。

アーレントのバイナショナリズムを再評価する先行研究は、二つの解釈に分岐している。一つがアーレントのバイナショナリズムをシオニズム論の一要素として読むもの［早尾 2008; Raz-Krakotzkin 2001; Raz-Krakotzkin 2011; Butler 2013］、いま一つが後年の思想的概念の一事例として理解するもの［Rubin 2015; Lederman 2019］である。前者はバイナショナリズムをアーレントのシオニズムのうちの一つの可能性として読み、現在進行形でイスラエルを下支えするシオニズムの定義の更新を図るものである。ゆえにこれらの研究は、アーレントをマルティン・ブーバーらの平和運動であるイフード運動の支持者として捉え、ユダヤ人シオニスト側にもパレスチナ人との共存を訴える者が以前からいたことを強調する。ただし、これらの研究はアーレントの初期の議論を恣意的に参照する傾向にある。例えばアーレントを当時のシオニズム左派の和平派グループに分類し平和主義者としたり、パレスチナやこの地域に対する偏見がまったくないかのように書いたり、ユダヤ軍創設論を捨象しアーレントの当時の思想を非‐暴力的に描くなどである。現に、これらの論者はアーレントが初期にバイナショナリズムと同時に論じていたユダヤ軍創設の議論については検討さえしていない［早尾 2008; Raz-Krakotzkin 2001, 2011］。たしかに、アーレントの議論における暴力の傾向をある種「無化」することで、初期と後年の思想とを隔たりなく読めるかもしれない。だがアーレントはイフード運動と実際は距離をとっていたし、なによりもなぜ当時、バイナショナリズムとともにユダヤ軍の創設を論じる必要があったのか、これらの研究は応答していない。

また、船津真の研究［船津 2008a, b］は、初期アーレントのシオニズム論において、ユダヤ軍の創設という暴力の議論とバイナショナリズムという共生の議論とのつながりを歴史・思想の両面から論じた点で重要である。だが、船津はあくまで分析対象のテクストを初期のみに絞っており、後年の思想への影響は検討していない。そのためアーレントの当時の主張を時局的なもの――その時々の状況によってその都度、論じたものに過ぎない――とみなすことになる。

バイナショナリズムを後年の思想的概念の一事例として理解した研究において、重点的に論じられるのは「連邦制」概念である。アーレントは『革命』で主権国家に代替するあたらしい政治的制度として「連邦制」を論じているが、一九四〇年代のバイナショナリズム論ですでに連邦制について議論していた。ルービンは、一九三〇―四〇年代当時、ヨーロッパで流行した「ヨーロッパ連邦構想」の理論を、パレスチナに当てはめたのがバイナショナリズムだ、という［Rubin 2015: 400, 408, 414］。リーダマンの論文は、バイナショナリズムの議論と『革命』における連邦論が、思想的に軌を一にしていることを理論的に詳細に示した、おそらく最初の研究だろう［Lederman 2019］。ルービンやリーダマンの研究は思想的枠組において説得力がある一方で、中期著作、特に『人間の条件』についてはあまり触れていない。また、彼らは「鶏が先か、卵が先か」のような、バイナショナリズムと連邦論、どちらが起源なのかをめぐる議論に終始してしまっている。

以上のことから、先行研究の問題点は次の二点にまとめることができる。まず、アーレントの初期テクスト全体を体系的に分析した研究はない。このため、シオニズム－バイナショナリズム論の全体像は明らかになっていない。第二に、これまでは歴史学的分析・思想的分析が乖離しているか、現在の政治的状況とアーレントの当時の政治・社会的背景を混同した分析が行われてきた。

こうしたことを踏まえ、本章の主たる目的はアーレントのバイナショナリズム論の具体像を提示し、その思想的意義を改めて評価することにある。バイナショナリズムを再評価する流れができたにもかかわらず、これまでの研究には初期テクストの体系的な分析が欠けていた。そこで、まず本章はアーレントの初期テクストを体系的に分析し、バイナショナリズム論の全体像を明らかとする。

そのうえで、次の二点を留意しつつ分析を行う。第一に、当時の時代状況やシオニズム運動の潮流といった歴史的議論、またアーレントの思想的議論、これら両面から初期テクストを分析することである。第二に、これまでの研究は初期テクストと一九五一年以降のアーレントの政治思想を分離して論じてきた。しかし、具体的な分析抜きに初期テクストと後年の思想とを区別するのは早計ではないか。現に、初期テクストには「連邦」「評議会」「はじまり」といった後年の中心的概念が登場する。初期から一九五一年以降へといかなる点で思想的連続性があり、変遷があるのかを初期テクストの体系的分析をもとに論じるべきである。この点に着目しつつ、先行研究が示してこなかった、初期アーレント思想の企て――「諸民族の共生」のための思想――を明示する。

第二節　バイナショナリズム論の時代背景

アーレントのシオニズム観は、当時主流であった左派と一致しない点が多かった。左派、右派問わず多くのシオニストはヨーロッパ・ユダヤ人の救援よりもパレスチナでの国家建設を重視し、入植を優先していた。アーレントにいわせれば、こうした主流派のシオニストらは「反ユダヤ主義は永続的に続く」という考えのもと、反ユダヤ主義や同化主義といった差別と闘うのではなく、それらからの避難所として、主権国家を求めていた［JW : 256］。

一九四〇―四四年まで、アーレントは主流派シオニズムに対する批判とユダヤ軍の創設を訴えたものの、(2) ユダヤ軍は公式的に創設されないまま、一九四五年にはアウシュヴィッツが解放された。とはいえ、ナチス・ドイツによって発生した大量のユダヤ難民・無国籍者の帰還先ないし居住先をめぐる問題は解決されていなかった。この時期、アーレントは論考「シオニズム再考」を発表している。ここで改めてアーレントは自身の主流派シオニズムに対する批判を明らかにした。だが、この論考に対する反発は激しかった。例えば、ショーレムはこの論考に対し、「反シオニズム的」で「甚だ失望した」［COR A=S: no. 19/75］としている。理由としては、アーレントの議論は、ヘルツル以来のシオニズムによる主権国家建設運動やキブツ運動を過小評価している、というものだった。(3) それだけでなく、シオニズム主流派はユダヤ軍創設に関して無関心だった、ヨーロッパからの資産移送でナチスと協力している、などとしたアーレントの主張は事実誤認である、と反論した［COR A=S: no. 19/76–81］。(4) ほかにも、「シオニズム再考」はブルーメンフェルトからも同じような批判を受けた［COR A=S: no. 19 訳注2/81］。(5) ショーレムとブルーメンフェルトはいずれも思想的にも運動上でもシオニズム左派に属し、早い段階でパレスチナに入植していた。そうした思想家たちから、アーレントはアメリカという安全地帯からディアスポラ・ユダヤ人の権利ばかり主張し、主権国家建設を批判するなど、パレスチナ・イシューヴを軽視しているようにみえたのではないだろうか。たしかに、アーレントの主張はパレスチナでの主権国家建設というシオニズムの主要目的を批判し、離散するユダヤ人全体に連帯を呼びかけるものだった。だが、それは、なによりもヨーロッパで虐殺される同胞の救援、保護のためであり、また、終戦後のユダヤ人の権利やパレスチナでの政治体創設をめぐる、国際社会からの承認を見越しての主張だった。また、アーレント自身、ゲシュタポによる逮捕、抑留収容所への移送、無国籍者としての生活など、決して安定した状況にいたとはいえない。それでもシオニズムを支持したものの、その議論は一般的なシオニストに受け入れられることはなかった。こうしたことに限界を感じ、この時期アーレントはシオニズムから距離を置くことを考えていた［COR A=J: no. 47/65］。

細々と発信を続ける中で一九四八年、アーレントはバイナショナリズムの構想を示した論考「ユダヤ人の郷土を救うために」［JW: 388-401］を発表した。これがユダ・マグネスの目に留まったことで、事態は変化していく［Kotzin 2010: 316-317］。マグネスはアーレントのシオニズム論に共鳴し、実際に会い、ユダヤ人社会の政治的方向性について意気投合した。これをきっかけとして二人は連合国に向けてバイナショナリズムのアピール運動を開始した［Kotzin 2010: 324］。マグネスが没する半年前のことだった(6)。

マグネスはアメリカ出身のユダヤ教改革派のラビで、シオニズムを支持して一九二二年、パレスチナに一度移住した、という経歴の持ち主である。この時期、アメリカからパレスチナに移住するユダヤ人はきわめて珍しかった(7)。アメリカでの比較的安定した生活を手放してまで、政情も混乱しているパレスチナに移住する理由がなかったからである。また、アメリカに同化しながらシオニズムを支持することは、アメリカでの生活や権利を否定するものと捉えられたため（「二重の忠誠」問題）、当時のアメリカ・ユダヤ人のシオニズムに対する関心も決して高いわけではなかった。そうした中で、マグネスはパレスチナにおけるユダヤ人の共同体創設に、ユダヤ教、ユダヤ文化再興の可能性をみいだしていた。パレスチナでマグネスはブーバーらと知り合い、イフード運動に合流し、ヘブライ大学の創設にも携わった。しかし、シオニストらによるパレスチナ人への排外主義に疑問を抱き、マグネスは一九四七年ごろにアメリカに戻っている。帰国によってイフードからも距離を取ったものの、ブーバーやショーレムはマグネスに厚い信頼を寄せていた［ショーレム 1991: 191-194］。このマグネスの存在により、アーレントは自身のバイナショナリズム論に弾みを得たのだった［レイボヴィッチ 2008: 382-383］。

第三節　連邦国家論としてのバイナショナリズム

ユダヤ人・アラブ人が混住する連邦

アーレントのバイナショナリズムにおける最大の特徴は、国家制度としてアラブ・ユダヤ両民族による連邦制を採用した点にある。アーレントの主張が最もわかりやすくまとめられているのは、一九四八年の記事「ユダヤ人の郷土を救うために」だろう。イスラエル建国の前に発表されたこの論考の最後には、パレスチナに創設する政治共同体のあり方をめぐり、次のような提言がなされている。

（五）地域の自治政府およびユダヤ人–アラブ人混成の都市または農村評議会を、小規模かつ可能なかぎり多数設置すること、これが最終的にパレスチナの政治的解放を導くことができる唯一の現実的な政治的施策である［JW: 401］。

ここでアーレントはパレスチナ地方を細かく区分けしたうえで、各区域にユダヤ人、パレスチナ・アラブ人の混在した評議会を設置することを提案している。初期のテクストに「区制」「基本的共和国」という言葉は登場しないが、これは住民が直接的に政治に参加し、その声が評議会から連邦政府へ、つまり下から上へと響いていく、という『革命』の「下からの政治」の議論と同様である［OR: 242-246］。また、「ユダヤ人–アラブ人混成の都市または農村評議会」という記述から、アーレントの構想していたパレスチナの連邦国家においてユダヤ人、パレスチナ・アラブ人は混住しているものと予想される。

『革命』で、アーレントが連邦制をあたらしい国家制度として評価したのは、評議会制、区制によってマジョリティによる多数決を避け、複数の人びととの平等性を確保したうえで、意見や声を収集し、政治に反映することができるためだった。では、初期テクスト群において連邦制はいかなる文脈で採用されているのか。一九四三年の記事「ユダヤ‐アラブ問題は解決可能か？」でアーレントは次のように説明している。

連邦制の取り決めは将来的によい可能性を持っている。なぜなら、連邦制は民族紛争を解決するうえで最大のチャンスを約束し、諸民族に自らを政治的に再組織化するような、政治的生の基盤になりえるからである。〔…〕しかし、国民国家が孤立した構造として計画されるにせよ、ほかの国家と何らかの結合という形で計画されるにせよ、パレスチナでわれわれが抱えているような、多数派民族と少数民族の間の紛争はそのまま残る[JW: 195]。

「多数派民族と少数民族」とは、ユダヤ人の主権国家が樹立された際のユダヤ人とパレスチナ・アラブ人のことを指す。主流派のシオニズムの主張のとおり、ユダヤ人の主権国家を建設すればユダヤ人にとっては自らが多数派になることができる、「永遠になくなることのない反ユダヤ主義」からの避難所を得ることができる。しかし、主権的国民国家は主権を持つ多数派民族を「国民」、それ以外の民族を「非‐国民」に区別する。結果として、主権的国民国家制度は紛争や迫害を起こし、国民と同時に難民を生んだ。パレスチナに主権国家を建設すれば、パレスチナ人を少数派とし難民化させるため、やはり差別を反復することになる。

これに対し、アーレントは連邦制度こそ、こうした多数派／少数派、あるいは国民／非‐国民といった主権制度につきものの二項対立を克服し、民族紛争の予防策になる、とした。実際、連邦制を採用した場合、主権国家における内紛を解消することができる。例えば、多民族国家であっても主権制度を採用しているかぎり、住民を多数派／少数派に区別することになる。対照的に連邦制を採用するバイナショナリズムは、あらゆる住民が評議会を通して政治参加が可能であり、多数派民族が支配的立場に立つことを回避できる。

このように、バイナショナリズムにおける連邦制も、やはり主権制度への批判から着想されている。同時に、この点こそ、二〇〇〇年代以降アーレントのバイナショナリズムが注目された理由である。オスロ合意の争点も、やはり国境線と領土の問題だった。バイナショナリズムの理論的枠組は紛争の解決に対し持続的な有効性を持っている、といえよう。

また、前述のとおり、パレスチナ人との共生論はすでにイフード運動も論じていたものの、国家制度について踏み込んだ議論は行っていなかった。一方、アーレントは、国家制度は主権制ではなく、連邦制を採用するべきだと明示していた。この点はアーレントとイフードとの決定的に異なる点である。

二　民族の合意に基づく連邦政治

しかしながら、紛争解決の一定の有効性があったとしても、パレスチナ人からみてこのバイナショナリズムの議論はどう受け取られるだろうか。先住者であるパレスチナ人側が入植者を簡単に歓迎するとは考えがたく、そうした点においてアーレントの議論は非常に一方的で、楽観的にさえみえるだろう。

この点をめぐり、アーレントはバイナショナリズムにおいてパレスチナ人の「合意、同意（agreement, endorsement）」［JW: 220, 235, 236, 372］が重要だとした。その理由は二点挙げられている。第一に、仮にユダヤ人の主権国家が建設されたとしても周囲の中東諸国からの反発を避けられないこと、第二に、パレスチナ人側との交渉がバイナショナリズムの実現において「基盤（basis）」［JW: 235–237, 401］となるためである。

特に第二の点は注目に値する。例えば、一九四五年の記事「近東で民族間合意を成し遂げる――ユダヤ政治のための基盤」において、アーレントはユダヤ人側とパレスチナ人側との「現実政治に基づいた交渉の結果」つまり両者の意見の擦り合わせが必要だ、としている［JW: 236］。すなわち、言論を通した二者間の「合意」が連邦における政治的「基盤」になり得る、ということである。

この「合意」をめぐっても、初期と後年の議論は一部共鳴している。『革命』では複数の意見をばらばらに放置するのではなく、一定の公的見解までまとめ、代表的意見や代表者による調停、すなわち合意を取る必要性が認められている［OR: 219］。

さらに、この「合意」の重要性から、アーレントはパレスチナにおいてユダヤ人が暴力を行使すること、また軍隊を保持することを厳しく批判していた。先述のとおり、ベン＝グリオンらが主張していたユダヤ軍とは異なり、アーレントが主張したユダヤ軍は収容所の解放とともに解散されるものとして考えられていた。それは、一度パレスチナに軍事力が持ち込まれれば、パレスチナ人側との言論を通した対等な交渉が不可能になるためである。ほかにも、アーレントはシオニストによるパレスチナ人の村への軍事攻撃を非難している［JW: 397など］。実際、パレスチナ人・ユダヤ人の混住地域を狙ったデイル・ヤーシーン事件が起きた際、アーレントは首謀したイルグンを「テロリスト、右翼、排外主義者」またはファシストとして厳しく非難する記事を出している［JW: 417-419］(8)。

これらの点から、アーレントがバイナショナリズムにおいても、対等な二者間による言論活動を重視していたことが看取できよう。だが、それでもなお、パレスチナ人側がバイナショナリズムの提案を簡単に受け入れるだろう、という楽観的な考えがアーレントの議論の根底にあることは否めない。

初期アーレントの地理的感覚

さらに、アーレントはパレスチナにおけるバイナショナル国家を端緒として、こうした連邦を地中海地域、またヨーロッパまで拡大することを考えていた。再び「ユダヤ‐アラブ問題は解決可能か？」をみると以下のようにある。

パレスチナ問題の合理的な解決に向けたさらなる可能性、それはある種の「地中海連邦」だろう。〔…〕ユダヤ人にとって、それは地中海諸民族のあいだでの尊厳と居場所、双方を回復することと意味するだろう。ユダヤ人はその地域の文化的な栄光に大いに貢献したのだから。しかし、この場合でも、この連邦の境界内に住むユダヤ人は平等かつ政治的諸権利を享受する地位が認められ、ユダヤ人の郷土としてのパレスチナに特別な措置が与えられるように、主張していかねばならないだろう。

もちろん、この政治的枠組は、ヨーロッパ諸国のより大きな連邦をふくむところまで拡大可能である。そのような制度に近東と北アフリカの両方が属さなければならないことは明らかである［JW: 197］。

アーレントによるとパレスチナの連邦を近東や北アフリカをふくむ地中海地域、さらにはヨーロッパに拡大可能だという。初期テクストにおいて、こうしたヨーロッパまでの連邦拡大の構想は数多く言及されている［Rubin 2015: 398］。

端的にいって、この構想はとても両義的である。好意的にみれば、この連邦の拡大も『革命』で言及される権力の「増大」の議論と一致する。小さな区域からより広く大きな地域へと、言い換えれば下から上へと活動が広がり、権力も増大する［OR: 193］。パレスチナの町や村のような小さな場所から地中海地域、ヨーロッパへと連邦が拡大することは、すなわち権力の拡大につながることになる。

他方で、パレスチナ、地中海、ヨーロッパを並べるアーレントの地理的感覚は、ヨーロッパ中心主義的であるという批判を免れない。特に決定的であるのが、先の引用である。ユダヤ人は地中海地域の「文化的栄光に大きな貢献をした」とアーレントはいう。この発言はアーレントが古代ギリシア的な地理的感覚で地図をみていることを示している［早尾 2008: 146–147; Aschheim 2001］。また、アフリカの中でも「北アフリカ」のみが連邦制度にふくまれるという発言は、裏を返せば、ブラック・アフリカはアーレントの考える「ヨーロッパ」から除外されることを意味する。実際、一九五一年刊行の『起原』第七章においてアーレントは、ジョセフ・コンラッドの小説『闇の奥』を用いつつ、ブラック・アフリカを「暗黒大陸」とし、この地域の人びとを人種的に差別する議論を展開した［OT:

241-289〕[9]。この点においてもアーレントの連邦の拡大予想図におけるヨーロッパ中心主義的傾向が表れている。

第四節　諸民族の「革命」としてのバイナショナリズム

難民の経験から「連邦」を考える

ところが、アーレントのバイナショナリズム、またシオニズム論全体において「ヨーロッパ」という問題は無視することのできないテーマとなっている。

初期のアーレントの問題意識は、ヨーロッパにおけるユダヤ人問題にあった。当時のアーレントにとって、最大の懸念事項はもちろんナチス・ドイツによるユダヤ人の迫害、虐殺だった。しかし、難民や無国籍者の当事者としてこれらの問題に直面していたアーレントにとって、実際の懸念はこうして一言では語り尽くせないものだったはずである〔渡名喜 2021, 2022〕。

ヨーロッパ・ユダヤ人全体が難民化され、居場所を失い、ヨーロッパに存在することも許されず虐殺されていく中で、世界中の国々がとった行動は国境を封鎖し、大量の難民流入を拒否することだった[10]。一部の例外をのぞき、ユダヤ難民一般には逃げ道もなく、戻る場所もなく、あらゆる選択肢が排除された状況にあった。アーレントのように亡命できたとしても、ドイツからの難民の場合は「敵性外国人」として差別され、そうでなくとも無国籍者としての、それまでと変わらない貧しい生活が待っていた。

これらの背景を目撃し経験したうえで、連合国主導による難民問題の解決に期待できただろうか。いずれにせよ、連合国が勝利したとしても即座にユダヤ難民の定住地・帰還先の問題が解決されるわけではない、とアーレントは考えていた。『起原』にもみられるように、初期のアーレントの問題意識はこうした難民が発生する政治的な構造、つまり主権的国民国家制度にあった〔OT: 349-396〕。さらに、初期の批判対象は、主権的国民国家制度による「国民」と「非‐国民」の選別、すなわち、多数派民族を「国民」として主体化するためにそれ以外の少数民族を他者化し、同化しない場合は諸権利を付与しないという差別構造だった。

法による反ユダヤ主義の撤廃に向けて

したがって、初期のアーレントにとって、この主権的国民国家制度による差別構造の批判と克服こそが最大の課題だった。こうした差別構造の事例の一つが、ヨーロッパにおけるユダヤ人問題だった〔例えば JW : 125–135〕。アーレントがポスト同化主義的シオニズムを支持し、ユダヤ軍創設論を主張した理由はここにある。「国民」から一方的に他者化された存在ではなく、自ら主体となって活動する一つの「民族」となること、同時に、主権制度によって抑圧された存在としてあらたな政治制度を志向することが、アーレントのシオニズムにおいて要となる。

反ユダヤ主義の克服の例として、先に挙げた「ユダヤ‐アラブ問題は解決可能か？」の引用は以下のように続いている。

> ユダヤ人にとって、これ〔連邦制度〕はより有利だろう。なぜなら、ユダヤ人はヨーロッパ諸民族の共同体の成員として認められ、ヨーロッパ内の地位を持ち、パレスチナはヨーロッパと世界のユダヤ人の郷土になる保証を得るだろうし、反ユダヤ主義の根本的な廃絶に向けた好条件がつくられることを意味するからである［JW : 197］。

パレスチナの地方連邦をヨーロッパ連邦にまで拡大することで、ヨーロッパにおけるユダヤ人の政治的地位が再獲得される。また、そうすることで反ユダヤ主義という差別を根絶することにつながるため、ユダヤ人としては政治的に「有利」だとアーレントは述べている。世界中に離散するユダヤ人の実情には目を配らず、ユダヤ人はあくまで「ヨーロッパ内」の民族である、とするこの文章も、やはりヨーロッパ中心主義的である。同時に見逃してならないのは、連邦制度が「反ユダヤ主義の廃絶」につながる、とした部分だろう。
ユダヤ人も一民族として地位を確立し、連邦の中で評議会に参加する権利を獲得することができれば、たしかに反ユダヤ主義を共同体構成員に対する攻撃として、法的に取り締まることができる。初期において連邦構想に触れる際、アーレントはこの反ユダヤ主義を犯罪として法的に取り締まることも、複数回言及している〔例えば JW: 184〕。
さらには、こうした少数民族への差別撤廃に向けたヨーロッパの連邦構想は、最も早いもので一九四〇年の記事「少数民族問題に寄せて」に確認できる。

われわれほどに、こうしたあたらしい情勢〔無国籍状態〕のもとに置かれ、苦しんでいるヨーロッパの民族はない。〔…〕われわれの唯一のチャンスは——それはすべての小民族にとっての唯一のチャンスなのだが——あたらしいヨーロッパの連邦制度にある。〔…〕われわれの運命はほかのヨーロッパの小民族にのみ結ばれるのだ。国境内部の定住者によって構成され、領土によって保護される国民という考えは、決定的な修正を強いられている。実際、経済的また政治的に維持される空間は、絶えず拡大している。一つの領土に対する所属という考えが、諸民族のコモンウェルスへの所属という考えに取って代わり、政治が全体としてのコモンウェルスによって決定されるような時がもうすぐ来るだろう。それはヨーロッパ的な政治——あらゆるナショナリティが同時に保持されるような——を意味する〔JW: 129-130〕。

アーレントによると、ヨーロッパ連邦構想はユダヤ民族だけでなく、「すべての小民族にとって」主権制度とその差別構造から抜け出し、同化せずに「あらゆるナショナリティを保持」できるようにする「チャンス」だという。ここにおいて、アーレントはユダヤ人問題をヨーロッパにおける少数民族問題の一つとしてはっきりと定位している。アーレントにとって、シオニズムによるユダヤ人の「民族」としての解放は、ヨーロッパ全体の少数民族の解放の第一歩となると考えられているのだ。(11)

ユダヤ人差別の撤廃から少数民族問題の解決へ

このことから、アーレントは、ユダヤ人に対して、主権制度と国民国家に抑圧された者として、ほかの少数民族と連帯し、あらたな政治制度である連邦構想を実現させようと呼びかける。その際、掲げられるのが「諸民族の共生」というキーワードである。

難民と無国籍者の問題を解決するための真の障害は、諸民族が国民国家の古い制度の中で組織されているかぎり、端的に解決不可能だという点にある。それどころか、無国籍者たちはほかのなによりもはっきりと国民国家の危機を明らかにしている。そして、現代的な正義感にも諸民族が真に共生する現代的条件にも対応していない秩序〔国民国家制度のことを指す〕を再構築しようと不正義に不正義を重ねるようでは、この危機を克服することはできないだろう［JW : 235］。

政治の「現代的条件」は「諸民族の共生」、すなわちヨーロッパにおけるあらゆる民族の共生である。これを満たすためには、ユダヤ民族をふくめ、少数民族全体が連帯して主権的国民国家制度の差別的構造に終止符を打たねばならない、とアーレントはいう。

より踏み込んでいえば、この「諸民族の共生」に向けた連帯と連邦構想は、『革命』でいうような「革命」の創設行為とそれを記憶するためにつくられる法［OR : 85］そのものである。それぞれのナショナリティを持つ対等な複数の人びとが「共生」に向かって交渉を行う。[12] すなわち、あたらしい政治のあり方を創設するために言論を通した「活動」を行うのである。そのうえで、諸民族の連帯によって実現する共生を、法的制度つまり連邦という国家制度として樹立し、後世に継承するのである。アーレントは初期においては「活動」や「制作」といった用語は使っていないものの、バイナショナリズム、またヨーロッパ連邦の構想は、『革命』につながるものである。[13]

したがって、アーレントのバイナショナリズムは、ヨーロッパにおける「諸民族の共生」に向けた第一段階として捉えることができる。同時に、彼女のバイナショナリズムにおける「ヨーロッパ」とは非常に両義的ともいえる。アーレントはあくまでヨーロッパの少数民族問題、その一つであるユダヤ人問題の解決のために、ヨーロッパ連邦構想を提案した。他方で、そこで提示されたアーレントの地理的な区切りは、ユダヤ人をヨーロッパの民族として見做し、ヨーロッパの内部において解決を目指すという見解を示したのである。

一方で、バイナショナリズムの紛争解決における実効性は、イスラエル・パレスチナ紛争に限らず、ほかの民族紛争においても一定程度有効だろう。また、バイナショナリズム論において、アーレントが難民、無国籍者当事者として「諸民族の共生」という政治的課題を提起したことは、より注目されるべきことである。ヨーロッパという地域に限定されてはいたものの、アーレントの関心は難民問題にあった。この点を中心に、グローバル化する現代の難民問題において、アーレントの議論を適用し、あらたに解釈していくことも可能なのではないだろうか。

最後に、初期テクストと後年の思想との相違点として、「民族（nation）」の定義の違いが挙げられる。『人間の条件』をはじめとして、後年のアーレント思想で「活動」の主体には個々人が想定されている。それに対して初期の論考群では、政治活動の主体は「民族」という集団として論じられている。現に、シオニズムはユダヤ人が「民族」という集団として現れ、活動する議論だった。

これに関連して、初期テクストにおける「民族」の語の使われ方は、『起原』以降のそれとまったく異なっている。一九五一年以降のアーレントは、「ネイション」を主権的国民国家における多数派民族、同時に「国民」という意味で使い、一貫して批判の対象としている。対照的に、初期論考では「民族」は活動の主体という非常に肯定的な文脈で使われる場合も多い。この点は特に一九五一年以降のテクストとの比較を通して、より精緻に分析する必要があるだろう。

註

（1）この時、バイナショナリズムを論じたのはパレスチナ系の知識人とユダヤ系の知識人とに大別できる。本書で紹介しているのは後者のみである。

バイナショナリズムを支持したパレスチナ系知識人の代表例としては、エドワード・サイード、マフムード・ダルウィーシュなどが挙げられる。サイードは一九九九年に『ニューヨーク・タイムス』に「一国家解決」と題する論考を発表し、バイナショナリズム支持を明らかにした。この論考をはじめとして、サイードはバイナショナリズムを論じる際、アーレントを厳しく批判し、自らの議論とを区別した。サイードはその理由として、アーレントの「ユダヤ防衛同盟（Jewish Defense League, JDL）」に対する二度の寄付（一九六七年、七三年）を理由として挙げている。だが、この情報は間違いであることが指摘されている。

JDLとは、ユダヤ人の極右団体でイスラモフォビックな活動で知られる。創設者のメイル・カハネはユダヤ教正統派のラビで、排外主義的な極右シオニストである。現在イスラエルで活発化している不法入植活動にも大きな影響を与えている人物である。アーレントの寄付が最初に言及されたのは、エリザベス・ヤング＝ブルーエルによる『ハンナ・アーレント伝』初版においてで、おそらくサイードもこれを参照したと考えられる。だが、第二版以降、ヤング＝ブルーエルはこれを訂正し、実際寄付した先は「ユダヤ統一アピール（United Jewish Appeal）」で、アーレントはJDLへの寄付を一貫して拒否していた、とした［Young-Bruehl 2004: xxxv］。こうしたヤング＝ブルーエルの伝記におけるアーレントのシオニズム・イスラエルをめぐる姿勢の記述には偏向がふくまれているのではないか、という指摘もなされている［小森 2018, 2020］。

（2）第一部第一章参照。

（3）実際、当時のアーレントはキブツ運動を高く評価したうえで批判している。本書第二部第五章第二・第三節を参照。

（4）こうしたショーレムの指摘はアーレントの議論を誤解している、といえる。ショーレムが書簡で指摘した「ユダヤ軍創設」はパレスチナ・イシューヴの防衛を目的とした軍隊であり、アーレントが主張していた収容所解放のための軍隊のことではない。また、当時一部のシオニストがナチスと「財産移転」で協力関係にあったことも事実ではある。ショーレムからの批判に対し、アーレントはベンヤミンの遺稿出版を優先するために、シオニズムについて意見を交わすのは避けよう、と提案し、ショーレムはそれを承諾している［COR A=S: no. 20/87–92］。

（5）アーレントとブルーメンフェルトの「シオニズム再考」、またアイヒマン論争に関するやり取りについては、小森謙一郎『アーレント　最後の言葉』講談社、二〇一七年に詳しい。「シオニズム再考」について、ブルーメンフェルトは、伝聞のみでパレスチナ・イシューヴを論じ、シオニズムを批判した点で「厚かまし」く感じられ、「怒り」を覚えたが、そうしたことはアーレントの「性格的特徴」によるもののため、公に反論するほどのものではない、と判断したという［小森 2017: 106］。

（6）アーレントはマグネスの提案を受けた理由として、イフード運動は信頼していなかったものの、パレスチナ人との共生という点で彼と考えが一致していたこと、彼の余命がわずかだったことを挙げている［COR A=J: no. 69/73］。

（7）マグネスと同じ時期にシオニズムを支持し、パレスチナで生活しつつ支援していた人物として、ヘンリエッタ・ソールド（Henrietta Szold, 1860–1945）が挙げられる。ソールドはユース・アリアを支援した女性シオニストのボランティア団体、ハダサの創設者である［石黒 2015］。

（8）アーレントが把握していたかは不明だが、デイル・ヤーシーン事件では、ユース・アリアの関連団体であるハダサ（註7参照）もイルグンによる攻撃に巻き込まれている。

（9）アーレントのブラック・アフリカ、また黒人に対する差別を論じたものとしてここでは高橋哲哉『記憶のエチカ――戦争・哲学・アウシュヴィッツ』岩波書店、二〇一二年を中心に参照した。

（10）実際、一九三八年にフランスで開かれたエヴィアン会議では、アメリカ、フランス、イギリスなどの国々がユダヤ難民の対応をめぐって協議を行なっている。だが、参加した多くの国がユダヤ人の受け入れに難色を示し、具体的な対応はとられなかった。

（11）この点でバイナショナリズムはヨーロッパ連邦構想の一部である、とするルービンの見解［Rubin 2015］は正しい。

（12）アーレントはアメリカを、少数民族が各自の民族的なルーツを維持しながら共生している事例としてみていた。こうしたアメリカ連邦制への肯定的評価は早いもので一九四六年から確認できる［COR A=J: no. 34/28–33］。

（13）森川輝一は一九四〇年代のバイナショナリズム論から、この時期のアーレントは「政治とは出自を違え意見を異にする人びとが共生する空間を人為的に造り出す」、「制作」的なイメージを伴っているとした［森川 2010: 115–116］。たしかにバイナショナリズムは連邦国家という法的体制の「制作」論である。だが、そうした法の制作の前段階には、諸民族による言論を通じた交渉、また各民族の主体化という「活動」が想定されている。

第三章　シオニズム
――ナショナリズムのあらたな地平を求めて

一九四八年、アーレントはユダ・マグネスとともに、アメリカのシオニストや国連にパレスチナにおける連邦国家建設をアピールする運動をはじめるものの、彼の死により、執筆活動へ専念するようになった。『起原』の第一・二部は、一九四六年までに草稿が準備されていた。一九四八―五〇年、第三部にあたる全体主義論を完成させた［Young-Bruehl 2004: 203］。

ここまで、アーレントはシオニストであり、ナショナリズムを支持したことを前提に論じてきたが、『起原』第二部においてナショナリズムと国民国家を批判したこととのつながりはどうなるのか、という問題にはまだ十分に応え切れていない。そこで、本章では、アーレントのシオニズム論全体をまとめ、今一度要点を確認する。そのうえで、『起原』第二部における国民国家（nation-state, the national state）、ナショナリズム批判との関連性、また相違点を示す。

第一節　初期におけるシオニズム－バイナショナリズム論の全体像

アーレントのシオニズム

アーレントのシオニズムにおける根本問題は、反ユダヤ主義と同化主義への批判にあった。この点はブルーメンフェルトのポスト同化主義シオニズムから影響を受けたものである。ブルーメンフェルトはシオニズムにロマン主義的なドイツ・ナショナリズムの流れを取り入れた。つまり、フランス革命とその後のユダヤ人解放令から続いてきた同化主義「以降」のシオニズムを、世俗的な次元でユダヤ人が民族として主体化する、あらたな解放運動として捉えたのである。同化主義はユダヤ人としてのルーツを抑圧するという反ユダヤ主義を内包する。そのため、ユダヤ人は自ら反ユダヤ主義を内面化することになる。ここから解放され、一つの民族として諸権利を主張する存在になろうとするのが、ポスト同化主義シオニズムだった。

これに影響を受けたアーレントも、シオニズムを「攻撃されている者として応答する」こと［JW: 137］としていた。すなわち、反ユダヤ主義で差別される時、居住先の国民に同化した者として権利を訴えるのではなく、一人のユダヤ人として応答すべきだ、とした。ユダヤ教に帰依することなく、世俗的な意味での「民族（nation）」として、主体化を求めたのである。それに必要なこととして、ユダヤ軍創設論とバイナショナリズム論を主張した。アーレントのシオニズムにおいて、この二つの主張は有機的なつながりを持っている。

ユダヤ軍創設論とバイナショナリズム論の有機的連続性

まず第一章でみてきたように、アーレントは民族主体化の手段として「ユダヤ軍の創設」が重要だ、と主張した。離散しているユダヤ人が軍を組織し、連合国とともに前線で闘い、収容所を解放して同胞を救う、としたこの議論は、明らかにナショナリスティックな主張である。ただし、このユダヤ軍における暴力は、パレスチナに持ち込むべきではなく、あくまで収容所解放のためのものだという点を確認した。ユダヤ軍創設論は、ユダヤ人が一民族として「解放（liberation）」を求め、連合国という国際社会のあいだに「現れる」ための「はじまりの暴力」だった。

アーレントにとって、ヨーロッパ・ユダヤ人を救援することも急務だったが、国際社会のあいだに「現れる」ことも、戦後の国際政治を見据えたうえで非常に重要なことだった。なぜなら、ユダヤ人が一民族として国際社会から承認を得られないかぎり、戦後もユダヤ人の地位は変わらないまま、反ユダヤ主義による差別は残りつづけるからである。また、一民族としての承認が得られなければ、難民化したユダヤ人が戦後、パレスチナでの民族的独立を主張する権利も得られない、と考えていた［JW: 153–154］。こうした理由から、まずはユダヤ人自らによる民族的解放に向けた行動、ユダヤ軍創設が重要であるとした。

当時のシオニズム主流派からすれば、パレスチナへの入植を進め、ユダヤ人の主権国家さえ建設できれば、反ユダヤ主義から避難することができる、という主張につながるところだろう。だが、アーレントはその主張も短期的な視点として批判した。パレスチナ地方にユダヤ人の主権国家を建設した場合、先住するパレスチナ人を難民化させるうえに、周囲のアラブ諸国からの反発による紛争、また反ユダヤ主義の拡散を避けられないためである［JW: 220］。

さらに、アーレントは主権制度こそ、多数派民族を「国民」として主体化し、それ以外の少数民族を「他者」として同化か排除を強いるものだ、として批判した。反ユダヤ主義もまた、ユダヤ人を他者化することで多数派民族を主体化する主権制度によって生まれた問題の一つだった。つまり、この少数民族問題をうちにはらむ主権制度の構造自体が是正されなければ、ユダヤ人問題の根本的な解決には至らない。このことからアーレントは、ユダヤ人を他者化される少数民族の代表的存在とした［JW: 127–129, 276 など］。ユダヤ人は主権的国民国家制度によりヨーロッパから排除された少数民族の代表者として、ほかのマイノリティとともにこの制度を批判し、あたらしい政治的基盤を打ち立てるべきだとしたのである。その際に提案されたのがバイナショナリズム、またヨーロッパ連邦構想だった。

主権的国民国家は、多数派民族が主権者となって二つの政治的な境界線を引く。第一に、国民と非‐国民の境界線である。多数派民族に属さない少数民族は「国民」に同化しなければならない。第二に、国民国家は国境線の内部を領土とし、その内側には同質的な「国民」が住むことになる。国境線の策定をめぐって隣り合う国々との紛争を前提とするため、軍事力が必要となる。それゆえに主権国家は暴力装置としての機能を持つことにもなる。

しかし、こうした主権的国民国家の二つの境界線こそが、少数民族を他者化し、排除する機能を持ってきた。難民化したユダヤ人が反ユダヤ主義からの避難所として、パレスチナに主権国家を建設したとしても、先住者を難民化させ、周辺国家と国境線をめぐって紛争を抱えることになる。アーレントはこれらの境界線の問題を克服できる政治構造として、連邦制国家案、バイナショナリズムを提唱した。連邦の中では民族紛争を回避できるためである。さらには、ユダヤ人問題だけでなく、ほかのヨーロッパの少数民族問題を解消するものとして、連邦制度をヨーロッパまで拡大する構想を論じたのである。

第二章でみてきたとおり、バイナショナリズムとヨーロッパ連邦構想を提示するにあたって、アーレントが強調したのが「諸民族の共生」というキーワードだった。少数民族、また主権国家を持っていた民族もふくめて、あらゆる民族がその属性を保持し、平等に政治参加し、連帯することが、アーレントのバイナショナリズムの最終的な目的だった。この「共生」こそが、初期アーレントが目指した政治的自由である。

ただし、このバイナショナリズム、ひいてはヨーロッパ連邦構想では、共生する諸民族はそれぞれ一民族として主体化していることが前提となる。それゆえに、初期テクストにおいて、シオニズムはバイナショナリズムの前提条件だった。ユダヤ軍創設論という「はじまりの暴力」は、連邦国家の創設を実現するための条件だったのである。

党派性なきシオニズム

このように整理すると、アーレントの主張が当時のシオニズム運動全体の議論からいかに一線を画したものだったのかがみえてくる。船津の整理では、アーレントのシオニズムにおける中心的テーマは、パレスチナの土地中心（一九三二?—四一年）からユダヤ軍中心（一九四二—四四年）、再びパレスチナの土地中心（一九四五—五〇年）へと変遷を辿った［船津 2008b: 251］、とされていた。たしかに、初期論考における主要トピックは時期によって変遷している。だが、アーレントの捉えていた「パレスチナの土地」をめぐる考えは、一般的なシオニズムの主張と大きく異なっている。一般的なシオニストは入植による領土の獲得と主権国家の樹立を通じた民族の主体化を考えていた。対照的に、アーレントは難民化したユダヤ人の組織化を通じて民族を主体化し、その後にパレスチナに入植することを訴えた。ここには、主権国家の樹立こそ民族独立である、という近代的な民族観に対するアーレントの批判が反映されている。

アーレントはシオニズム運動に携わりはじめた一九三二年当初、ブルーメンフェルトによるポスト同化主義的シオニズムの影響を受け、党派としては左派に近いところに位置していた。この点で船津の、一九四一年までアーレントは「パレスチナの土地」中心主義だった、という主張は正しい。ただし、フランスにおけるユース・アリアでの活動から、パレスチナ入植の意義を訴える必要があったことも考慮に入れるべきだろう。

同時に、一九三〇年代当初から、アーレントの問題意識はヨーロッパ地域のユダヤ人、また少数民族の無国籍化という点にあった。無国籍者、難民を生む政治構造、すなわち主権制度を根本的に再考しないかぎり、入植もまた限定的な解決にしかならない。だが、ショーレムやブルーメンフェルト、またワイズマンやベン＝グリオンのような、一般的なシオニストにからすれば、主権国家建設という方法以外で民族独立を成す、というアーレントの主張は、民族独立を不要と考える「反シオニスト」のようにみえた、と考えられる。

アーレントはこの難民問題解決をめぐる考えを、アメリカ亡命後からはっきりと主張するようになる。この理由として、アメリカのユダヤ人にシオニズムへの関心を持ってもらうため、戦略的にも「難民」の保護を強調した、と考えられる。連合国のディアスポラ・ユダヤ人にとって、シオニズムの支持は同化した居住国か、パレスチナでのユダヤ人国家か、どちらに国民としての「忠誠」を持つのか、という「二重の忠誠」問題を惹起する(1)［池田 2011: 106-107］。そのため、連合国のユダヤ人コミュニティにパレスチナでの主権国家建設としてのシオニズムを論じることは、まず関心を集められるかという時点で大きなハードルがあった(2)。だが、連合国側のユダヤ人たちもヨーロッパ・ユダヤ人の迫害には大きな関心を寄せていた。パレスチナでの建国は支持できないが、難民保護の文脈でシオニズムを支持する、というユダヤ人が、アメリカでは一九四〇―四二年から増えていく［池田 2011: 111–112］。アーレント自身難民であることに加え、シオニズムへの支持を集められるよう、現地のシオニズムをめぐる議論の状況を適切に把握したうえで、あえて難民問題の解決を強調した、と考えられる。

一方で、当時のシオニズムにおいて、パレスチナでの建国か、難民保護かという選択は思想的分断を意味する問題でもあった。シオニズムとは誰のためのものなのか――パレスチナ・イシューヴのためか、ディアスポラ・ユダヤ人のためか――という論点につながるためである。この点で、当時の一般的なシオニストの目には、アーレントは離散の状態を肯定し、連合国のディアスポラ・ユダヤ人に迎合した論者にみえただろう。実際、ショーレムは、アーレントを「アメリカ・シオニズム寄り」、つまりユダヤ人の民族独立を否定し、ディアスポラ状態を肯定している、として非難した［COR A=S: no. 19/76–81］。

しかし、本書でみてきたとおり、アーレントはパレスチナでの政治体建設に反対していない。パレスチナでのバイナショナル国家樹立を論じたことが、その証左である。またこの主張は、民族の主体化を目的とするユダヤ軍創設論とセットで論じられる。このことから、船津の整理――アーレントのシオニズムにおける論点は、一九四二―四四年はユダヤ軍中心、一九五〇年以降、再びパレスチナの土地中心へと戻った、とする主張――は、誤りである。アーレントは、当初からパレスチナの土地を重視し、そこに住むためにはまず、ユダヤ人による自発的な主体化、組織化（例えばユダヤ軍）が必要だ、と考えていたのである。

こうした中で、マグネスとの出会いもまた、アーレントに大きな影響と自信を与えた、といえよう。マグネスは「二重の忠誠」を問題とせず、パレスチナ人との共存を目指していたものの、イフード運動をふくむシオニズム左派のナショナリズムに違和感を持っていた。そうしたマグネスに、アーレントはアメリカの連邦制という政治構造に、ユダヤ人をはじめ少数民族の民族性に対する尊重をみいだし、評価していた。マグネスは、そうした政治のあり方を体現し、実践する存在としてアーレントの目に映ったのかもしれない。加えて、それまでアーレントの議論は、ほとんどのシオニストから誤解され、反発を受けていた。アーレントにとってマグネスは自身の主張を正当に評価し、ともに活動できる稀有な存在だった。

したがって、シオニズムにおいてアーレントは当初から難民問題に重点を置いており、主権国家建国を目指す一般的なシオニズムと決定的に異なっていた。また、アーレントのシオニズムは、ブルーメンフェルトのポスト同化主義的シオニズムという左派の立場から出発し、マグネスをはじめとするアメリカ・シオニズムを経由して、左派でも右派でもない、独自的なものへと発展していったのである。

初期アーレントの「ただの民族（people）」、「国民、民族（nation）」と「解放」

初期において、アーレントが「ネイション（nation）」をいかに位置づけていたか、分かりやすく記述された文章として、一九四二年発表「諸民族の和解への道」という記事がある。

ユダヤ人たちは来たるべき事態の、こうした最初の兆候によく注意を払ったほうがよい。ヨーロッパの破局は、国民国家（nation-states）の終焉のみならず、どうにかネイションを形成した民族（people）と、ユダヤ人のように、単なる人びと（people）にとどまっている民族（people）との紛争と抗争をも意味している。〔…〕いずれにせよ、どの民族も再びの国民的解放（national liberation）を待つただの民族（people）である――今度の解放は、おそらく、かつてナポレオンが考えた連邦化されたヨーロッパという路線によってのみ、実現されるだろう。フランス革命はユダヤ人たちに人権をもたらしながら、ユダヤ人の国民的な脱‐差別化（national emancipation）を犠牲にした。だが第二の偉大な段階を、今まさに踏もうとしているのである［JW: 260-261］。

ここで民族（people）／国民（nation）、脱‐差別化（emancipation）／解放（liberation）はそれぞれ分けて議論されている。

まずフランス革命後、同化されたユダヤ人のいわゆる「解放（emancipation）」は、アーレントにとって支配からの部分的な「脱‐制約化」であり、それは真の平等を意味する「解放（liberation）」ではなかった。言い換えればフランス革命後、ユダヤ人はゲットーから出ることができたものの、それはユダヤ人にとって部分的な「脱‐差別化（emancipation）」でしかなかった。実際、ゲットーからの解放は同時に多数派民族である「国民」への同化を意味していた。つまり、あらゆる支配・隷属関係から完全に脱却できた「解放（liberation）」状態ではなかったのである。

そのうえでアーレントは、支配・隷属関係から完全に脱却した状態にある「解放された（liberated）」集団を「国民（nation）」とし、同時に、そうではない集団は「ただの民族（people）」と表現している。ユダヤ軍創設論を通して目指されたのは、同化などのあらゆる支配・隷属関係から解放された、やがて国民となるべきユダヤ民族（the Jewish nation）だった。

初期アーレントのユダヤ軍を通した国民的解放（national liberation）の議論は、「歴史」、物語論の問題系にもかかわっている。歴史的に「迫害や従属」のもとにいたユダヤの単なる民族集団（the Jewish people）が、その状態に応答する形、すなわち「攻撃されている者として」［JW: 137］、「自己意識」［EU: 208］を持って、「解放される（liberated）」ことを求める時、彼ら・彼女らは「国民としての民族（nation）」となり「自由のはじまり」を求めて「歴史」をあらたに創り出す主体へと変容していくのだ。ユダヤ軍の創設は、ワルシャワ・ゲットー蜂起のように、「ユダヤ人なるもの（*the Jew*）」から「ユダヤ人たち（Jews）」［JW: 256］へと変容することを通して、偉業の歴史を打ち立てるはずのものだった。それは、ユダヤ人（the Jewish people）が解放されたユダヤ国民＝民族（the Jewish nation）となる、つまり、歴史においても主体となる瞬間になるはずだったのである[3]。

したがって他者の抑圧や支配からの完全な脱却を経て、解放されることではじめて、単なる民族は国民＝民族となる。この解放過程こそ、「自由のはじまり」の記憶、いわば「偉業」の記憶として民族が政治の行為主体へと確立される条件となる。これは彼女の権力論の基本的枠組でもある。後にアーレントは『革命』で次のように書いた。

解放は自由への条件であるが、自由へと自動的に導くものではない。自由（liberty）の概念は、解放（liberation）というネガティブな意味にしかならず、したがって、解放（liberation）の意図でさえ自由（freedom）への欲望と同一ではないのである。それでも、こうした自明の理がしばしば忘れられるのは、解放というものが常に大きく立ちはだかり、自由（freedom）の創設がまったく不毛ということはないが常に不確かだったためである［OR: 19-20］。

自由を目的とする政治や活動は、解放されている人びとによってのみ可能となる。人びとは元来、受動的に自由なのではなく、まず能動的に解放を求めねばならない。解放の歴史を持ち、自由を目指す民族、これがアーレントの「国民＝民族（nation）」に対する基本的な考えである。

第二節　『全体主義の起原』におけるネイションおよびナショナリズム概念

ネイション概念をめぐる「パラドクス」？

こうした初期の議論に対して、『起原』（一九五一／五八年）以降のアーレントは、ネイション、ナショナリズムに対し批判的な態度をとっている。それがよく分かるのが『起原』第九章「国民国家の衰退と人権の没落」だろう。この章では、近代ヨーロッパの国民国家システムにおける根本的な問題点とは、「法的体制としての国家（state）」と「民族（nation）」の緊張関係にある、とされる。「民族」を基盤としたがゆえに、国民国家はナショナリズムによって法を占有される。国家が法的体制であり、人権、市民権を保障するかぎり、この国家と民族の同一化という状態を克服しなければならないとし、民族に拘泥されない「諸権利を持つ権利」の必要性を訴えるのだが、その具体的な方途は明らかとされず、第九章の議論は曖昧なまま締めくくられている［OT: 390-396］。

この点をロナルド・ベイナーは、「アーレントの議論における真のパラドクス」と呼んだ。すなわち、「国家（state）というものを市民の人権を守る安全な受け皿とするには、国民国家（nation-state）からネイションを取りのぞくほかない」としたにもかかわらず、「アーレントは基本的な人間の権利とは、諸権利を持つ権利とし、それは、自らの諸権利を保障する責任を前提とした、（ナショナルな、national）国家を持つ権利を意味している」という。そうした点で、ベイナーは「アーレントのロジックは国民国家へと回帰しているようにもみえる」と批判した。また、アーレントはそれに対する応答として、「国家を国民のための人権の安全な貯蔵庫とすることができる唯一の方法は、国民国家からネイションを取りのぞくことであるとした」［Beiner 2000: 55–56］。

つまり、アーレントは難民問題の解決を論じる文脈において、民族ごとに諸権利を保障するナショナルな国家の必要性を認めていた。一方で一九五一年以降、基本的に主権的国民国家またその構成要素である国民＝民族（nation）を批判し、国家と切り離すことを主張していた。この議論の延長には連邦制国家論が想定されている。だがベイナーに言わせれば「ネイション」を批判しながらも擁護した点で、アーレントの議論は矛盾を持っていることになる。

ベイナーの指摘と、本書で確認してきた初期のシオニズム－バイナショナリズム論を照らし合わせると、たしかにアーレントは少数民族の民族的属性（nationality）を尊重し、これらの人びとにも人権が保障される政治体制を求めていた。そのために、ユダヤ・ナショナリズムであるシオニズムを支持し、それぞれの民族としての主体化を実現したうえで、諸民族の連邦制度国家であるバイナショナリズム、ひいてはヨーロッパ連邦構想を論じた。またこの文脈で、シオニズムは独立国家の建設において、主権的国民国家体制を採用するべきではない、と主張したのだった。

シオニズム－バイナショナリズム論とあわせて考えると、『起原』の民族をめぐる議論は、実は矛盾はない。それは、初期のシオニズム－バイナショナリズム論がベイナーのいう「国民国家からネイションを取り出す」ことに成功している議論だからである。では、アーレントが目指していた、「国民国家からネイションを取り除」くナショナリズムとは、一九五一年以降の理論的枠組からみて、いかなるものだったのだろうか。

『起原』以降におけるナショナリズムの定義

フランス革命以降のヨーロッパ国民国家制度は、人は生まれながらにして平等としながら国民という共同体に属さなければ人権を保障しない、という矛盾をはらんでいた［OT: 359］。「国家」の絶対的主体、すなわち主権者が単一的な民族＝国民になった。これによって「法」の位置づけも変化したとアーレントはいう。

　国民国家の悲劇とは、人民の民族的意識がこれらの〔国家の〕機能を妨害したことだった。人民の意志の名のもと、国家は「民族的なもの」のみを市民として認識するように、また、正しい起源〔「血の絆」に該当するもの〕と生まれによって民族共同体に帰属している人びとへのみ、完全な市民権や政治的権利を与えるように強いられた。これは、国家がある程度、法の道具から民族＝国民の道具へと変容したことを意味した［OT: 300］。

主権的国民国家の制度では、「市民（citizen）」と「民族＝国民（nation）」は同義のものとして混同された。これによって「法」によって保護する対象〔市民〕も民族となった。「国家（state）」とは本来、法を定め、法を守る装置だったにもかかわらず、単一的な多数派民族＝国民の「道具」となった。[4] このことを、アーレントは「民族＝国民による国家の征服」［OT: 300］と呼んだ。

主権的国民国家体制の「民族＝国民による国家の征服」という特徴は、ほかのテクストを確認してみても強調されている。そこでは、アーレントは「国家（state）」を「法」と同義として論じている。

　本質的に、ナショナリズムとは、民族＝国民（nation）を通した国家（state）の征服を意味する。これこそ国民国家の意味である。一九世紀の民族(nation)と国家(state)との同一化が招いた結果は二つある。一つは、法的体制としての国家が人権を保障すべきだと宣言した時、民族(nation)との同一化は国民(nation)と市民との同一化を暗に意味するようになり、それゆえに国民としての権利(the rights of nationals)、ないしは民族の権利(national rights)と人権との混同を招いたことである。さらに、もう一点は、国家が攻撃的かつ拡張する傾向を持った「権力の企て」であるかぎり、民族は国家に同一化することを通して、そうした性質を身につけ、拡張を民族の権利(a national rights)として、民族のために必然的なこととして主張することである[EU: 208]。

「国家」とは「法的体制」であり、主権(国家)体制という方式をとることによって、単一の民族を「国民」、さらには「市民」と定義し、これに「法」も準じることとなる。領土を決定する国境線、また、誰が同じ「民族」か否かの境界線、この二つが主権を持つ単一の「民族=国民」によって規定されることになる。こうしたことから、アーレントは主権的国民国家を下支えするナショナリズムを「民族=国民」による法的体制の「征服」である、と定義した。

人種的ナショナリズムと西欧的ナショナリズム

『起原』では、そうしたナショナリズムの例が二つ挙げられている。すなわち、人種的ナショナリズム(tribal nationalism)と、西欧的ナショナリズム(Western nationalism)または愛国的ナショナリズム(patriotic nationalism)である。(5)

人種的ナショナリズムは、共通意識を持ちうるような「境界線」がない場合に起こる、という特徴を持つ。例えば、共通の言語がなく、地理的な境界線も曖昧な地域、集団である[OT: 218]。人種的ナショナリズムは共同体意識を形成するために人種主義の基準から「民族」を規定した。特に一九世紀ドイツでは、民族統合の際に「血」が強調された。

注目すべきは、この共通の起源をたびたび、家族の絆、人種的統合、純粋な起源という観点から「血の絆」という言葉で表現するようになったのは、一八一四年の戦争以降だということである。〔…〕人民を国民へとまとめることに失敗し、共通の歴史的記憶も欠如し、将来の共通する運命に対する人民の無関心によって、人種的な本能を主張する自然主義的な訴えが生まれた。それは、全世界がフランス国民の輝かしい権力であるとみていたものに代わり得る、と考えられていたのである。「あらゆる人種は独立しており完全である」という有機的教義による歴史観は、政治的な国民の代わりとして民族的統合にイデオロギー的な区別を必要とする人びとによって考え出された［OT: 217］。

ドイツには、フランス革命のような共有可能な「歴史的記憶」がない。その代わりに人種主義による民族統合を図ったのである。「血」という言葉にみられるように、イデオロギー的紐帯を通してドイツは有機的な歴史観を立ち上げた。さらに、ナチス・ドイツでは、この人種主義を擬似科学と結びつけ、「国民」の定義として掲げた。ニュルンベルク法にある「アーリア人種」の規定がその最たる例である。

当初から人種主義は、あらゆる民族的な境界線（national boundaries）を、地理的、言語的、伝統的、あるいはほかのどんな基準であろうが、故意に無視しており、民族的－政治的な（national-political）存在そのものを否定していた［OT: 210］。

地理的、言語的境界線を持たないこの「人種」の観念は、あらゆる境界を無視し、拡大していく。人種的ナショナリズムは人種主義によって国民＝民族の同質性を強化し、国民国家を成立させ、領土を拡大させて帝国主義ひいては全体主義へと発展していった。

これと対照的に論じられるのが、西欧的ナショナリズムである。西欧的ナショナリズムは、イギリスやフランスにみられた、革命的な出来事や共同体意識、地理的境界線を持ったものを指す。最もわかりやすい例として、フランスは革命という「偉業」的な出来事を民族に共通する「はじまり」の歴史として持ち、はじめて近代的な国民国家の確立に成功した。また、フランス語という共通言語を持ち、アルザス地方など一部を除いて地理的な境界線も比較的明確である。

民族による法の支配という弊害――『起原』のナショナリズム批判が向かう地点

したがって、この二種のナショナリズムにおける違いは「境界線」にある。(6) 西欧的ナショナリズムと比較した際、人種的ナショナリズムには、民族が解放された「はじまり」の出来事がない。言い換えれば、地理的、言語的境界線ばかりか、民族が主体化した歴史的、時間的境界線もない。こうした人種的ナショナリズムによるあらゆる境界の無視は、「民族的－政治的な（national-political）存在そのものを否定」している、とされる。アーレントにとっては「境界線」を意識し、明確にすること、つまり「はじめる」ことこそ「政治」的活動そのものだからである。

だが、この西欧的ナショナリズムも、結果として「国家が民族の道具へと悪用され、民族＝国民の成員が市民として同一化される」［OT: 301］形で発展した。人種的ナショナリズムも西欧的ナショナリズムも、内実は異なるものの、『起原』では批判の対象となっている。ナショナリズムの問題点とは、民族＝国民によって国家＝法的体制が「征服」される、つまり多数派民族によって支配される状態だった。人種的ナショナリズムも西欧的ナショナリズムも、単一の「民族」が主権制度によって法を支配する点では同じだったのである。『起原』におけるアーレントの「民族」、ナショナリズムへの批判は、さまざまな視点をふくみつつ、最終的にはこの国家＝法的体制を単一的民族が支配する弊害という点に向かう。

こうした点から、ベイナーによる、アーレントは「国家」を否定していない、という指摘は正しい。『起原』での問題意識の一つは、主権的国民国家が少数民族の権利を保障してこなかった点にあった［OT: 380-396］。この点で、アーレントは「国民＝民族」の存在は認めつつも、それが彼女の言葉でいう「政治的」なものであることを求めていた、といえる。つまり、「はじまり」としての境界を保持しながら、「国家」また「法」を支配しない「国民＝民族」、またそのナショナリズムは認めていた。アーレントからみて、アメリカは少数者の民族的な権利が認められている国家だった。(7) また、それを可能としているのは連邦制度にあると捉えていた。(8)

シオニズムの例でいえば、アーレントは「解放（liberation）」運動としてのナショナリズムは認めていたが、その方法こそが問題だった。左派やブルーメンフェルトのシオニズムにおいて、主権国家建設が民族解放運動としての最終目的とされたことに対し、アーレントはシオニズム‐バイナショナリズム論を提唱した。ある場所で主権的国民国家を建設することによって民族の解放が達成されるのは、人権のアポリアを反復することになる。このアポリアを克服するには、法的体制としての国家は、複数の民族に対して平等に開かれていなければならない。アーレントの展望としては、ナショナリズムは主権的国民国家の建設を最終地点にするのではなく、ユダヤ軍創設論のように、民族としての「はじまり」を打ち立てる、独立・解放運動の次元に止まらなければならないのである。

第三節　アーレントのシオニズム――ナショナリズムのあらたな地平を求めて

民族、ナショナリズムをめぐる初期と『起原』以降の相違

ナショナリズムの最終目的を主権国家建設とせず、解放運動の次元に止める必要があるのは、当然、連邦国家論を射程に入れた議論だからである。バイナショナリズム、ヨーロッパ連邦構想でみたとおり、初期アーレントの連邦国家論は、複数の民族を単位として評議会を形成するものとされていた。そのため、国家＝法的体制は複数の民族的属性を持つ人びとによって運営されることになる。主権国家の場合は、人種主義や言語的、地理的、時間的境界線によって立ち上げられる、同質的、単一的な民族＝国民のみが、国家＝法的体制を支配することになる。西欧

的ナショナリズムの場合、たとえ当初はその内部に複数性があったとしても、民族的共通性を重視するかぎり、徐々に少数民族やマイノリティは民族＝国民へと同化される。

もっといえば、西欧的ナショナリズムを基本とした主権的国民国家の特徴は、共通言語を規定し、また国境による領土を規定する点にあった。主権制度の場合、特に国境、領土は厳しく規定され、その内部に住む人びとは単一の民族＝国民となる。たとえ、国家の「はじまり」に複数の人びとが参加していたとしても、その後、共通言語や領土が規定された時、そこから取りこぼされる人びともでてくるかもしれない。例えば、領土の外にいるが同じ言語を用いる人や、領土の内部にいて「はじまり」の出来事に参加しながらも、話す言語が異なる人もいるだろう。ユダヤ人をはじめとした少数民族や言語、肌の色の異なるマイノリティは、自らの差異を捨て民族＝国民に同化することでしか、市民として承認され、権利を享受することができなくなる。多数派民族からすれば、こうした同化は他者を差別化することで、自らを民族＝国民としての主体化を強化することができる。[9] こうした観点から、アーレントはシオニズム主流派による主権国家建設の議論を批判していたのである。[10]

シオニズム‐バイナショナリズム論の歴史的「はじまり」

このように、アーレントは一貫して民族、ナショナリズムにおいて、政治的な「はじまり」を重視していた。特にフランス革命の例から看取できるように、政治的な「はじまり」とは、偉業にあたる歴史的な出来事によって時間に境界が引かれることを意味していた。

では、『起原』のこうした議論をもとに、シオニズム‐バイナショナリズム論を再解釈すると、歴史的「はじまり」に該当する出来事はなんだろうか。第一章で論じたとおり、シオニズムにおける歴史的「はじまり」にあたるのは、ゲットー蜂起、とりわけベティにみられる「六発の教訓」だろう。

初期テクストをみるかぎり、蜂起について集中的に言及していたのは一九四四年七―九月の期間である。このことから、先行研究は、アーレントがシオニズムの手段として、ユダヤ軍創設を重視していたのは一九四四年までであり、一九四五年以降は再びパレスチナの土地を重視するようになった、と指摘している［船津 2008a: 13–14］。しかし、数は少ないものの、一九四六年の書評にも蜂起への言及がみられる。「地獄のイメージ」と題されたこの文章では、ナチスによる強制収容所がいかなる場所だったか、アーレント自身の考えが『起原』に先んじて論じられている。

アーレントはナチスによって殺害された「六〇〇万のユダヤ人」を大まかに次のように分類した。第一に、テロルによる抑圧、諸権利の剝奪ほかによって早い段階で死亡・自殺した人びとである。第二に、強制収容所・絶滅強制収容所で死亡した人びとである。これらの、早い段階で死亡・自殺した人びとと収容所で死亡した人びととは、「語ること」のできない存在であり、換言すれば、彼ら彼女らの記憶は表象不可能なものである、とアーレントは記している［EU: 197–198］。また、特に収容所において死亡したユダヤ人は、「原初的」な生物としての［EU: 198］画一性[11]のもとでガスによって殺害された。そうしたことは、「人間の理解を超える」事態であるとして、アーレントは収容所を「地獄のイメージ」そのものであると書いている［EU: 198］。これら「地獄」へと向かった人びとと対照に描かれるのが、第三の分類、パルチザンやゲットー蜂起において革命を企図したユダヤ人たちである。

> 人間の歴史は、これほど語ることの難しい物語を知らないだろう。その避けられない主題である、無罪という怪物的な平等性は、歴史をつくりだすその基盤を――すなわち、われわれのいるところからどんなに離れている出来事だろうと、われわれの理解の範疇を破壊する。
> その呪縛が解かれるのは、ユダヤ人の抵抗運動とワルシャワ・ゲットーの闘いの物語に出会う時のみである［EU: 199］。

「語ることの難しい物語」とは、強制収容所とそこで虐殺された人びととの物語を指す。その物語は、理解しようとする力を破壊してしまう。そのような破滅的な意味において、収容所についての語りは「地獄の物語」なのである。ただし、「ユダヤ人の抵抗運動とワルシャワ・ゲットーの闘いの物語に出会う時」、この地獄の物語の「呪縛が解かれる」という。

『起原』の強制収容所に関する議論［OT: 573-603］を確認すると、「地獄のイメージ」とほぼ同一の議論が示されている。収容所で行われたことはこれまでの人類の歴史において類をみないことであり、生存者は自身がみたものを証言しても信じてもらえない。ガス室や強制労働は聞き手のシンパシーを喚起しないまでの「ありえない」ことであり、証言者は生還したことによってその証言が真実かどうか疑われてしまう［OT: 574］。しかし、収容所は存在し、全体主義体制の中で重要な役割を果たしていた。ただし、その理解のための営為は生存者の記憶のみで語られるものではない。同時に、アーレントによると、この記憶は政治的な基盤になりえない［OT: 577］、とされる。

　　恐怖としてのみ、または恐怖の中に住むことのみでは、人びとの考えに変化を促したり、人びとを善や悪へと導くこともできない。このように、恐怖は、政治的共同体の基盤や狭義の政治的党派の基盤にもなりえない［OT: 577］。

つまり、強制収容所の物語は、政治的にあたらしいことをはじめるための「基盤」にはなりえない。収容所の地獄のような物語は、理解不可能な恐怖へと人びとを絡めとるからである。

『起原』では、収容所の「恐ろしさ」がさらに詳しく記述される。収容所の「恐ろしさ」とは、特定の人間を殺すだけでなく多数を殺害し、その個々人が生きたという周囲の記憶ごと抹殺する点、すなわち「忘却の穴」［OT: 579］の機能にある。これはそれまでの通常の殺人や戦争犯罪において起こりえない出来事だった。さらに、そこで人びとは、「絶対的な無罪」［OT: 580］でありながら、虐殺された。収容所の死者たちは、全体主義国家の規定する同質性から外れたという理由、ナチスの原理からいえば「血の絆」から外れ、それを「汚す」とみなされたため虐殺された。これらのことから、アーレントは収容所の「恐ろしさ」の本質は、共生の否定［OT: 581］にあると指摘している。収容所の死者たちは収容所という人間世界から完全に遮断された空間に隔離・排除され、殺された［OT: 580］。

したがって、「地獄のイメージ」の「呪縛」とは、二つの意味を持つといえる。一つは収容所の理解不可能性という恐怖、もう一つは証言・表象不可能という呪縛である。「忘却の穴」にみられるように、収容所の中心部で行われたことについて証言可能な人びとは抹殺されている。地獄の物語は、証言者がいないために語ることができない。証言・表象不可能な出来事は、アーレントにいわせれば、政治的にあたらしいことをはじめるための「基盤」にはなりえない。

このテロルと証言・表象不可能性という「呪縛」から逃れられる出来事こそ、ワルシャワ・ゲットー蜂起の物語である。なぜなら、蜂起は、そうした地獄に抵抗したユダヤ人たちの「偉業」の出来事であり、語ることができる物語だからである。この出来事は、あたらしいことをはじめた、という政治的な基盤となる。同時に、ユダヤ民族にとって歴史的な「はじまり」、つまり時間的な境界となるのである。この意味で、蜂起、あるいはユダヤ軍の創設とは、第一章で論じたとおり、ヨーロッパ・レジスタンスの物語と並んで「真珠」の物語となる。

しかし、「語りえない」からといって、アーレントは「地獄の物語」を無用のものとしているわけではない。ユダヤ人は「地獄の物語」を諸民族の代表として語るべきだとしている。

政治的にいえば、死の工場はユダヤ民族の肉体に加えられた「人道に対する罪」を構成した。また、もしもナチスが打倒されていなかったら、死の工場は多くの数のほかの民族の肉体を呑み込んだだろう。〔…〕ユダヤ民族はたしかに、ドイツ人に対してこの起訴状を書く権利を与えられたが、この場合、地球のすべての民族のために語るのだということを忘れてはならない［EU: 199］。

ユダヤ人だけではなく、少数民族一般が抹殺の対象となりえた。ユダヤ民族は、ナチス・ドイツの非人道性を訴える時、自民族のためではなく、地上で共生する諸民族のために地獄の物語を語るべき、とされる。

こうした「忘却の穴」の議論とあわせて再解釈した場合、次のようにもいえるだろう。ユダヤ軍創設論を中心としたシオニズムは、バイナショナリズムという「諸民族の共生」に向けた「はじまり」となる。ショアという破滅的な地獄の後に、「共生」というあたらしい政治的基盤が打ち立てられ、歴史に境界線が引かれることになるはずだった。ユダヤ軍創設論、また蜂起は、これらの「はじまりの暴力」だった。さらに、これら地獄の物語、また真珠の物語は、少数民族の抑圧、そこからの解放と諸民族による革命という歴史的な境界線を示すために、『起原』までの時点で双方とも重要な役割を担うはずだった。このように、アーレントがワルシャワ・ゲットー蜂起に与えた歴史的位置づけは非常に重いものだった。

主権国家は領土の策定を重視するかぎり、国境線をめぐって隣国同士で紛争を抱えつづけ、その保障・防衛のために、軍隊の保持が正当化される。また、国境線を規定することは、領土内の地理的問題も惹起する。力を持つ多数派民族は首都が置かれる中央部分に住み、そうでない者は周縁に住むことになる。他国との軍事衝突が起こるのは当然、国境沿いである[12]。中央に住む人びとが力を独占し、多数派が決めたことがそのまま周縁へと広げられていく分、周縁に住む少数民族やマイノリティは難民化しやすくなるだろう。

『起原』以降において、民族（nation）またナショナリズムが、初期と比べて批判的に論じられるようになったのは、こうした主権的国民国家制度の問題点を明らかにし、批判するためだったと考えられる。しかし、アーレントは民族も国家も否定はしていない。それらが主権制によって融合しない形、すなわち、ナショナリズムは民族解放の次元で展開され、国家は連邦制によって諸民族に開かれたものとなることを重視したのである。

これに対して、アーレントが初期に論じたバイナショナリズムによる連邦国家は、諸民族の民族的属性を基に評議会を形成するため、単一民族が「国民」となり、法を支配するリスクはない。また、連邦の内部では、首都／地方の対立を解消することができ、さらに、いかなる民族的ルーツを持っていても、連邦内であれば好きなところに住むことができる。

このように『起原』以降、アーレントの政治思想では「境界」の意義が強調されるようになっていく。それは国境線や領土といった場所的な意味でもあれば、本章で論じたように時間を区切り、歴史を打ち立てるという時間的な意味でも使われる。

アーレントの議論や期待と裏腹に、現実には一九四八年にイスラエルが建国された。マグネスの死、また当初からシオニズム主流派とも、パレスチナ擁護派とも思想的な溝があったことから、アーレントは一九五〇年を境に運動から距離をとるようになった(13)。

第一部の議論を一度まとめてみよう。これまでの研究、とりわけアーレントのバイナショナリズムを扱った研究は、ユダヤ軍創設論についてエピソード的な言及に留まるか、まったく触れてこなかった。それは、ユダヤ軍の暴力がアーレントの権力論と矛盾するようにみえたためである。しかし、ユダヤ軍創設論とは、ユダヤ人が組織化し、ナチスに対抗して連合国とともに闘い、収容所を解放するための議論だった。それは、後年の思想からみれば、政治的存在になるための「はじまりの暴力」であり、「活動」だった。ユダヤ軍創設論は、アーレントのシオニズムの核心をなす議論だった。

ユダヤ人が民族として解放され、主体化されたのちに、初めてバイナショナリズムは可能となる。独立した民族として、パレスチナ民族という他者とともに、連邦制国家をパレスチナで「はじめる」。この点から、バイナショナリズムはシオニズムを受けて可能となる、「革命」なのである。さらに、このパレスチナにおける連邦は、将来的にはヨーロッパまで拡大するものと考えられていた。その際、アーレントは「諸民族の共生」という目標を掲げる。民族紛争が絶えず、難民を生む近代の主権的国民国家に対し、アーレントはあらゆる民族が多数派／少数派とならずに共生する、あらたな政治のあり方を提起したのである。

したがって、アーレントの初期思想において、ユダヤ軍創設論を中心としたシオニズムと、連邦制国家論というバイナショナリズムは、「諸民族の共生」という文脈を持つ、連続した議論である。いずれか一方のみを論じるのでは、初期アーレントのヴィジョンを把握することはできない。

また、アーレントがシオニズムを支持し、同時に主権的国民国家とそれを下支えするナショナリズムを批判したことは矛盾しない。『起原』では、たしかにナショナリズムが批判されている。批判の対象となったのは、ナチス・ドイツにみられるような人種的ナショナリズムと、フランスやイギリスにみられた西欧的ナショナリズムである。前者は人種主義という擬似科学に基づき、人間を政治的生ではなく、自然的な存在（zoē）[14]として扱う。さらに、地理、言語をふくむあらゆる境界を突破し、拡大していく。自然的、生物学的な生を強調し、あらゆる境界を無視する点で、このナショナリズムは反政治的なものである。

他方、西欧的ナショナリズムも、単一民族を主権者とし、排他性をはらむ点で批判の対象となっている。マイノリティを同化、または排除するのでもなく、その存在が認められえる政治制度として、アーレントは連邦制度に可能性をみいだしていた。

とはいえ、アーレントはナショナリズムのすべてを拒絶していたわけではない。初期から『起原』まで、少数民族の権利を訴える点は一貫している。アーレントは、主権制に結びつかないナショナリズムとして、シオニズムを考えていた。

ここまでの議論は、あくまで初期と一九五一年以降の思想との共通点、相違点を簡単にスケッチしたに留まっている。第二部からは、シオニズム－バイナショナリズム論が後年の思想からみていかに再解釈可能かを検討する。

まずは、『起原』のナショナリズム論で焦点化されていた「境界線」をより詳しくみていく。『起原』では、ナショナリズムを政治的なものとする重要な要因として、「境界線」が重視されていた。次章以降は、『人間の条件』

の読解を通して、アーレントの考える政治的な境界とは何か、〈場所〉というキーワードとあわせて明らかにする。

註

（1）本書第一章第三節ならびに第二章第二節を参照。

（2）例えば、当時ニューヨークで活躍していたユダヤ系の知識人たちは、シオニズムについてほとんど議論しなかった。彼らが発行していた雑誌「パルチザン・レビュー」はシオニズムだけでなくナチスに関して、一九三九年までほとんど言及しなかった［大形 2021: 21-22］。

（3）前頁で引用した記事は草稿がドイツ語で書かれており、アメリカ議会図書館のオンライン・アーカイブ、*Arendt Papers* で確認することができる。そこではpeople に相当する語はVolk/Völker となっている。そこで本章ではpeople は（ただの）民族と翻訳した。nation は文脈に応じて訳出しており、民族としての意味が強い場合は民族（＝国民）、国民としての意味が強い場合は国民（＝民族）とした。

（4）『人間の条件』では、「暴力」とは「道具」を用いて行われるものであり、対照的に「権力」は言論のみを用いる、として区別し定義される。国家は民族の「道具」となった、とするこの国民国家への批判は、こうした暴力／権力の定義とも関わりがあるとみていいだろう。

（5）人種的ナショナリズムは、『起原』ドイツ語版においては「Völkisch nationalism」、英語版ではそれに相当するものとして「tribal nationalism」とされている［OT: 296］。また、人種的ナショナリズムと対比して論じられる、イギリスやフランスにみられるようなナショナリズムを英語版では「the Western nationalism」［OT: 300］ないし「patriotic nationalism」［OT: 295］としている。

（6）西川長夫も主権的国民国家における「国境、境界」の重要性を指摘している。西川によると、国境は、領土だけでなく、他国と異なる独自の国民性、国民文化を強調する機能を持つ。そうすることで、自国の文化が特定の民族による独自の価値・シンボルの体系であることを示し、境界の内部における均質性と同時に、境界外部の差異と異質性を強調できるためである［西川 1998］。

（7）ただし、アーレントはここでネイティブ・アメリカンすなわち「先住民」の存在には言及していない。

（8）一九四七年にアーレントはアメリカ連邦制を「民族（nation）と国家（state）が同一ではない」「非‐国民国家的共和国

(a-national republic)」として評価している［COR A=J: no. 59/90］。

（9）このように、アーレントにとって「国民国家」は純粋な単一民族国家、特にナチス・ドイツのような人種主義国家が想定されている。すなわち、現在において一般的に言われる人民・国民主権の国家という「国民国家」とはやや位相が異なる。国民国家において多数派がヘゲモニーを握りやすい構造はいまだに問題となっているが、純粋な単一民族国家が今あるか、というと、ほぼ存在しない。イスラエルの場合、シオニストは単一民族国家を目指しているが、現実として困難であり、ユダヤ人の人口をヘゲモニーとするよう政治的に操作することでユダヤ人の主権を維持している。

（10）ヤスパースとの書簡では、アーレントはシオニズムによる国家建設、またそれを通した民族独立を、一般的なナショナリズムへの「徹底した同化（consistent effort at assimilation）」［COR A=J: no. 61/98］と評価していた。

（11）本文中では「平等性（equality）」と表記されている［EU: 198］。これは後年、『人間の条件』以降は「画一性（conformism）」と表記するようになった、生物学上つまり生物としてのヒトの同一性、均しさを示す語である。この解釈のうえで、本文中では「画一性」と表記した。

（12）例えば、藤田弘夫『都市の論理』では、都市／地方の関係性は中央集権的な権力の表れである、と指摘している。権力が集中する都市では、人的・物的資源が必要となり、それを供給するのはつねに都市の周縁にある農村である。また、地域・地方（region, province）の語源はともに、ラテン語の「支配（regere, provincia）」に由来する。これは、地域・地方が軍の統治による影響を受けることを反映している。地域・地方の人びとは国境や城壁を守るため、ひいては都市を守るために兵士として動員されるようになる。このように、中央集権的な主権国家のあり方と、国境、また軍事力は、地理的な問題と深く関わっている［藤田 1993］。

（13）アーレントは一九四八年のヤスパースに宛てた手紙で、マグネスの死に触れながら、イフード運動はパレスチナ人との共存から離れ、より右傾化していくのではないか、と懸念を語っている［COR A=J: no. 73/117］。

（14）アーレントは人の生のあり方を自然的な生／政治的な生という二つの側面から論じた。これらはそれぞれ、ジョルジョ・アガンベンがいうところの、前者はゾーエー（zoē、ただの生、剝き出しの生）、後者はビオス（bios、政治的な生）を指す［アガンベン 2003］。

第二部　『人間の条件』における共生の〈場所〉論

第一部では、シオニズム－バイナショナリズム論の全体像を示し、『起原』におけるナショナリズム批判との繫がり、相違点を示した。また、『起原』に至るまでのアーレント政治思想では、「境界」が強調されることを確認した。シオニズム－バイナショナリズム論においても、国境などの地理的な境界、また歴史的な出来事といった時間的な境界の双方が議論において、重要なキーワードとなっていることがわかった。アーレントにとって、「境界」とはナチス以後のあらたな「政治」を考えるうえで不可欠な要素である。さらに、シオニズム－バイナショナリズム論で明らかだったように、「境界」は国境といった〈場所〉の問題に直接的に関わっている。

第二部では、アーレントの中期政治思想において、政治的な〈場所〉とはいかなるものなのかを明らかにすることが、主たる狙いである。特に「境界」に注目し、一九五八年刊行の『人間の条件』を読解する。『人間の条件』は〈場所〉にまつわる概念が多く登場する。それも、『起原』での主権的国民国家批判と関連しつつもまったく別個の、アーレントにとってより理想的な、「政治的」な〈場所〉のあり方が示される。そうした諸概念は理論的にいかに配置され、その中で「境界」はいかなる作用を持つものとして記述されているのか、第四章、第五章で確認していく。その際、政治的な〈場所〉を基礎づけるうえで、「活動（action）」「製作（work）」「労働（labor）」という活動力がそれぞれ重要な役割を担っていることを示す。

第四章　境界線＝法を書くことと政治

――〈場所〉をめぐる活動と製作の関係性

『起原』では、政治的な主体化において「境界」が持つ重要性について論じられていた。例えば、人種的ナショナリズムは地理的境界を必要としないどころか、それを突破し、大衆運動として拡大していった。これに対して、西欧的ナショナリズムでは、地理的境界線や革命という偉業と、歴史的、時間的なはじまりという境界とを共有することができた。だが、この境界線は、国民／非‐国民の区別を強化する結果ももたらした。では、『人間の条件』において、「境界」はどのように論じられているのか。

第一節　境界線・法・城壁――初期、『起原』から『人間の条件』へ

『人間の条件』における「境界」

『人間の条件』でも政治における「境界線」の重要性が指摘されている。

いかなる限界や保護する原理も人間事象自体の領域の活動力からは生まれないため、私有財産を囲み、それぞれの家庭の境界を保証する垣、民族の物質的なアイデンティティを保護し可能にする領土の境界線、また民族の政治的存在を保護し可能にする法は、人間事象の安定性にとって非常に重要である［HC: 190–191］。

活動に制限はかけられない。そうした活動結果の予測不可能、不可逆性にある程度の歯止めをかけるのが「法」や「垣」といった境界線、すなわち「人間事象の安定性」を確保するものである。また、別の箇所では以下のように示されている。

> この領域の内部ではなく、隠されたままで公的な重要性のない外側の現れこそ、都市にとって重要なものである。それは家々のあいだの境界を通して都市の領域に現れる。[1] 法とは、本来この境界線を指しており、それは古代において実際に一つの空間、私的なものと公的なもののあいだにあるノーマンズランドのようなもので、これらの領域双方をかくまい保護すると同時に、それぞれを区切っているものだった。もちろん、ポリスの法はこの古代の理解を超越していたが、その元々の空間的な意味は保持していた。〔…〕それ〔都市国家の法〕は完全に文字どおり城壁のことであり、城壁なしには政治的共同体である都市（city）は存在せず、家々の塊にすぎない街（town）[2]だっただろう。この城壁のような法は神聖だった。しかし、囲い込むことこそが政治的だったのである。それ〔囲い込むこと〕なしには公的領域はもはや存在できなかったのと同じように、垣なしには一片の私有財産も存在できなかった。つまり、一方は政治的生をかくまって囲い込み、他方では家族という生物学的な生命過程を避難させ保護したのである［HC: 63–64］。

古代ギリシアにおいて、都市国家の法は家々の垣、そして都市の「城壁」といった境界線と等しい存在と見做された。つまり、境界線とは「法」のことを指すのである。そして、これらの「囲い込むこと」それ自体が「政治的」行為だとされる。城壁、垣といったメタファーによって説明される、境界線＝法の議論は、アーレントの政治思想の重要なポイントでもある。

アーレントの「法」の捉え方を論じた先行研究として、例えば高橋哲哉「《闇の奥》の記憶」［高橋 2012: 81–118］がある。『起原』における黒人の描写をめぐり、アーレントのヨーロッパ中心主義を批判した論文である。高橋は

『人間の条件』の法の記述を参照しながら、アーレントの黒人またアフリカに対するまなざしが、政治や法の「外部」すなわち「自然」に対するそれと同等であることを指摘した［高橋 2012: 103-106］。以下では高橋の議論に依拠しつつ、また〈場所〉との関わりに注目しながら、『人間の条件』における境界線＝法の議論を追っていく。

「城壁」のメタファー――「城壁」と境界線＝法の作成

境界線＝法をめぐって、まずは「城壁」のメタファーに注目したい。古代ギリシア都市国家の城壁は、都市国家の内部と外部を分ける「人工物」だった。内部は人為的空間、外部は自然の空間である。『人間の条件』でいえば、城壁の内部は公的領域と私的領域によって成り立ち、複数の人間たちが共生する人間事象の領域（realm of human affairs）［HC: 181-182］であり、権力の現れる空間である。城壁という囲い込み「なしには公的領域はもはや存在できなかった」。また、城壁によって「囲い込むことこそが政治的」だった［HC: 64］。対照的に、城壁の外部は非政治的空間、すなわち自然の空間であり、権力ではないもの、つまり暴力の空間とされる。ここでの記述は、一見すると、城壁の内部という政治的空間と外部の自然的空間とを二項対立化したうえで、後者を前者より下位に位置づけた形而上学的な議論にみえる。また城壁自体が政治的なのではなく、囲い込むこと、つまり城壁によって空間ないし〈場所〉に線引きを行うことが「政治的」だ、と強調している。

さらに、テクストの城壁に関するほかの記述を確認してみると、この〈場所〉への線引きが持つ政治性について、より詳しい説明が示されている。

> 彼らギリシア人の意見では、立法者は都市の城壁の建築者に似ており、政治的活動力が始まる前に自分の仕事をして終わらせなければならない存在だった。立法者は職人か建築家のように遇され、市民になることもなく、外国から呼ばれて依頼を受けることができた。なぜなら、市民生活を送るための権利、つまり結局はポリ

スの内部で進行したさまざまな活動に関わる権利は、完全に市民に制限されていたためである。彼らにとって、法とは、都市の周りの城壁のようなもので、活動の成果物ではなく製造の産物だった。複数の人びとが活動をはじめる前に、明確に限定された一定の空間が確保されていなければならず、また、その後、あらゆる活動が起きるだろう場所に、構造物が建てられたのである。前者の空間がポリスの公的領域となり、後者の構造物こそが法だった。すなわち、法制定者と建築家は同じ類に属する存在なのである［HC: 194–195］。

法の製作と城壁の製作つまり建築は「似ている」。都市国家の城壁は「製作物」、「建築物」だとされ、都市の住人たちがつくらなくともよい。都市の「外部」から来た、住人ではない人びとがつくってもいい「人工物」とされる(3)。この城壁は、それがつくられた時に都市に住んでいた人びとの一生を超えて、世代を超えて継承されるものである。つまり、城壁は都市の内部にいる住人たちがつくる物では決してなかった。実際、城壁をつくる必要がある瞬間、それは内部に住もうとしている政治共同体が「創設」される瞬間だろう。その瞬間以外は、ほとんどの場合、城壁はつねにすでにそこに継承された「物」として存在するはずである。

上記の引用で重要な点は、城壁の建設（そして法の製作）は、城壁という〈場所〉への空間的線引きを決定することであり、あくまで「製作」に類する行為だ、ということである。城壁が建設されるその時は、内部に住むことになる政治共同体の創設の瞬間の後にくる。ここに時差が生まれる。すなわち、アーレントは城壁の建設を「製作」の次元の行為とすることで、政治共同体の創設という「はじまり」の瞬間、「活動」の次元の行為とを対立し、同時に共存する行為として、あえて区別しようとしているのである。

空間への線引きと〈場所〉——境界線＝法の「製作」

アーレントによると、製作は暴力を用い、活動は非‐暴力つまり権力によって成り立つものである。都市国家の内部は「真に政治的」な公的領域中心の〈場所〉であり、活動の空間だとする。その〈場所〉では、そこで共生する人びとがアゴラに集い、言論を交わす。そこは言論の空間であり、その非‐暴力性が強調されている［HC: 26-27］。この言論の〈場所〉は、城壁という境界線＝法によって区切られ、保護されることになる。城壁の外部は自然の空間として、内部に対して下位に位置づけられる。同時に、城壁自体、製作の産物だとされ、暴力すなわち自然的なものとされるのである。そのため、『人間の条件』の中で城壁、垣が引き合いに出されて法の境界性や境界線の措定について説明されるのは、決して偶然ではない。城壁、垣、法といった境界は線として引かれるもの、言い換えればエクリチュールつまり書かれたもの、暴力を用いてつくられたものなのである。[4] 空間は、線が引かれてはじめて〈場所〉となる。境界線＝法が書き込まれることで、空間を自然／人為に分け、言論の〈場所〉を人為的な空間として保護する。

〈場所〉をめぐる活動と製作の相互関係

ただし、アーレントは単純に古代ギリシアの都市国家を理想化しているわけでも、製作された物を単に言論より劣るものとして軽視しているわけでもない。公的領域は「物質的（physically）」には城壁によって、また「外形的（physiognomically）」には法によって立ち現れることになる［HC: 198］。換言すると、活動は製作の力、すなわち暴力に依存する側面を持ちうる［HC: 22, 55, 167, 198］。

とはいえ、テクストにおいてアーレントが強調するのはあくまで、製作と活動との対立的関係である。両者が対立する点として、例えば製作には「明確なはじまりと明確かつ予期できる終わり」があるが、活動にはないとしている［HC: 143］。具体的にいえば、立法行為も壁や家の垣の建設にしても明確につくりはじめる瞬間があり、つくりおわる瞬間がやってくる。この点からアーレントは製作を「耐久」的な「安定性」があり、ある種「不死性」へとつながるものとし、対照的に活動を「不確か」かつ「不安定」なものとした［HC: 144］。こうした城壁に関する議論は法および法の措定の議論へとそのまま反復されてゆく。

第二節　「製作」と「暴力」の主権論――「月」のメタファーとシオニズム

〈場所〉をめぐる活動と製作の対立関係

では、なぜアーレントは製作と活動の相互依存的関係性を認めながら、二項対立関係を強調する必要があったのだろうか。先に挙げた引用において、アーレントは城壁を建てる者と「法製作者」とは「同じ」存在とし、両者を「政治的活動力が始まる前に自分の仕事をして終わらせなければならない」と説明した［HC: 194］。つまり「都市国家の法は政治的活動の内容ではなかった」［HC: 64］ということ、立法行為は活動ではなく製作の範疇に入ることを意味している［例えばHC: 167–168など］。加えて、アーレントはあらゆる共同体に物質的な城壁が必須だと言っているのではない。城壁とは、古代都市国家を物質的にみえる形で保障していた境界線である。アーレントがこの城壁という例を用いて言わんとしたのは、むしろ境界線の現れ（外形的な部分）である法のことだった。『起原』では、ナチス・ドイツが法を恣意的に扱い、その構成を崩したことが批判されていた［OT: 509–603］ことを思い起こせば、アーレントにとってこの法の措定を製作と位置づけ、政治または活動と厳しく区別する点は非常に重要だったと考えられる。第三章でみたとおり、あらゆる法を突破してしまう人種的ナショナリズムは、境界を持ちえず、つくりえないという点で非政治的であり、かつ反政治的なのである。

このように、アーレントが製作／活動の二項対立関係を強調した背景には、ショアの経験と主権への批判がある。『人間の条件』において、製作には「明確なはじまりと明確かつ予期できる終わり」があり、活動にはない［HC: 143］とする時、この時間的な議論に関連して、アーレントは製作の主権性と活動の複数性についても言及している。アーレントにとって製作は「支配者であり、主人」たる「作者」、つまりは単一的な「主権」的存在による

「暴力」を原動力とするものであり、対して活動は複数者による非‐暴力、すなわち「権力」によってなるものだからである［HC: 144］。

「月」としてのイスラエル――「反ユダヤ主義からの避難所」という幻想

主権制度は民族＝国民という単一者による暴力を伴った製作的態度の表れであり、「一人の人間はなく、複数の人びとが地上に住んでいる」［HC: 234］という「共生」の否定である。アーレントはこれと同じニュアンスの言葉を、一九四〇年代、シオニズムによるユダヤ人の主権国家建設を批判する場面でも繰り返している。例えば、シオニズム左派の政治方針を次のように揶揄していた。

〔反ユダヤ主義は永遠になくなることがない、と考えるシオニストたちの最たる関心は〕五〇万人もの住人を抱えるイシューヴの安全装置として、また反ユダヤ主義の心配がないという希望がある、大地のほんの一片の、あの土地、パレスチナをユダヤ人の領土として防衛し要求すること、ただそれだけである。しかし、われわれが反ユダヤ主義から安全でいられる場所というのは月だけだ。ワイズマンの、反ユダヤ主義への応答とはパレスチナの建設である、という有名な宣言は、そんな月に魅せられた危険な狂気なのだ［JW: 143］。

主流派シオニズムは、「月」のようなある種のユートピア（ou-topos, どこにも存在しない「場所」）へ「逃避」しようとしてきた。月とは、差別をシャットダウンできるようにみえる主権国家のことを指している。

しかし、差別されるユダヤ人をふくめ、人びとが現実に生きているのは月ではなく、地球上［HC: 2］なのだ。人が住むに適している〈場所〉は地上においても、地理的に限られている［HC: 2］[5]。月には人が住むために必要な環境はない。人びとは偶然の中で世界に「出生」し、さらには「一人の人間はなく、複数の人びとが地上に住んでいる」［HC: 234］。つまり、「選ばざる共生」の中を生きているのである。それは建国して間もない当時の、そして今のイスラエルや、そのほかのあらゆる場所へと投げかけられた現実でもある。

もちろんアーレントの議論も、活動、製作、労働の区分をまだ論じていなかった初期に、ここまで整理されていたわけではない。シオニズムにおける主権国家建設案への批判は、後年の思想に照らし合わせた時はじめて、主権の製作的態度、つまり単一的な作者による暴力性への批判として理解できる。一九四〇年代、アーレントがほかのシオニストから反発を受けたのも、このシオニズムにおける主権への批判という論点だった。(6) ショーレムからすれば、主権国家建設と民族独立は同義だと捉えられていたため、アーレントの主権批判はユダヤ人の独立さえも否定するものと受け取られ、「反シオニズム」的だとされたのである。

だが、アーレントからすればユダヤ民族の独立と主権国家建設は別の問題だった。民族独立は反ユダヤ主義への抵抗であり、主権国家建設は反ユダヤ主義という現実からの逃避だった。アーレントは、反ユダヤ主義から逃げるわけでも差別に妥協するわけでもなく、活動を通して正当に争い、人びとの間の差異を政治の場面に生かす〈場所〉を目指していた。主権の単一性と暴力性を理解し、それを回避できる別の国家制度――バイナショナリズム、連邦制――を現実に即して考えていたのである。

共生概念の変遷――「諸民族」から「複数性」へ

ここで、「共生」というキーワードもまた、初期から『人間の条件』が書かれた一九五八年に至るまでの間に、少しずつ変化してきていることがわかる。初期はヨーロッパにおける「諸民族の共生」があらたな政治の基盤となる、とされていた。『人間の条件』では、「諸民族の」の代わりに、「複数の人びと」という言葉が使われ、共生する主体の複数性が重視されている。また、そうした複数者の共生は地上という、限られた〈場所〉で行われることが強調されるようになった［HC: 234］。『エルサレムのアイヒマン』で提示されたような、誰しも「ともに住む相手を選ぶことはできない」［EJ: 279］という「選ばざる共生」は、『人間の条件』以降の共生概念なのだ。したがって、初期から『起原』（一九五一年）までと異なり、『人間の条件』（一九五八年）以降は、共生は「複数者」というより開かれた、普遍的な概念として、同時に〈場所〉という条件をつけて論じられるようになったのである。

また、『人間の条件』でも展開されている主権批判の枠組は、一九四〇年代のシオニズム批判の中でも確認できる一方、「シオニズム」という個別具体的な要素を取り払い、普遍的、抽象的なレベルで引き継がれている。言い換えれば、アーレントはシオニズムを批判する中で立ち上げた初期の主権批判を、『人間の条件』からは一種の製作、単一者による暴力の議論として扱うことで、主権の問題を権力／暴力論という普遍的かつ独自的な政治思想へと醸成させた、ともいえよう。

さらに、『人間の条件』における城壁の議論は、こうした活動と製作、言論と書き言葉の区別を扱った議論ともいえる。アーレントは、あえて活動と製作、言論と書き言葉を厳しく区別することによって、同時に彼女独自の権力と暴力の区別を明示している。城壁も法も人びとが住み、保護されるべき〈場所〉とそうでない場所とを区切る境界線である。そのため城壁の議論は法の場合にも反復される。すなわち、法の措定は製作であり活動ではない。アーレントにとって、法の製作以前の複数人による言論行為こそ活動なのだ。この製作の次元としての法の問題は、主権の問題に直結する。

アーレントは一九五一年までのテクストにおいて、「国家」とは「法的体制」のことである、としていた［EU: 208］。法的体制を主権とする国家は、単一的存在の暴力によって成り立つことになる。古代ローマが国家を「公的なもの（res publica）」と表現したことを思えば、国家が単一者の暴力によって私有される状態はもはや「公的」とはいえない。

バイナショナリズムの場合、連邦国家の建設は法の作成、すなわち製作にあたる。パレスチナ人という他者との交渉・合意は言論行為であり、活動である。パレスチナ人と協働して連邦国家という法的体制を打ち立てることで、単一民族による法の占有を避け、他者との共生が可能となる。連邦とはいかなる〈場所〉となるのか、その具体的諸相が明確に打ち出されるのは『革命』からである。

境界線＝法の改変可能性──活動を通した都市の「変更」

一方で、アーレントは城壁と法については「変更」の余地があることを示唆している。アーレントが提示しているのは二つの可能性である。一つは城壁の内部から、城壁や法を創始した後の世代の活動によって、もう一つは城壁の外部から、ほかの共同体による介入を受けて既存の城壁と法が変更される可能性である。あくまで境界線＝法の内容を話し合うのは活動、それを文字として残すことは製作である。この点で、城壁の内外を問わず、その時その瞬間に生きている人びとの活動によって境界は変動するものだ、とアーレントも認めている［HC: 190-191］。共同体の「あたらしい世代」、また外部の他者の活動によって、法が書き換えられる可能性は十分にある。(7)

『人間の条件』以降、製作と活動の相互依存性、すなわち製作により活動は物として継承される点をアーレントは重視するようになった。その証左として、アーレントは製作物、とりわけ「法、記念碑、詩」［HC: 173-174, 183-184］といった製作された物、書かれたものを評価し、その機能、つまり活動の内容を記録、継承することに注目するようになっている。

第三節　物語論における境界線＝法

活動／製作と記憶／想起

境界線＝法をめぐる活動／製作ないし言論／製作物の、対立と相補性を同時にはらむ関係は、物語論においても同様である。「革命」には、そのはじまりのアウラを物として残す必要性がある［森 2019］。革命の「記憶」を革命後も「想起」するためである。そこで記憶を「物語」という製作物として残すことで、時間的、空間的に異なる次元にいる他者にも継承することが重要になる。「活動し語る人びとは「制作する人」の最高の能力、つまり、芸術家、詩人、歴史編纂者、記念碑建設者や作家の力が必要である。なぜなら、彼ら彼女らなしでは活動力の制作品、すなわち、遂行し語った物語はまったく生き残らないからである」[HC: 173-174]。

この際、活動者は自らの行為を物語化することはできず、必ず行為を最後まで見届けてくれる他者によって語られる。

　こうした物語は、文書や記念碑に記録され、使用される物や芸術作品というみえる形となり、幾度も語り継がれ、あらゆる材料の中に残ることになるだろう。とはいえ、生きたリアリティの中では、物語はその物化されたものとはまったく異なる性質を持っている。物語はその主体、つまりどの物語においても中心を占める「主人公（hero）」について多くのことを、人間の手によるいかなる製品やその作り手についてよりも教えてくれる。どんな人も活動と言論を通して人間世界に自分自身を挿入することで生涯をはじめるが、誰一人として自分自身の物語の作者や制作者になることはない。言い換えると、物語は、活動と言論の結果であり、行為者を暴露するものの、この行為者は作者や制作者ではないのである[HC: 184]。

誰かの行為を物語にできるのは、行為者当人ではなく、それを最後まで「目撃」し「証言」できる他者である。その他者が紡ぐ「語り」はまずは物語、やがては「文書や記念碑」、「使用される物や芸術作品」で後世、すなわち時間的・空間的他者へと継承されてゆく。ここでもアーレントは発話を書き留め、伝える物語の作者とは別者であることを示している。出来事の記憶を世界に留めるには、目撃したうえで証言する他者、それも耐久性、安定性、不死性をもって幾度も想起できるように書き言葉によって物語化できる他者が必要なのだ。

ワルシャワ・ゲットーをはじめとした大陸各地でのユダヤ人による蜂起にアーレントはユダヤ軍の創設をみいだした。とりわけビリニュスで闘ったベティについて——彼女は「誰（who）」だったのか、成し遂げようとしたことは何なのか——アーレントは「六発の教訓」という文章として、製作を通じて物語化している。この物語は、差別に自ら対峙した人びとの存在を想起するものであり、かつ反復する主権国家の歴史に対するアンチテーゼと、来るべき共生の歴史のはじまりであり、この時アーレントは物語作者となっていた、といえる。

このように、製作がないと活動は保護されず、また持続的に機能しない。「革命」というはじまりの摩滅を防ぐためにも、製作が必要なのである。革命によって歴史を区切ることは、時間的な境界線を引くことでもある。アーレントは、物語論と権力論、ひいては法の議論において、書き言葉の力を最大限に利用しようとしているようにみえる。

記憶／想起と〈場所〉

アーレントは全体主義、また、絶滅強制収容所への移送は免れたものの、「語ることができない」、「目撃者もいない」、「証言不可能」なショアを経験した。この経験もまた境界線、また法と関係している。

> それ〔全体主義のテロル〕は個々人のあいだのコミュニケーションの境界線と経路に代わって、彼ら彼女らの複数性を強くきつく絞めあげて、「一つの人間」という巨大なものへとかき消してしまうかのようにいっしょくたにする、鉄の箍へと置き換える。人びとのあいだにある法という垣を取り去ること——暴政がそうであるように——は、人間から自由（liberties）を取りのぞき、生きた政治のリアリティという自由（freedom）を破壊することを意味する。法という垣によって囲まれた人びとのあいだ、その空間こそが、自由の生きる空間だ。全体的テロルは暴政というこの古びた道具を使うのだが、同時に、暴政があとに遺していく恐怖と猜疑という無法で垣のない荒野さえも破壊する［OT: 611-612］。

全体主義は、あらゆる「法という垣」を人種的に規定された同質的な民族＝国民の立場から恣意的に解釈し、変更してしまう。そうすることで、民族＝国民の同質性をより強調し、人びとの差異や「あいだ」の空間を抹消する。これらを避けるためにも、法という垣、すなわち人工物によってその内部の自由を守る必要がある。法とは「安定した保護物」[HC: 198] でなければならない。法＝境界線は、暴政や全体主義から人びとを守る、一定の構造を持った、「安定した保護物」[HC: 198] でなくてはならない。そうした城壁や垣のような建造物の中で、人びとは守られて言葉を交わすことになる。

また、ナチス・ドイツの人種的ナショナリズムは、歴史的な境界、つまり「革命」という共通の記憶を持たないものだった。反対に西欧的ナショナリズムには、例えばフランス革命のように、人びとが協働して打ち立てた「はじまり」があった。アーレントにとって、共同体の根底に活動があり、それを語り残すことこそ、政治共同体の創設において重要だったためである。この共同体創設の正統性をめぐる問題は『革命』に引き継がれてゆく。

こうして、アーレントの目指したあたらしい政治的な〈場所〉は、法と物語という二つの人工的な境界線によって立ち上げられ、守られるのである。そのモデルこそ、古代ギリシア都市国家だった。アーレントは都市国家自体、「組織化された記憶である」、としている。

言い換えると、ポリスという形で共生した複数の人びとの生涯は、活動と言論という人間の活動力の中でも最も役に立たないものを保障し、また、その成果である行為と物語という人工の「制作物」の中でも最も触知できず儚いものを不滅にするようにみえた。物質的には城壁によって守られ、外形的には法によって保障されたポリスという組織は——後続の世代が認識を超えてそのアイデンティティを変えないように——組織化された、ある種の記憶である。ポリスは、死を約束された活動者の消えゆく存在や、過ぎ去っていく偉大さを、みられ、聞かれ、また、ポリスの外部では短い期間しか行為に参加できなかった仲間の前に広く現れることで、活動のリアリティを欠落させないことを保障するものだった [HC: 197–198]。

都市国家が想起を促す記憶とは、都市国家の「創設」の瞬間を指す。城壁によって囲い込まれた内部の、公的領域の主体である政治共同体の「はじまり」は、「物質的には城壁、外形的には法」によって「物語」として書き込まれている。都市国家に住む人びとは、城壁をみる時、法を読み返す時、そのはじまりを想起することができる。さらに、こうした都市国家という〈場所〉を守る法も、それを立ち上げた記憶も、いずれも共生に基づく複数性から生まれるのである。

初期の議論に照らし合わせれば、ユダヤ軍によって民族として独立したユダヤ民族に、パレスチナ・アラブ民族という他者とともに共生し、複数性を生み、協働することで――連邦制国家という法として、歴史的な出来事として――あたらしい政治のはじまりを生むことができるはずだった。

本章では、『人間の条件』における言論／製作物の相補的な関係を明らかにした。つまり、活動は人間の活動力の中で最も高次のものとされつつ、活動の儚さ、脆さを境界線、法や物語といった「文字」にして後世に遺すため、製作が必要とされる。境界線によって自然から人為の空間が区切られ、政治的な〈場所〉となる。政治的な〈場所〉は活動を通して境界が示され、それを「線」あるいは「法」といった製作物として残すことで創設される。このように、『人間の条件』における境界線、法、城壁に関する議論は〈場所〉論である。

第一部との繋がりでいえば、こうした自然的空間と人為的空間を区切る境界線＝法という議論がなされた背景には、『起原』で論じられた人種的ナショナリズムや全体主義運動がある。ナチスによる全体主義運動では、生物的な人種概念をもとに単一民族、また「国民」が規定された。人種的ナショナリズムは地理的な境界線、言語の違い、さらには歴史を無視して大衆運動として拡散していく。

『人間の条件』における境界線をめぐる議論は、こうした自然的なものを中心に置き、あらゆる法を突破してしまう反政治的運動を批判し、防ぐためのものである。境界線＝法によって自然から区切られた人為的空間は、さらにその内部で私的領域／公的領域に区切られていく。ここでもまた、法としての境界線が重視されている。そこで注目されるのは「所有」という概念である。次章では、引きつづき法としての境界線に着目しつつ、『人間の条件』における「所有」と私的領域／公的領域の議論を読解する。

註

（1）『人間の条件』ドイツ語版である『活動的生』（森一郎訳）では、「私的領域の秘密は、公共性とは関係なく、私的領域の内部は、政治的意義を持たない。政治的意義を持つのはむしろ、私的領域の外的形態、つまり内側を匿うために外から打ち建てられるべきものの方である」とされている［アーレント 2015: 77］。

（2）ドイツ語版では「その壁自体がではなく、その柵で取り囲まれたものだけが、真に政治的だったのである」とされている［アーレント 2015: 78］。

（3）ここで示されているのは、あくまでもアーレント独自の古代都市国家の捉え方であり、実際の古代都市国家の有り様とは懸隔がある。アーレントによると城壁とは公的領域を守るためのものであり、都市国家の外部の者がつくってもよい、としているが、実際、古代ギリシア・ローマで建設された市壁はいずれも外敵による攻撃からの防衛が目的であり、市民自身がつくっていたとされている［日本建築学会 1983: 106–107, 116–119, 122–123］。

（4）ジャック・デリダの言葉でいえば、境界＝法とはエクリチュールであり、それによって線引きされた〈場所〉はパロールの空間である［デリダ 2013］。

（5）『人間の条件』の冒頭において、アーレントは人間の生きる条件が揃った〈場所〉は地球しかないにもかかわらず、科学技術の発展によって「月」にも行けるようになったことに触れ［HC: 1］、それを「地球から宇宙へ」、また「世界から自己自身へ」の「飛行／逃亡（flight）」と揶揄している［HC: 6］。

（6）第一部第二章参照。

（7）実際、古代ギリシア都市国家の中心地であるアテナイは、紀元前四七九年ごろにアテナイを囲むテミストクレスの壁が建設されたが、紀元前四二五年には市街地を縮小させるため、ディアテイキスアの壁を建設している。縮小の一方で拡大した部分もあり、紀元前四八五年から紀元前四四五年には近隣の都市国家であるファレロン、ピレウスへの壁を建設している。だがファレロン、ピレウスへの壁は紀元前四〇四年のスパルタ軍による侵攻で破壊された。古代ローマの場合も、まず紀元前七五三年にセルウィウヌスの壁が建設された。当初は土壁だったため、紀元前五四三年に補強のため石壁に再建される。

その後、二七一―二七五年、アウレリウスの治世下では、市街地を拡大させるためアウレリウス城壁がコンクリートを用いてあらたに建設された。このように、実際に古代都市国家の城壁も外部・内部の「活動」により拡大と縮小、破壊と再建を繰り返してきている［日本建築学会 1983: 106–107, 116–119, 122–123］。

第五章　私的領域の所有と公的領域の共有

――〈場所〉をめぐる活動と労働の関係性

シオニズムがそうであるように、ナショナリズムは〈場所〉の問題、すなわちその土地の正当な所有者は誰かという「所有」の問題でもある。同時に所有とは個々人の間、公的領域／私的領域を分け、区切ること、すなわち境界線の議論と関係する。本章ではアーレントの私的所有論に注目し、初期論考を踏まえつつ、引きつづき『人間の条件』における「共生」の場所論の具体像を明らかにする。

第一節　「私的な自分の〈場所〉」という現れの条件

「土地の耕作」への評価――「農業」は製作か労働か

まず『人間の条件』における「場所」、特に「土地」への言及を確認する。テクストには活動／製作の区別に対し、土地を例に製作／労働の区別を説明する部分がある。

人の最も必然的で基本的な労働である土地の耕作（the tilling of the soil）は、いわば製作へと変容していく労働の完璧な例のようにみえる。そうみえるのは、まさに土地の耕作が、生物学的なサイクルとの近い関係を持ち、自然の大きなサイクルに完全に依存しているにもかかわらず、その活動力〔製作に近い労働の力〕自体によって、長持ちするものをあとに残し、人工物に永続性のあるものを付け加えるためである。というのも、年々歳々行われる同じ〔耕す〕作業は、ゆくゆく荒野を整備された国土（land）へと変えるだろう。〔…〕〔この例において労働と製作が〕似ていることは否めない。だが、農業の古くからの重要性は、土地を耕作するとともに食糧をつくるばかりでなく、世界を建設する土台をつくることにある［HC: 139］。

「土地の耕作」は労働でありつつ製作に近い、ないしは製作へと変容してゆく労働とされる。
このように『人間の条件』では土地の耕作、すなわち「農業」という行為に対し、高い評価が与えられている。その理由は、土地を耕すという行為が人工的な「世界を建設する土台」ひいては「整備された国土」をつくることにつながるためである。

他方、農業のある程度の活動的意義を認めつつも、先の引用は以下のように続く。

この事例において〔労働と製作の〕区別はとても明確である。より的確にいえば、耕作された国土（the cultivated land）は使用対象物ではない。使用対象物は自らの永続性で独自に存在し、そのためには保存において日常の手入れ以上のことは必要としない。つまり、耕作された土地（the tilled soil）は、耕されつづけたとしても時がめぐればまた労働を必要とする。言い換えれば、真の物象化は、製作物の存在が一度ならず永久に安定して確立されないと決して起こらず、結局、人間世界に残すためには何度も手を加える必要があるのだ［HC: 138-139］。

農業とは個々人で行い自然に対して暴力を用いる行為であるため、「政治的」なもの、すなわち活動には当てはまらず、労働に区分される。なぜなら、農業と土地の耕作は、この世において耐久性のある人工物にはならないからである。よって農業は世界の土台をつくるとはいえ、複数の他者と行う活動にはあたらない。同時に人びとの活動を記憶する建物、物語や法のような境界線にもならず、製作にもあたらない。農業はやはり労働として位置づけられるのだ。

「耕作された土地」を「所有」することの重要性

他方、『人間の条件』では冒頭から最終章まで耕作された土地、あるいは「土地の所有」が重要な論点として提示されている。例えば、最終章で近代における世界疎外を説明する際、アーレントは「土地収用（expropriation）」と「私的所有（property）」に言及している。

これまでみてきたように、富（wealth）や占有（appropriation）から区別されたものとしての私的所有（property）とは、共通世界で個人に所有される分け前を示しており、それゆえに人間の世界性にとって最も基本的な政治的条件である。その証左として、土地収用（expropriation）と世界疎外は同時に起こるし、また近代は、劇中のすべての俳優の本意とは逆に、世界から住民の一定層を疎外することによって始まったのである［HC: 253］。

「私的所有」は人間にとって「最も基本的な政治的条件」であり、人びとから土地の所有権が失われた近代は「世界疎外」の時代だった。言い換えれば私的領域、特に具体的な土地を私的に所有することが、公的領域ないし世界にアクセスする条件である、とされる。

国民国家の勃興と「私的所有」の消失

この引用箇所以外にも、『人間の条件』では土地収用という出来事に繰り返し触れ、これが「近代の性格を決定した」とまで言及されている［HC: 248］。この土地収用とは、宗教改革によって惹起された教会領の没収と無産階級の発生という、一六世紀の資本主義台頭以降の出来事を指す。アーレントはこの出来事によって「封建制度の瓦解」が起こり、あらゆる財産が私的なものでなくなり、人びとから世界性が失われた［HC: 252］とする。換言すると、個々の住民から土地の所有権が奪われる、つまり「脱私有化する（expropriate）」ことで私的領域が消失した、というのである(1)。

さらに、収用された所有物を社会が全体の「富（wealth）」また「資源」として蓄積し、増大させ再分配すること、すなわち「占有する（appropriate）」ことで「社会的領域」が勃興した、としている。

近代の発展と社会の興隆、すなわちすべての人間の活動力で最も私的なものである労働が公的なものとなり、それ自身の共通領域の創設が許されるようになると、世界の中で個人的に保持された場所（place）としての私的所有（property）の存在が、増大する富の情け容赦のない過程に耐えられるかどうか、疑わしくなるだろう。にもかかわらず、なるほど、保有地の私的な性質、つまり「共通なものからの（from the common）」保有地の完全な独立を保証することができたのは、私的所有が占有（appropriation）へ変容したため、あるいは「共通なものからの囲い込み」は身体的な活動力の結果であり、その「生産物」と解釈するためである。この点において、身体（the body）は実にすべての私的所有における精髄となる。なぜなら、身体こそたとえ誰かが欲しても分け合うことのできない唯一のものだからである［HC: 112］。

近代以降、公的領域／私的領域の区分が曖昧となり、社会的領域が興隆した。その例として挙げられているのが国民国家であり、そこは活動ではなく労働が政治の中心となる空間である。社会的領域において、所有とは社会による占有、つまり国民国家ないしその主権者による資源の独占、国有化を指すようになった。言い換えれば、それまで個々人によって私的に所有されていた土地は、国民全体の「富」として国家に「土地収用＝脱私有化（expropriation）」され、「占有（appropriate）」されたのである。だが、アーレントからすれば、この占有された富は本来的な意味での所有にはならない。なぜなら「集団的所有とは、厳密にいえば、用語上矛盾している」［HC: 256］からであり、所有の主体はあくまでも民族などのカテゴリーに縛られない純粋な個人として想定されているからである。

また、国民国家のような社会において、個々人が唯一所有できるものは身体のみとなる。身体から生み出される労働力のみが、個人の活動力として残される。これは、言論を介した活動によってはじめるという選択肢が制限され、身体に備わる力、つまり労働力や暴力を介さなければ何もはじめることができないことを意味する。

公的領域に現れる条件としての「私的所有」

テクストにおける「私的所有（property）」に注目すると、そのほとんどが以下の引用のように〈場所〉に関する語とともに議論されている。

> 近代は、貧民の土地の脱私有化（expropriation）とあらたな無産階級の解放から始まった。それ以前、すべての文明は私的所有の神聖さに基づいていた。対照的に、富（Wealth）は私的に所有されるにせよ、公的に分配されるにせよ、それまで決して神聖なものとされたことはなかった。もとより、財産（property）とは、世界の特定の部分に自分の位置（one's location）を持つこと、それゆえに政治体に属すること、つまり、公的領域をともに構成した複数の家族のうちの、一つの長になることの意味以上でも以下でもなかった。私的に所有されたこの世界の一片は、そこを所有した家族と完全に一致した。そのため、ある市民の追放は、単に彼の財産（estate）の押収だけでなく建物そのものの事実上の破壊をも意味した。〔…〕古代においては、もし自分の位置（location）を失うことが起こったら、ほとんど自動的に自分の市民権と法の保護を同様に失ったのである［HC: 61-62］。

「私有財産」とは家または「地所（家の建っている土地）」という私的所有ないし私的領域を指す。それは世界また公的領域の一部を私有したものである。この私的領域が奪われると、その所有者は「法の保護」と「政治体に属する」市民権を同時に失う。

公的領域とは、他者に自らを暴露する空間である［HC: 182-183］。しかし、人はつねに他者に晒されることはできない。そのために「共通領域から隠れ保護されるための自分自身の私的な居場所」［HC: 117］、私的領域が必要とされる。換言すれば、この私的領域を持ち、そこから公的領域へと、その「あいだ」を移動することではじめて活動も可能になる［矢野 2014: 73-74］。また、空間を私的領域／公的領域に区別する、垣のような境界線も重要である。この場合、双方の領域をそれぞれ守るために境界線＝法が設けられる。空間を境界によって区切ることではじめて、双方のあいだも出現する。

「私的な自分の〈場所〉」を持つことと政治

私的所有を持つこと、または「世界の特定の部分に自分の位置を持つ」［HC: 61］ことに注目した佐藤和夫は、私的所有を「自分らしさのためのプライヴァシー」［佐藤 2017: 143］と言い換え、次のように指摘した。マルクスは「近代の『私的所有』の歪みを指摘し『疎外』を論じ」、その背景として「人間の活動やその結果が『労賃』『資本』『地代』等の形で互いに対立する関係におかれた社会を問題にし、それが『人類』の協同のものとして共有されるようになれば、個人の発達と人類の発達の対立は消えると考えていたと言ってよい」［佐藤 2017: 126］。佐藤によると、これに対して、アーレントは異なった私的所有（私有財産）の捉え方を提示した、と続ける。

アーレントは、人間が自分で生きる環境をつくり上げていく存在であるとし、その環境が自分らしさをつくり上げるものとして不可欠なのであると主張した。誰しも自分の暮らし方を自分なりのやり方で作り上げていて、それを持っている。たとえば自分の部屋の配置、本の並べ方、一日の暮らし方、料理の手順、新聞の読み方、こうしたことのどれひとつとして、画一的な同じあり方はなく、各人の暮らし方がある。［…］それが管理され命令されるとすれば、監獄での暮らしとおなじであり、自分の私的所有＝プライヴァシーは完全に破壊される。人間は自ら作り上げた生活環境や文化環境の中で自分らしく暮らせるということは根源的な「人間の条件」であり、自らつくり上げた世界を失ってしまえば human condition さえも失いかねない、とアーレントは警告している［佐藤 2017: 126］。

一人で休み、考えることのできる労働の場所、私的領域または私有財産という「私的な自分の居場所」を持つことをアーレントは重要視した。この私的領域は、公的領域における〈場所〉をも確保するのである。

第二節　農業と私的所有――初期論考におけるキブツの革命性とその失敗

さて、一度本章の冒頭で示した私的所有としての土地と、それを工作する手段としての「農業」というキーワードに立ち戻ろう。アーレントにとって農業は、世界における「私的な自分の〈場所〉」を打ち立て、確保することにつながっていた。こうした農業や私的所有に対する肯定的な評価は、実は『人間の条件』が初出ではない。

初期における農業への言及――キブツ運動への注目

農業を評価する記述は早いもので、一九三〇年代のシオニズムに関する記事群にみいだすことができる。当時フランスに亡命していたアーレントは、ユース・アリアの活動に携わり、有志のユダヤ人青少年をパレスチナの農業自治集団キブツへと送る手助けをしていた。キブツ（Kibbutz）とは、パレスチナ地方に入植したユダヤ人らによる、社会主義思想に影響を受けた一種の共同社会、農村共同体を指す。特に第二アリア以降（一九〇五―一四年）、パレスチナに移住したユダヤ人たちの間で形成され発展した。キブツは入植／移住を前提としていることから政治的シオニズムに類し、ユダヤ的な文化の復興を重視するため、宗教的な暦と行事を取り入れる場合もあるが、基本としては非宗教的な団体である。キブツの主たる目的は、ユダヤ人自らの手でパレスチナの土地を耕し、ユダヤ人国家を建設することにある。(2)

アーレントがキブツについて直接的に発言しているのは、ユース・アリアで働き始めた一九三五年からである。そこでは、一貫してユダヤ人のパレスチナ移住における農耕による郷土の獲得を重要視していた［JW: 159, 183, 330など］。一九三五年時点では、アーレントは「職業の再組成」はすべてのユダヤ人青少年、「右翼でも左翼であっても、宗教的でも無神論であっても、シオニストでも同化主義者だとしても、極めて重大な関心事」［JW: 29］だとしている。「ユダヤ人の職業分布は異常だとつねに指摘されており、ユダヤ人の社会的・経済的存在の基盤には農民も労働者もいない」［JW: 29］、そのため「シオニズムにおいて職業の再組成は広く関心を集めてきた。職業の再組成はネイション建設（the national construction）、また民族全体の社会的正常化（the social normalization）に役立っている」(3)［JW: 29］。したがって、農業を望むユダヤ人が自らの手によって土地を耕作するべきだ［JW: 30］、と結論している。

初期における私的所有への言及

さらに、初期論考ではキブツを論じる際に私的所有についても言及がなされている。例えば一九四四／四五年発表の論考「シオニズム再考」で、アーレントは以下のように記した。

しかし、彼ら〔キブツ運動に参加した者〕はあたらしいタイプのユダヤ人、あたらしく確立された価値を持った、あたらしい類の一流の人びとを作り出すことに成功したのである。その価値とは、物質的富や搾取やブルジョワの生活への偽りのない軽蔑であり、文化＝耕作と労働（labor）のユニークな結合であり、小さな集まりの内部における社会的正義への厳しい認識であり、肥沃な土壌と、自らの手による制作（work）への愛のある誇りであり、個人的な所有（personal possessions）へのいかなる願望をほとんど欠いていることである［JW: 349］。

一九三〇年代と比べると、より具体的にキブツ運動に言及し、その参加者が農業によってパレスチナの土地を耕作する様子を高く評価しつつ、キブツの人びととの「個人的な所有（personal possessions）」に対する執着のなさについても評価している。この私有財産への執着心のなさを評価したのは、特にブルジョワ化した西方ユダヤ人にとって、物質的豊かさとは異なるキブツでの生活の豊かさが「空虚なみせかけの生活からの個人的な救済」［JW: 355］に繋がる、と考えていたためである。

また、近似した議論は「ユダヤ人の郷土を救うために」（一九四八年）でも展開されている。

> もしもイシューヴが倒れるならば、集団移住地であるキブツ運動――ユダヤ人の郷土（the Jewish homeland）の最も素晴らしい部分はもちろん、二〇世紀になされたあらゆる社会的実験の、おそらく最も有望なものをかたちづくったもの――の瓦解を引き起こすだろう。
>
> ここでは、完璧な自由と、どんな統治によっても介入を受けない中で、所有権（ownership）のあたらしいあり方、農業経営のあたらしい様式、家庭生活と子どもの教育のあたらしい方法、そして都市と地方、農業労働と産業労働との間の厄介な対立においてあたらしいアプローチが開発されている。
>
> キブツ運動の人びとは彼らの静謐で実効的な革命にひどく没頭してしまったがために、シオニズム政治の中で自らの声を十分に聞かせることができなかった。もしイルグンとシュテルン・グループ[4]の成員がキブツ運動から募集されていない、ということは事実としても、キブツ運動はテロリズムをしっかりと食い止めようとはしてこなかった、ということもまた事実である［JW: 395］。

キブツ運動は土地の耕作を通してユダヤ人社会の再組成を試み、自治的な共同生活の運営によって私的財産や教育のあり方、農業と産業労働の対立に対する「あたらしいアプローチ」として成功した。ここでもアーレントはキブツの成功点として、「個人的な所有（personal possessions）」ふくめ、「所有権（ownership）のあたらしいあり方」、すなわちそれまでのブルジョワ的生活様式からの脱却を重視していた。

キブツ運動をめぐる評価の変遷――パレスチナ人との共生のために

しかし、「シオニズム再考」（一九四四／四五年）と「ユダヤ人の郷土を救うために」（一九四八年）両者の記事を比較すると、アーレントはキブツに対してやや批判的になりつつある。「ユダヤ人の郷土を救うために」でデイル・ヤーシーン事件について言及し［JW: 397］、「アラブ人とユダヤ人の隣人関係のあるところ」［JW: 398］を狙ったユダヤ人軍事組織によるテロ攻撃を強く非難した。同時に、そうしたシオニズムの中の過激派に対してキブツが、「テロリズムをしっかりと食い止めようとはしてこなかった」と強く批判している。(5)

さらに一九四八年の記事では、キブツがテロを抑止できなかった原因として、運動における「静謐で実効的な革命（revolution）」、つまり、それまでの都市での成り上がり的なブルジョワの生活を捨て、土地を耕作する生活に「ひどく没頭してしまった」ために「シオニズム政治の中で自らの声を十分に聞かせることができなかった」という点を挙げている［JW: 395］。つまり、キブツ運動の参加者たちは足元の農業にのみ注力する生活の中で、ユダヤ民族全体の将来を議論するシオニズムの政治に対し無関心になり、中にはパレスチナ人との共生を否定する行為に走る者も出た、ということである。

よって初期におけるアーレントのキブツに対する評価の変遷は、次のようにまとめることができる。一九三五―四八年まで、私有財産を持たないという選択によりユダヤ人の階級問題を変化させたとして、アーレントはキブツに対して非常に好意的だった。この方向性はパレスチナの土地を中心とするシオニズムを主張していたブルーメンフェルトの政治的方向性とも一致している［船津 2008a: 11, 17］。しかしながら、イスラエルの建設が現実味を帯びていた一九四八年、アーレントはキブツに対し批判的な姿勢を強めた。その原因として、農業への注力によるキブツの政治的無関心を挙げている。本来、アーレントにとっては、シオニズムとは「民族的革命運動」となるべき運動であり、その中で最も価値のある取り組みこそキブツのはずだった(6)。

第三節　私的所有・革命・キブツ運動——初期から『人間の条件』へ

初期と『人間の条件』における農業、私有財産

初期の農業と土地、さらには私有財産の言及は、後年『人間の条件』でも重要なキーワードとなっていく。『人間の条件』における「土地の耕作」への評価の高さは、キブツの農業に対する評価と一致する。他方、私的所有の点では、「シオニズム再考」と『人間の条件』は、明らかに食い違っている。一九四八年にはキブツにおける私有財産への執着のなさを評価した。対照的に『人間の条件』では、私有財産として場所（土地、領域）の重要性を論じた。アーレントは私的所有をめぐって、一九四三年までは否定、一九四四—五八年以降は尊重のスタンスを取ったのだ。

では、この変化はどこから生じているのか。その応答として、以下より『人間の条件』の第三〇節「労働運動」を参照しつつ、キブツ運動の再評価を試みる［HC: 212–220］。

労働運動における革命としての可能性

『人間の条件』三〇節「労働運動」は、一九—二〇世紀初頭にかけて盛んとなった労働運動が「活動」にまで昇華されなかった原因を議論している。この節によると、あらゆる労働運動は潜在的に「巨大な権力」を獲得して政治闘争を起こし、当時限定的ながらも「共同性（togetherness）」をもって「人びとが社会の成員としてではなく、一

人ひとりの人間として活動し語った唯一の組織」となった［HC: 219］。にもかかわらず、これら運動はいずれも公的領域を生むことにおいては失敗だった、とアーレントは述べている。

その理由として挙げられるのが、次の三点である。第一に労働運動における共同性は複数性にはなりえないこと、第二に政治組織と労働組合の境界線の曖昧さ、第三に自由の創設に対する意志の減速である。労働運動の主体とは、労働者〈労働する動物〉であり、彼らは「労働」という共同性のもとに集まるのであり、それは複数性とは異なる、とされる［HC: 213–215］。労働の活動力とは、生と死という有限的で生物的な時間を持つ人間の身体を源泉としており、これは全人類に共通するものである。労働運動における共同性はこの各人における労働の同一性に基軸を置いて形成される。

対照的に、活動において人びとは各人の持つユニークさを現し、差異を持つ他者からみられて聞かれ語られることが重視される。人びとは同一ではありえず、また差異がある点において平等なのである。アーレントはこの複数性の状態を「等しくないという平等（an equality of unequals）」［HC: 215］と言い表している。アーレントにとって、共同性とは単に人びとが寄せ集まった共存の状態に過ぎず、これに対して複数性は積極的にあたらしい、政治的な意味を与え、獲得しようとしていく状態なのである。

また、どの労働運動も政治組織と労働組合の境界線を曖昧化したまま革命を進めようとした。だが労働組合は労働者階級の利害を主張することはできても、「人民（*le peuple*）」全体を代表することは難しい［HC: 219］。労働組合の機能は、労働者階級を社会の一員として編入させ、それまで差別化されていた状況からあらゆる権利を向上させることである。こうしたことは社会構造の変化を促すという重要な機能を有したものの、階級の利益のみを目的とし、ほかの社会階級には関心を払わなかった。このため、結果として、あたらしい政治のはじまりや活動は生じなかった［HC: 219］。

最後に、労働運動は労働環境における「不正義や偽善」［HC: 219］への抗議を源泉としてきた。階級の利益が満たされた時、すなわち「日給や週給が保証された年給」［HC: 219］に変わった時、これらの抗議の力は減速した。しかし、その先に待っていたのは労働のために余暇、また消費を繰り返すだけの大衆社会だった。アーレントにとり、革命の目的は自由の創設にある［OR: 25］。一九—二〇世紀初頭にかけて起こった労働運動による革命は、いずれも自由の創設は成しえなかった。その失敗の根底には、複数性、権力、活動の有無がある。

第三〇節「労働運動」は、こうした主張をいくつかの労働運動を例にしつつ説明している。上記した議論の「政治組織と労働組合の間の境界線は非常に曖昧」［HC: 215］という第二の指摘では主にソ連［HC: 216］、自由の創設に対する意志の減速という第三の主張では、例として東ヨーロッパ、イタリア、スペイン、フランス［HC: 218］、またハンガリー革命を挙げている［HC: 215, 217］。

キブツ運動における革命としての失敗——共同性と複数性

これらと対照的に、第一の共同性と複数性の相違という点は、特に例は挙げられていない。どの労働運動にも当てはまることだが、『人間の条件』以前に、アーレントが労働運動に言及したのは、確認できるかぎりでは初期論考での記述が初出である。これらを念頭に考えると、共同性と複数性の相違という主張は、キブツ批判からすでに着想を得ていたのではないか。

アーレントによるとキブツは「社会革命的なユダヤ人の民族運動」［JW: 351］になりえたはずだった。ここでの「革命」とは後年の彼女の言葉でいえば「あたらしいはじまりという意味で事態が変わり、暴力がまるでちがった形で統治をつくりだしてあたらしい政治体の形成をもたら」す［OR: 25］、政治的な活動を指す。同時に彼女は革命の目的を「自由（freedom）」に置き、それは複数の「人びとが集まることのできる場所」［OR: 21］に現れるとした。

キブツは、ユダヤ人が農業を行い、共同で自治生活をするという具体的な労働運動だった。それゆえにアーレントはユダヤ人の農業による「社会的正常化」、それに伴う私的財産のあり方の再考という点でキブツを評価した。また、バイナショナリズムでパレスチナ人との混住を考えていたことから、土地の耕作は当然パレスチナ人と協働して行われることだった、と想定できる。だとすれば、キブツの試みはユダヤ人の「正常化」とともに、パレスチナ人と協働してあらたな「世界の土台」をつくることになるはずだった。

このように、キブツ運動はユダヤ人によるあたらしい政治を実現した社会革命としてシオニズム運動全体をも牽引できたかもしれなかったが、その機を逸してしまった[JW: 350–351]、とアーレントは批判した。キブツが革命として失敗した原因は、アーレントの言葉を借りれば、キブツがユダヤ人によるパレスチナ人への「テロリズムをしっかりと食い止めようとはしてこなかった」ため、「シオニズム政治の中で自らの声を十分に聞かせることができなかった」[JW: 395]ためである。つまり、アーレントはキブツにおける活動の欠如が原因だと指摘したのだ。

以上から初期と『人間の条件』を比較すると、キブツが活動の主体にまで昇華されなかった原因は、農業と集団的生活における私有財産概念にあった、といえるだろう。アーレントはこの点を一九四八年までキブツの称賛に値する点として挙げていたのだが、『人間の条件』では異なる考えを提示している。『人間の条件』では、アーレントは私有財産を世界における「私的な自分の〈場所〉」とし、同時に活動という政治への参加条件とした。よって、アーレントにとって農業、特に土地の耕作は、世界の土台をつくると同時に自分だけの居場所をつくり、政治に参加するために重要な行為として捉えられている。

しかし、キブツの場合、耕作された土地は共同体全体のための共有地だった。そこに公的領域と私的領域を区切る境界線はなく、それゆえに世界における「私的な自分の居場所」もない。アーレントは土地の耕作について、政治参加という目的を持って個々人の居場所をつくる際に行使される場合にのみ評価を与えている。農業を通して土地を耕作して世界の土台としながら、そこに自分だけの拠点を持ち同時に世界（つまりこの場合は反ユダヤ主義に直面していたユダヤ人社会全体）に積極的に参加し、議論することが必要だったのだ。

当時のキブツはアーレントの目には、土地を耕すことに集中するのみで、ユダヤ人社会の将来に関する政治的議論に参加すること、また複数性の実現――パレスチナ人との共生に向けた公的領域の創設――を忌避しているように映った。アーレントからすれば、キブツは将来的にユダヤ人の革命となる可能性を秘めた重要な試みであったにもかかわらず、足元の労働にのみ執心した、といえるだろう(7)。

労働運動批判の背景――マルクス批判

このような考えの背景には、アーレントの階級闘争への批判的な姿勢、またマルクス思想に対する批判が存在する(8)。アーレントは労働運動のすべてを否定したわけではなかった［HC: 219］。アーレントが指摘した労働運動や階級闘争の問題は、自由の実現にあった。「労働の解放（emancipation of labor）、またそれに伴う労働者階級の抑圧と搾取からの解放は、たしかに非暴力への前進を意味はした。だがそれが自由（freedom）への前進でもあったか、と言われると疑わしい」［HC: 129］。アーレントにいわせれば、階級からの解放はあくまで「脱‐差別化（emancipation）」でしかなく、彼女がいう意味での、つまり複数者によって政治的にあたらしいことを打ち立てるという意味での「自由」の実現ではない。なによりも政治、すなわち活動の中心に労働を据え置くことはできないからである。

第四節　〈場所〉喪失者と現れ――難民と自殺

「私的所有」から「富の占有」へ――国民国家、あるいは社会的領域の勃興

〈場所〉の観点から『人間の条件』を捉え直すと、マルクス批判や近代批判を通して、所有の問題が重視されていることがわかる。さらにこの問題は、私的領域／公的領域の境界線が消滅した社会的領域、つまり国民国家への批判につながっていく。

> しかしながら、公的領域において重要なことは〔…〕家の周りの垣と市民たちのための庭である。社会による私生活への侵食、いわば「人間の社会化」（マルクス）は、土地収用（expropriation）という手段によって最も効果的に遂行されるが、これが唯一の方法ではない。ここで、ほかの方法として、社会主義や共産主義といった革命的な手段は、広く私的領域の、とりわけ私的所有の、緩慢かつ確実な「死滅」によってつつがなく取って替わられるのである [HC: 72]。

マルクスが論じた「社会」、またはアーレントのいう社会的領域の誕生は、土地収用＝脱私有化（expropriation）によって「最も効果的に」形成された。それは「私的所有の、緩慢かつ確実な『死滅』」を指す。私的領域が廃されることは、同時に、私的なものを囲い込むための境界線＝法もなくなることになる(9)。境界の消えた空間は「私的でも公的でもない」ところであり、「その政治的形態は国民国家に見出せる」[HC: 28]。

> 国家有機体説（有機体論的ナショナリズム）、特に中央ヨーロッパのものは民族と民族同士、家族と家族同士の関係を同一視している。社会は家族の代わりとなり、「血と土」〔というプロパガンダ〕は成員同士の関係を支配するものと考えられていた。実際、住民の均質性と与えられた領土の土地（soil）において根を持つことはどこの国民国家でも必須のこととなった。国民国家の発展は間違いなく過酷さと不幸さを鎮めたが、土地収用（expropriation）と世界疎外の過程にはほぼ影響しなかった〔ゆえに、土地収用と世界疎外の過程はそのまま進行した〕。というのは集団的所有とは、厳密にいえば、用語上矛盾しているからである [HC: 256]。

有機体論的ナショナリズムとは、アーレントが『起原』で批判した、主権的国民国家を形成するナショナリズムを指す。ナショナリズムは基本的に、一定の領土内に居住する単一の民族を「国民」とする。とりわけ、人種的ナショナリズムを中心とした全体主義国家では、こうした均質的な民族全体が私的なもの、つまりは「家族」を、国家が策定する国境内の領土が「家」の代わりを担うようになった［HC: 256］。民族＝国民は「家族」であり、一定の領土は「富」として占有され、より大きくかつ広大な富、すなわち、土地と労働力を求めて植民地支配が起こることになる［HC: 254–255］。

「身体」という最低限の私的所有

主権的国民国家の誕生と発展は、所有の主体が単一の民族に代わり、社会が勃興し、所有のあり方が「富の占有」へと変容していった過程そのものだった。自分のものとしての〈場所〉を所有できなくなり、最終的に個人に許された最低限の私的所有は、個々人の肉体という意味での身体のみとなった、とアーレントは指摘する。

> 近代において私的所有はその世界的な性質を失い、人自身、つまり個人がただ人生とともに失うもの〔つまり命〕の中に位置づけられてしまった。歴史的にみて、人の身体における労働力こそが私的所有の起源である、というロックの仮説は疑わしくはある。だが、われわれはすでに、信頼できる唯一の私的所有が自身の能力と労働力であるような条件のもと生きている。この事実からみて、おそらく本当にそうなってきているのだろう。〔…〕ここで最も脅威であるのは、富の私的所有権（private ownership）の廃止ではなく、触知可能なもの（tangible）、世界的な自分自身の居場所という意味での私的所有（private property）の廃止なのだ［HC: 70］。

近代において身体のみが個人の唯一の資産となった。土地や建物などの不動産といった、「触知可能なもの、世界的な自分自身の居場所という意味での私的所有」は不可能になった[10]。個人によって所有可能なものは身体のみとなり、身体によって生み出される労働力が社会の富の源泉、すなわち資本となった［HC: 111］。

国民国家の社会では、身体を通じた労働力が資本として重視される。つまり人びとはその資本を支えるための存在となる。同時に、身体のみが個人の所有とされた状況では、身体に直接備わる力、つまり暴力を通じるほか、あたらしいことをはじめ、活動することができない。また、自らの身体を〈場所〉として現れるほか選択肢がないのである。

難民の自殺――暴力を通した〈場所〉喪失者の現れ

『起原』でアーレントは全体主義体制を徹底して「自由を否定」した最初の現象だ、とした［OT: 230］。そうした状況において、人が唯一自由に近いものを表現できるとしたら、「自殺」という行為のみだ、という［OT: 230］(11)。全体主義体制下では、人は自殺を通してのみ現れることになる。しかし、この現れは他者と言論を交わすものとは異なり、死による完全な「沈黙」の形をとる。近代、とりわけ全体主義社会においては、自殺ないし死は、個々人の身体を〈場所〉とした現れとなるのである。こうした『起原』の自殺をめぐる議論も、難民の生のあり方が念頭に想定されている。

> 人権の根本的剝奪はまずなによりも、意見を明らかにし、活動を効果のあるものにするための世界における居場所（place）を剝奪することに証明されている。〔…〕彼ら彼女らは、自由のための権利だけでなく、活動のための権利をも奪われている。好むと好まないにかかわらず、考えるための権利、また意見するための権利をも奪われているのだ［OT: 388］。

個々人が所有する「私的なもの」、それは土地や家、部屋などの不動産という意味での〈場所〉である。この私的所有、または私的領域がなければ、人は政治に参加し、諸権利を保障されることもできない。それは意見や自分らしさを奪われたことに等しい。

無権利者が経験した第一の喪失は自らの家郷（home）の喪失であり、これは彼ら彼女らが生まれ、また自らのために世界の中で区別された居場所（a distinct place in the world）を打ち立ててきた、社会構造をすべて喪失することを意味した。〔…〕ただし歴史上、前代未聞だったことは家郷の喪失ではなく、あらたな家郷をみつけられないことである［OT: 384］。

難民は「世界の中で区別された居場所（a distinct place in the world）」を喪失している。『起原』では私的所有について深く言及されていないが、こうした意味で、難民、無国籍者（displaced persons）とは、あらゆる次元において〈場所〉を喪失した（placeless）者たちなのである。〈場所喪失〉者にとって、自らの意見や存在を表すには身体を通した暴力、つまり自死か犯罪かしか方法がなかった。

一九四三年発表の「われら難民」において、アーレントは亡命先でのユダヤ難民の自殺に言及している。自殺とは「命を捨て去り、世界から去る自由（free）」とされる［JW: 268］。本来、難民の状況は政治的で「公的」な問題であるはずが、難民当事者たちは「まったく個人的なものと信じこんで」いる。それゆえに当事者の一部は「暴力的な解決」、すなわち自らの命を断つという自分自身への暴力をもって状況を解決しようとしている［JW: 268］(12)。

この身体を基点とした暴力を、自殺ではなく、別の方向に向けて現れるために利用するのがユダヤ軍だった。ユダヤ軍創設論は、暴力でナチスに抵抗し、国際社会に向けて自らを現す活動であり、はじまりの暴力だった(13)。それは差別のある世界から逃避するのではなく、闘うことでもあった。ユダヤ軍の組織化とは、〈場所〉を喪失し、権力を奪われ、自らを現すことのできない難民たちが、逃避せず、その場に現れてあたらしい〈場所〉を打ち立てようとすることだったのである。このように、『人間の条件』の私的所有論は、変遷しつつも初期、また『起原』の難民に関する記述と連続性を持っている。

「われら難民」、『起原』、また『人間の条件』の私的所有論をあわせて考える時、ユダヤ難民は「あらたな家郷をみつけられない」人びとだった。アーレントのシオニズム－バイナショナリズム論を考える際、この点は重く響くものがある。もといたところに戻ることができず、あたらしい居場所もみつけられない〈場所喪失〉者は、主権的国民国家による共生の否定によって生まれた人びとである。〈場所喪失〉者はあらたな〈場所〉を持つことができるのか。それは「選ばざる共生」を基盤とする政治のはじまりにかかっている。

『人間の条件』でアーレントが示唆するのは、近代以降において人びとがいかに世界を取り戻し、自由を回復するか、という方途である。それには、まず私的所有、私的領域が必要とされる。私的領域を持つことは、同時に身体にまつわる労働や暴力から解放された状態で公的領域にアクセスすることにつながる。所有のための境界線を持つことが、公的領域と私的領域を分け、そのあいだを生み出し、政治参加を可能とする。

難民問題の文脈において、この議論を逆に捉えると、難民や移民、先住者などすべての人びとが等しく公的領域に現れるために、あらゆる人に具体的な〈場所〉、つまり私的所有を認め、保障しなければならない。さらには、人びとは単に共同にある（together）、また共存する（coexist）のではなく、複数の人びとで共生する、すなわち協働する（act in concert）べきなのだ［HC: 36-37］。

第二部ではここまで、『人間の条件』を通して境界線としての法に注目してきた。中期アーレント思想において重視されるこの境界線＝法は、自然・人為、また公的領域・私的領域を区切り、人びとの政治的な生（bios）を保護するものとされている。境界線によって空間が区切られることで、政治的な〈場所〉が生まれる（第四章）。その中でさらに、私的所有をめぐって境界線を設けることで公的領域・私的領域が区切られる。私的所有に基づいて私的領域が区切られ、保護されることで、同時に、そうでない〈場所〉、すなわち単一者に占有されない、人びとが自由に集まることのできる公的な〈場所〉が生まれる。「私的な自分の〈場所〉」を持つことは、政治的生の基盤を持つことにつながる（第五章）。この〈場所〉と、複数者と出会うための〈場所〉とを往還することが、アーレントが示した政治のあり方だった。同時に、政治的なことをはじめる活動と、その内容を書かれた形で残す製作、〈場所〉をめぐって両者の活動力がそれぞれ重要な局面を持つことがわかった。

また、こうした『人間の条件』における〈場所〉論の体系化を通して、本書は初期から中期までの間に共生概念が変化していることを指摘した。初期には「諸民族との共生」とされていたが、中期以降は「共生」とだけ記される。そのかわりに、中期の「共生」は、ある〈場所〉において、ともに住み集う他者は誰しも互いを「選ぶことができない」ことが条件として示されていた。共生概念は普遍化されるとともに、限定づけられたものとなっていく。

中期の〈場所〉論における前提として、二つのことが挙げられる。第一に、ナチスによる全体主義運動、人種的ナショナリズムである。第一部第三章で示したように、ナチスの全体主義やそれを下支えした人種的ナショナリズムは、地理的、言語的といったあらゆる境界線を突破してしまう、反政治的な運動だった。

第二に、国家を法的体制とした際、いかなる制度を採用するのか、という点がアーレントの関心の中心にあった。西欧的ナショナリズムのような地理的、言語的境界線を有した場合であっても、主権制度を採用するかぎり、単一の民族によって法が恣意的に解釈され、国家そのものが「占有」されてしまう。その結果、私的領域、公的領域という双方の〈場所〉を喪失した難民が大量に出現した。主権制度に対抗し、アーレントは連邦制度の有効性を主張するようになる。

こうした、今後も生まれるだろう〈場所〉喪失者による、あらたな〈場所〉の再獲得を念頭に、境界線＝法を政治的なものとして捉えなおしたテクストが『人間の条件』だった。このあたらしい境界は、時間的な境界、すなわち革命というあたらしい政治のはじまりによって打ち立てられる。第三部では、こうした〈場所〉論をもとに『革命』を読解する。

註

（1）ドイツ語版の邦訳『活動的生』において、訳者の森一郎はこの「土地収用（expropriation）」と「占有（appropriation）」について、訳註で次のように説明している。「HC」（英語版『人間の条件』を指す）の第一五節のタイトルは、The Privacy of Property and Wealth つまり「財産と富の私的性格」であったが、ドイツ語版では Die Abschaffung des “toten” Eigentums zugunsten der “lebendigen” Aneignung となっており、英語・ドイツ語両版でかなりの違いがみられる。第八節で導入された「財産」と「占有物または富」の区別立ての続行であり、ここで「財産 Eigentums」と対比されているのは、「わがものとして手に入れること・我有化 Aneignung」である。英語では appropriation に相当。その対をなす Enteignung, expropriation は、「固有 eigen, proper」なものの剥奪といったほどの意味であり、本訳書では文脈に応じて、「財産没収」「土地収用」「脱固有化」といった訳語をあてた。宗教改革の副産物であった教会領没収とそれに伴う無産階級発生という資本主義成立史上の出来事を表す場合、「出来事 Ereignis」との語呂にも留意して、「脱固有化の出来事」と訳すこともある。重要なのは、「我有化」と「脱固有化」とは相容れないのではなく、むしろ一体だという点である。財産が「脱固有化」され、富ひいては資本として増殖したのち、再分配されることが「我有化」なのである（ハイデガーにおける Ereignis と Enteignis の共属性を想起するのもよいだろう）」［アーレント 2015: 511］。

（2）代表的なものにマルティン・ブーバーが参加したイフード・キブツ（Ihud Kibbutz）がある。

（3）また、同年の別のエッセイにおいても、難民化し行き場を失ったユダヤ人の若者たちがパレスチナに渡り、キブツで農業の職業訓練を受けることは、彼らの尊厳を回復し、同時に「その土地を再建する（rebuild the country）だろう」［JW: 37］と記述している。

（4）シュテルンは通称「レヒ（Lehi）」と呼ばれる、イルグンにいたアブラハム・シュテルンを中心として組織された地下軍事組織を指す。なお本書では「レウミ」とも表記している。レヒはイギリスから「シュテルン・ギャング、シュテルン・グループ」とも呼ばれていた［森 2008］。

（5）実際、キブツの中にはパレスチナ人を低賃金で雇用していたものもあった。パレスチナ人との共存を主張して創設されたものの、イフード・キブツの内実はパレスチナ人に対する偏見と差別が非常に強く、なかにはハガナ（ユダヤ人によるキブツ自警団）に参加する住民もいたとされる。また、キブツ内はジェンダーによる差別も多くあったとされる［大岩川 1983：タイガー・シェファー 1981］。

（6）キブツは私的所有の欠如という点で革命として失敗だった、とするアーレントの評価は、一九六〇年代後半のマッカーシーとの書簡（一九六九年一〇月一七日付）にも確認できる［COR A=M: 440-441］。

（7）私的所有、私的領域に関する近似した指摘として、建築家の山本理顕による『権力の空間／空間の権力——個人と国家の

〈あいだ〉を設計せよ』が挙げられる。ここではアーレントの私的領域の議論に着目し、産業革命期にできたイギリスの労働者住宅の均質的で狭い間取りが批判されている［山本 2015］。

（8）佐藤和夫はこうしたアーレントの「私的なもの」を重視する姿勢はシモーヌ・ヴェイユの影響によるものだと論じている［佐藤 2017 : 76-96］。ヴェイユは労働者の「余暇」の必要性を指摘したという点で「私的な時間の所有」を論じ、これに対してアーレントは「私的な場所の所有」を論じたといえるだろう。また、アーレントのマルクス解釈については百木漠『アーレントのマルクス――労働と全体主義』が詳しい［百木 2018］。

（9）第二部第四章を参照のこと。

（10）アーレントは〈場所〉を論じる際、「触知可能」、つまり実体的かつ具体的な場所を念頭に置いている。私的領域が土地や家、部屋などの具体的な不動産として論じられるのと同様に、『革命』ではタウンホールのような公的領域も「触知可能」な〈場所〉として考えられている。詳しくは第三部第六章を参照。

（11）ドイツ語版の『起原』の同じ箇所では自殺についてより詳しく言及されている。「しかしそれ［全体主義体制下で沈黙したまま抑圧に耐えること］は一切の政治的尺度の外で行われるのであり、われわれの言う意味ではもはや人間の自由の実現ではない。それは政治的には、明らかにこの世界からなくしてしまうことのできない唯一の自由の可能性すなわち自殺に似ている。そして自殺とはつまり、この世界の中での行為が不可能だということの容認なのである」［アーレント 2017 : 230］。

（12）ケーシーは『場所の運命』において、「生きられた身体」を通して主体が個々人の「場所」を獲得するようになる、というメルロ＝ポンティの議論を紹介しつつ、アーレントの公的領域についての議論との共通性を指摘している［ケーシー 2008 : 318］。

たしかに本論でみてきたように、アーレント思想においても場所をめぐって「身体」は重要なポイントとなっている。しかし、同時に『人間の条件』でアーレントは「身体」を自然的生（zoē）、つまり肉体的な意味で捉え、生命過程にしたがう、必然的で画一的なものとして位置づけ、公的領域には相応しくないとみていた［山本 2020 : 143-145］。本章で取り上げた議論も、政治的空間の外部にいる難民（剝き出しの生）が主体となる場合という、イレギュラーな事例である。アーレントにおいて本来、主体となりえるのは、身体ではなく、あくまで言論活動を行う政治的な存在である。この点でジュディス・バトラーによる近年のアーレント解釈が、いかに独自的なものであるかがみて取れるだろう。例えば、本書序章で取り上げたバトラーの議論は、言論や活動による複数性ではなく、まさに身体の複数性こそ政治的な場所となると捉え、アーレント思想を発展的に解釈したものだった。ただし、ここではケーシーもまた身体とアーレントの公的領域の議論を繋ぐ議論をしており、主流ではないとしてもバトラーのようなアーレント読解がほかでも論じられていることを付言しておく。

（13）　第一部第一章参照。

第三部　『革命について』と〈場所〉への倫理、そしてアイヒマン裁判へ

第二部では『人間の条件』を通して地理的、空間的な〈場所〉の議論をみてきた。そのうえで、自然／人為を区切るものとしての、また私的所有を守る境界線としての法に注目した。

第三部では、政治的領域、すなわち政治的な〈場所〉の創設に注目する。具体的には、第六章、第七章において、『革命』の基本的概念、また連邦・評議会制の構造を辿りつつ、初期バイナショナリズム論の思想的な再解釈を試みる。ここからバイナショナリズムを再考した際、いかなる可能性と限界があるのかを明示する。また、『革命』と同時期に刊行されたテクストである『アイヒマン』を手がかりに、アーレントの全体主義、またシオニズムに関する記述の変遷を辿る（第八章）。三つの章を通して、第三部では初期、また中期から後期（一九六〇年代）に至るまでの思想的な変遷をみつつ、初期思想の意義を示す。

第六章　革命と〈場所〉の創設を貫く倫理

――主体としての「市民」の誕生

バイナショナリズムにおける主権批判、連邦国家の創設、評議会制といった論点は、一九六三年刊行の『革命』での議論を思い起こさせるのに十分だろう。アメリカ革命に注目し、近代革命の政治思想を振り返る『革命』とバイナショナリズムの関連性は、多くの先行研究が認めているところではある［Bernstein 1996 など］。本章、つづく第七章では、『革命』の萌芽となる議論が初期のシオニズム－バイナショナリズム論にあることに注目し、諸概念の思想的な変遷を明らかとしつつ、バイナショナリズムを再評価することを狙いとする。

第一節　先住者と入植者における〈場所〉の倫理

『革命』とバイナショナリズムの思想的関連性を詳細に分析した研究として、シュミュエル・リーダマン［Lederman 2019］が挙げられる。リーダマンは、アーレントをラディカル・デモクラシーの支持者とし、参加民主主義の論客の一人として位置づけた［Lederman 2019: 23］。その根拠として、一九四〇年代のユダヤ・シオニズム論考を挙げ、とりわけ「評議会制」に関するアイデアは一九四〇年代の時点で存在したことを示した。またアーレントはユダヤ－アラブ問題の解決において、市民の直接参加型評議会制が不可欠な条件だと考えていた、と指摘している［Lederman 2019: 18–19, 23–26］。

こうしたリーダマンの議論は、アーレント研究、とりわけ民主主義論において、大きなインパクトを与えている。だが、リーダマンの研究の主軸はあくまで「アーレントが参加型民主主義の論者である」ことを証明する点に置かれており、バイナショナリズムの具体的な様相には触れられていない。この点について、彼自身、初期の議論全体と『革命』における評議会の議論との連続性や関係性はまだ精査されていない、と示唆してもいる [Lederman 2019: 131]。したがって、一九四〇年代のテクスト群と『革命』における評議会・連邦制論の精緻な比較作業は手つかずのままと言っていい。

実際、バトラーやラズ＝クラコッツキンも、アーレントのバイナショナリズムを思想的、政治的意義のある提案として評価したものの、その具体的な様相については言及しなかった [Butler 2013; Raz-Krakotzkin 2001, 2011]。ギル・ルービンの論文は、アーレントの評議会・連邦制論が一九四〇年代に論じられていたことを指摘した先駆的な研究である。だが、彼の議論はアーレントが連邦に関心を示すに至った思想的背景――オットー・バウアー (Otto Bauer, 1881–1938)、カール・レンナー (Karl Renner, 1870–1950) による影響――を明らかにするに止まり、アーレント自身の連邦制構想がどのようなものだったか、というミクロな視点の分析は行っていない [Rubin 2015]。

さらに、先行研究の議論は『革命』や『人間の条件』を分析するうえで、アーレント思想を「熟議民主主義 (deliberative democracy)」[例えば Habermas 1994; Benhabib 1996] か、あるいは「闘議民主主義 (agonistic democracy)」[例えば Honig 1991] か、どちらとして読解するか、明らかにすることに専心してきた。アーレントは一方では『人間の条件』で古代ギリシアのアゴラにおける闘議、すなわちアゴニズムを重視している。他方、次著である『革命』は古代ローマを例に「レス・プブリカ (res publica)」、つまり市民の同意や合意による連合体や政治的統治制度を重視するという、熟議民主主義に近接した議論を展開している。この両者の態度をいかに捉えるかは厄介な問題である。

この点に関して、例えばリーダマン、金彗や山本圭は、評議会・連邦制ないし市民の直接参加という観点からアーレントを理解することで、「参加型民主主義 (participative democracy)」として位置づけている [Lederman 2019; 金

2020: 241–248; 山本 2021］。特に、リーダマンが指摘するように、『革命』で重視されるのは、本来一時的にしか機能しない「現れの空間」を共同体において定着させ、また制度化させることだった。そのために、アーレントは古代ローマの「レス・プブリカ」という「創設」を参照したのである。

だが、創設の前提には「現れの空間」、すなわち人びとが出会いお互いの意見を交わす個人主義的かつアゴニスティックな空間が想定されており、アーレントはこの例を古代ギリシアのアゴラにみいだしていた［Lederman 2019: 56–60］。熟議民主主義者か闘議民主主義者かというよりもむしろ、アーレントが目指していたのは複数の市民がいかに直接的に政治に参加するかという点だった。

また『革命』に関する研究は、大別して革命を権力論や国家創設行為の観点から議論するもの［Honig 1991; 梅木 2002など］と憲法作成行為の観点から議論するもの［森 2019など］の二手に分かれている。アーレントはアメリカ革命を「独立宣言と合衆国憲法」［OR: 185］、つまり国家創設行為と憲法作成行為の双方から検討している。『革命』を検討するには、この二つの観点をともに視野におさめる必要がある。実際、一九四〇年代のアーレントの議論においても、アーレントはユダヤ軍創設論やバイナショナリズムを国家創設という「活動」として議論し、境界線＝法、また物語化という「製作」の行為と区別していた[1]。

『革命』を対象にしたものをふくめ、アーレント研究の多くは革命や活動といった「物語」という「時間」の観点から論じる傾向にあった。しかし『革命』は、時間のみに着目した分析によっては捉えきれない。なぜなら、『革命』はアーレントの著作の中でも特に具体的な「場所」という意味での「空間」が重視されているテクストだからである。「イデオロギーとテロル」（一九五八年）や『人間の条件』（同年）では、「都市国家」「公的領域／私的領域」といった空間にまつわる抽象的な表現や概念が登場する。これらの概念に基づきながら『革命』では、主にアメリカとフランス、ほかにもソ連やハンガリーといった政治体を比較し、最終的に「郡区制」「タウンホールミーティング」といった、「空間的に限定づけられた（spatially limited）」「触知可能な（tangible）」［OR: 267］、より具体的な場所について論じている。もちろんこの場所としての空間もまた時間、つまり物語の議論と重要な関連性を持つが、『革命』は人びとが集まり、何かをはじめる政治的〈場所〉自体を議論するテクストである。

くわえて、リーダマンをのぞき、どの研究もシオニズム‐バイナショナリズム論について、一言程度の言及か、あるいはまったく言及しないかにとどまっている。『革命』とシオニズム‐バイナショナリズム論を同時に論じることは、先に提示した〈場所〉という問題に深く関わる。というのもシオニズム‐バイナショナリズム論こそ、アーレントが積極的かつ詳細に論じた〈場所〉の問題の事例だからである。シオニズム‐バイナショナリズム論は、〈場所〉を喪失した難民の、定住先を求めて入植／移住する際の「正当性」、さらにそこで先住者と連邦制国家をいかに創設するかという「正統性」の問題でもある。

この点はリーダマンの研究を評価するうえでも重要だろう。リーダマンはアーレント思想を初期テクストに注目して読み解くことで、アーレントの民主主義論を一貫したものとして捉えることに成功した。だが、バイナショナリズムを自説に好都合な例として扱うあまり、パレスチナ人という他者への政治的な倫理の問題を看過してはいないだろうか。その問題とは、当時の先住していたパレスチナ人たちは、はたしてユダヤ人の入植／移住を快く、直ちに受け入れることができただろうか、という問いである。

『革命について』の再読――〈場所〉とその倫理をめぐって

『革命』の連邦・評議会制、郡区制について、特定の紛争問題という具体的ケースを導入して同時的に議論することは、『革命』を現実政治に即した形で読解するうえでも重要だろう。ただし、それを行ううえで、バイナショナリズムの持つ問題ぶくみの側面にも目を向けなくてはならない。

そこで本章と次章では、『革命』とバイナショナリズムを〈場所〉という観点から比較検討する。方法としては『革命』と一九四〇年代のユダヤ‐シオニズム論考、両テクストを往還しつつ、両者の執筆・歴史的背景を押さえながら、アーレントのバイナショナリズム論をより発展的に解釈し、批判する。そうすることでアーレントの〈場所〉論の詳細や思想的な変化、可能性を描き出していく。

第二節　革命、権威、正統性――『革命について』と初期シオニズム論の比較

アーレントにとって、シオニズム‐バイナショナリズムはユダヤ人にとっての「革命（revolution）」になるはずであった。ここではまず、『革命』における諸概念を一九四〇年代のシオニズム‐バイナショナリズム論の事例に当てはめる形で、アーレントの革命論の枠組を確認していく。

革　命

アーレントは権力によって政治的に「あたらしいことをはじめる」、またはあたらしい統治形態を打ち立てるという高度に政治的な「活動」を「革命」とする。とりわけアメリカ革命をその具体例とし、アメリカの政治体を「独立宣言と合衆国憲法の二つの文書」から理解しようとした［OR: 185］。アーレントは一九六三年には革命の「はじまり（beginning）」を独立宣言すなわち「創設行為（foundation）」、「終わり（目的、end）」を「法の作成」と定義している。

　この定義に初期論考の内容を当てはめると、革命は三つの段階を持つ。すなわち、第一段階の創設行為としてユダヤ人の革命、第二段階の創設行為としてパレスチナ人との共同の革命、第三段階の法の作成として連邦国家の樹立である。具体的に、第一の創設行為とはユダヤ軍創設を介したシオニズムによるユダヤ人の民族としての主体化、第二の創設行為とはバイナショナリズムを指す。これら二つの創設行為における最終的な終わり＝目的とは、「諸民族の共生」だった。

また、アーレントは初期論考や『起原』において、国家を「法的体制」と説明していた。そのため、最終的に連邦制という他者との共生に基づく制度を国家の法として採用することが、シオニズム－バイナショナリズムという革命の最終段階に位置づけられる。

権力／暴力と権威、その正統性

こうした革命の諸段階をもとにシオニズム－バイナショナリズム論における権力（power）／暴力（violence）と権威（authority）、その正統性（legitimacy）／正当化（justifying）の論点を整理すると、次のようになる。アーレントにとって権力とは、人びとが集まって言論を交わし、あたらしいことをはじめる政治的かつ非－暴力的なダイナミズムのことを指す。これに対して、暴力とは抑圧や搾取、実力行使を指す［CR: 145, 150–151］。一方で政治の領域に「権力」を維持するには、「安定的で世俗的な世界の建造物」が必要とされる。権力を維持できるシステム（統治形態）をみいだし、それを目指していれば、「人びとはすでに、活動の結合した権力を住まわせるための、安定的で世俗的な世界の建造物を構成する（constituting）という、創設のプロセスの中にある」［OR: 166］。

さらに、『革命』では、こうした人民（people）の権力による活動、創設行為こそ「権威」である、とされる［OR: 148］。しかしフランス革命、アメリカ革命はともに国家創設において、最終的に「絶対者」としての「神」に依拠してその正統性を確保した［OR: 183］。この場合、主権国家における主権者は神によって国家創設を正当化された存在として定義される。アーレントはこの点においてはアメリカ革命も批判を免れない、とした。なぜならアーレントが論じたのはいかなる正当化も必要としない正統性［Honig 1991: 98, 101］であり、それは政治の完全なる世俗化によってしか達成されないからである。

また、アーレントにとって「主権（sovereignty）」とは、複数的な人民を理想的な主権者という単一の像へと同一化することであり、それは単一の物語の「作者」（つまり製作者）［HC: 184］として振る舞うことを意味する。この点でアーレントは主権を暴力的な体制とみなしており、それゆえに主権国家の創設はその暴力性を正当化する必要がある[2]。これに対し、活動は非‐暴力的な営為のため、正当化する必要はなく、複数性を保って権力が現れるかぎり正統性を持つ、とされる。ホーニッグは、デリダによるアメリカ独立宣言の分析と比較しつつ、こうしたアーレントの「国家創設」論を「事実確認的なもの（constative）」と「行為遂行的なもの（performative）」、この二つが同時に起こる出来事として分析した［Honig 1991: 107-111］。

同様に世俗的な権威は、シオニズム‐バイナショナリズムの場合においても重要な論点である。アーレントがポスト同化主義的シオニズムから影響を受けていたことはすでに確認した[3]。それが最もよく現れているのがこの「権威」の概念である。ハアム、ブーバー、ショーレムなど文化シオニストの多くは、ユダヤ教への帰依や精神的回帰によって自らの「ユダヤ性」を立ち上げようとしてきた。こうした同時代のドイツ・シオニストによる試みに対して、アーレントは、中央・東ヨーロッパ各地のゲットーで闘うユダヤ人をあたらしいユダヤ人の現れとしたように、差別と自ら闘う存在に「ユダヤ性」をみいだした[4]。ユダヤ教に依拠しない、かつ同化でもない、世俗化した政治の実現を一九四〇年代の時点で目指していたと考えられる。

さらに、パレスチナでの連邦制国家の目的とその正統性では、あくまでパレスチナ人との共生、ひいては「諸民族の共生」が据えられていた。アーレントはバイナショナル国家創設の理由ないし目的に複数者の「共生」を据えることで、その正統性、国家の正当化が確保されると考えたのである。ゆえに、パレスチナ人との共同の独立宣言という活動、または創始が権威として据えられ、重要な機能を果たすこととなる。

第三節　シオニズム‐バイナショナリズムと創設行為

こうした背景をもとに、次はシオニズム‐バイナショナリズムにおける革命の諸段階に沿ってアーレントの権力

／暴力の概念を改めて整理してみたい。

創設行為（1）　ユダヤ人の革命としてのシオニズム

ユダヤ軍の創設におけるアーレントの狙いは、難民が武装し、収容所から同胞を解放することで、自然的生（zoē）が自ら実力行使により政治的生（bios）として現れることだった。市民権もない〈場所喪失〉者たちは、政治の外部へと追いやられた自然的な存在である。そうした〈場所喪失〉者が暴力によって主体化することで、世界大戦という国際政治の舞台に文字どおり「現れ」ようとしたのである。

アーレントにとっては、この暴力的、強制的な現れの空間は、各地のゲットーという〈場所〉に、蜂起という形を通して暴発的に発生したものと捉えられていた。アーレントは、蜂起での戦闘を通して、ユダヤ人を複数的な存在として論じた。複数のユダヤ人が自ら行為することを通して、他者によって規定される単一的な「ユダヤ人」のイメージを覆し、ユダヤ民族としての意識を行為遂行的に立ち上げていくことを論じたのである。この場合、ユダヤ人たちによって行使されるのは、紛れもない「暴力」であるが、自己防衛として「正当化」されることになる［CR: 151］。

しかしながら、ユダヤ人が軍を組織して民族的に主体化したとしても、依然として彼ら彼女らは難民であり、〈場所〉（法的に区切られ、居住権が保障されたという意味での〈場所〉）を喪失した状態のままである。そこで次に想定されたのが、第二段階の創設行為であるバイナショナリズムである。

創設行為（2）　パレスチナ人との共同の革命としてのバイナショナリズム

パレスチナの土地において、ユダヤ人とパレスチナ人による共同の独立宣言を通し、複数の民族が共生する共同体を組織する、というバイナショナリズムは、アーレントのシオニズムに不可欠な段階である。ユダヤ軍によるユダヤ民族の主体化は、複数的なユダヤ人が現れる、という点で「活動」である。

他方で、ユダヤ軍創設は自己防衛のため、一回的なものといっても、その内実は「強制力（force）」すなわち「暴力」に依拠している。アーレントにとって重要であるのは、この共同体や主体が現れる瞬間の暴力をいかに権力へと繋いでいくのか、という点だった。アーレントは個人にせよ共同体にせよ、権力を生む主体が潜在的に暴力性をはらむ存在であることを認めている。だからこそ、権力あるいは権力という権威が常に他者によって牽制され、是正される必要がある。その際に機能するのが、複数の市民による評議会だった［Lederman 2019: 18–19］。

したがって、パレスチナ人という他者とともに独立宣言を行うことは、ユダヤ人の革命にとってユダヤ軍の暴力が権力へと移行し、かつその権力が単一的な強制力へと転落しないために不可欠な段階なのである。理論的には、アーレントにとって、必ずしもパレスチナ人がパートナーである必要はなく、共同行為が可能であればほかの民族でもいい、ということになりかねない。これはユダヤ人問題を「ヨーロッパの少数民族」問題として扱う一九三〇年代以来の主張からも明らかである。アーレントにとって、ユダヤ人とはあくまで「ヨーロッパ諸民族」の一部であり、ヨーロッパとは古代のように地中海を中心とした地域なのである。(5) この意味において、パレスチナはヨーロッパの一部であり、バイナショナリズムでパレスチナ人をユダヤ人のパートナーとしたのは、あくまでパレスチナの地に住む人びとだからに過ぎない。

あわせて、バイナショナリズムにおいて注目すべきは、ユダヤ人とパレスチナ人との活動における「約束（promise）」だろう。一九四〇年代のテクストでアーレントは「合意（agreement, endorsement）」「同盟（alliance）」「連帯（solidarity）」というキーワードを繰り返している。例えば一九四五年の「近東における民族合意を達成する」には、次のようにある。

ユダヤ人政治における最重要の要求は――移住の問題が落ち着き、ユダヤ‐アラブの合意（Jewish-Arab agree-

> ment）が打ち立てられたら――ほかの民族とともに平等な諸権利を享受する、完全に公認された、ユダヤ人のいるパレスチナの国際的代表を持つことである［JW: 237］。

国際政治に参加するには、まずユダヤ民族とアラブ民族のあいだで「合意」が交わされねばならない。これら「合意」「同盟」のキーワードは注目に値する。なぜなら、これらは活動の一つである「約束」そのものだからである。活動の結果は、予測不可能でかつ元に戻すこともできない。この時、アーレントは活動に参加する人びとの間を取り持つ行為として「赦し」と「約束」を挙げた［HC: 236–247］。「約束」は『革命』において「法」として議論される。

法

『人間の条件』と同様に、『革命』でも「法」は空間を区切る境界であると同時に、空間を「結びつける」ものとしても定義されている［OR: 202］。

法はまず、創設行為の後に「製作」されるものとされる［OR: 85］。この場合の「創設行為」とは、国家創設という安定的でハードな一種の「容れ物」の創設（言い換えれば「製作」）に先立つ、評議会のように人びとが集まってきてソフトに議論を交わす意味での人民の組織化（言い換えれば「活動」）のことを指す。

同時に、初期論考から『起原』において、アーレントは国家（state）を「法的体制」［JW: 130; EU: 208; OT: 360］と説明している。この点から、法とは国家のことを指し、革命の終わり＝目的とは国家の創設である、と理解できる。アーレントにとっての最大の関心は国家がいかなる法的体制を採用するのか、もっといえば「主権制度」ではない法的体制の模索であり、その答えは「連邦制度」にあった。

『革命』でも、私的領域の所有は政治参加の前提とされ、そこから政治的領域に出かけ、権利義務を有する法的人格（ペルソナ）を持つ存在となる、とされる[OR: 98]。ペルソナのない人間はただの「自然人（zoē）」であり、フランス革命の失敗の原因は、貧困という社会問題、つまり「必要‐必然性（necessity）」の問題を中心化したゆえに真に政治的な活動を起こせなかった（「政治的生（bios）」になれなかった）ことにある、とされる[OR: 98]。したがって、本書第四章でも確認したとおり、法とは「自然」と「人為」それぞれの空間を分けるものとして機能することになる。

また『革命』では、法は「約束」ないし「結びつけるもの」として論じられる。古代ローマがそうであったように、法（lex）とは「結びつき」を意味し、対等な二者を繋ぐもの、「異なる、当然対立する二つの人民」の「あいだ」の「同盟（alliance）」であり「条約」すなわち「約束」[OR: 202]である。アーレントは、古代ローマは周辺地域を植民化し従属させていたのではなく、同盟を結んだパートナーとして扱っていた、とする。

そのため、ローマ的な創設は植民地の「拡大・拡張」ではなく、権力の「増大」になる[OR: 193]。この点は次章で詳しく論じるが、さしあたり「異なる、当然対立する二つの人民」に熟議的な意味での「合意」がなければ両者は平等でなくなってしまい、複数性は生み出せなくなることが示されている。よって、この古代ローマをモデルとする法概念においては、熟議による「合意」を通じた約束が重要になる[Lederman 2019: 30–31]。また、合意形成の「構造」として、連邦と評議会への参加が重視されることはいうまでもない。

法の作成・バイナショナルな国家創設

こうした『革命』における法の議論に当てはめると、パレスチナ人とのバイナショナル国家の創設、連邦制という法的システムの確立は、革命の最終段階に当たる。ユダヤ人とパレスチナ人、二つの民族の評議会制連邦国家をまず創設し、さらにそれを地中海、ヨーロッパへと広げることは、すなわち市民の複数性を広げていくことであり、人民の権力という権威の「増大」を意味するのだ。

アーレントは一九四〇年代後半、バイナショナリズムに絡めてイギリス・コモンウェルスの例を引き合いにしつつも、一方でパレスチナがその一部として吸収され「植民地化」されることに強い懸念を持っていた。この点を『革命』での法概念に照らし合わせると、次のように解釈できる。アーレントにとって、ヨーロッパにおける戦後の「あたらしい」政治制度は旧来の国民国家システムを基盤とする植民地主義的な「帝国」の枠組——支配と従属の構造——にとらわれるものではない。それは文字どおり「まったくあたらしい」ものでなくてはならない。だからこそ、パレスチナ人との「合意」は不可欠となる。平等で、差異を持つ二者が、「約束」によって連帯することによって、あたらしい政治の基盤となる複数性を「増大」させることができる。アーレントは一九四〇年代の時点でそうしたヴィジョンを持っていたのである。

したがって、アーレントにおける法とは規則的なものではなく、モンテスキューや古代ローマにならい「約束」として捉えられており、「個人、集団、民族間のあたらしい関係性」[Lederman 2019: 31]、つまり「あいだ」[矢野 2002]を生み出すものなのである。

この点からリーダマンは、アーレントにとって連邦制とは国際法に匹敵するような制度と結論している[Lederman 2019: 31]。実際、アーレントは初期テクストにおいて、バイナショナル国家の憲法についてはほとんど議論せず、法的体制として連邦制を採用すること、また地域ごとの民族の代表者によって構成される評議会の設置を強調している。注目すべきは、連邦化を通してユダヤ人への差別を「法的に罰することのできる」ことを重視している点だろう。一九四二年の記事「シオニズムの危機」では、連邦制度が反ユダヤ主義を防止する有効な制度になることを次のように説明している。

彼ら〔イギリスとパレスチナの土地をめぐり交渉するシオニストら〕はまた、今日、すべてのヨーロッパ・ユダヤ人に同一の政治的地位を要求するだろう。それは、ユダヤ民族(Jewish nationality)の承認をふくみ、同時に反ユダヤ主義を法のもとで社会に対する犯罪として処罰可能とするべきとするのだ［JW : 185］。

連邦評議会の一員としてユダヤ民族を位置づけることで差別を「犯罪」とすることは、リーダマンの指摘とあわせて解釈すれば、連邦化を通して国際的に反ユダヤ主義を取り締まることを意味する。アーレントのシオニズムの特徴の一つは、ヘルツルやベン＝グリオン、ワイズマンらシオニスト左派、また右派の「永遠の反ユダヤ主義」の言説を批判した点だった。アーレントは、バイナショナリズムないし連邦化に、ヨーロッパの反ユダヤ主義を根絶する希望をもみいだしていたのである。

第四節　権力を人民へ――初期から後期への「市民」概念の変遷

一方で、『革命』とユダヤ・シオニズム論考では決定的な相違点がある。それは「民族（nation）」と「人民（people）」の位置づけである。

「民族（nation）」と「人民（people）」

『人間の条件』に引きつづき、『革命』では「民族＝国民（nation）」は主権的国民国家を形成する要素として捉えられている。

権力の政府への委譲とその支配への合意を要求する社会契約は、一言でいえば、絶対的支配者の地位の原理と国民の原理（national principle）をふくむのは同様に明らかなことである。絶対的支配者の地位の原理とはつまり、「彼らすべてを威圧する」（ホッブス）権力の絶対的な独占を意味する（それはついでにいえば、神のみが全能であるため、神の力のイメージと結びつけられやすい）。国民の原理によれば、全体としての民族には一つの代表（one

> representative of the nation as a whole）が存在せねばならず、政府は全国民の意志（the will of all nationals）を合体したものと理解されている［OR: 162-163］。

このように、『革命』においては「国民＝民族（nation）」は「あらゆる権威を超越しすべての法を免れている」「絶対者」［OR: 157］として定義されている。対照的に、アーレントがポジティブな意味で用いるようになるのが「人民（people）」である。「人民」は権力を生み出し、政治的な潜勢力を持つ存在、また活動の後に「市民（citizen）」となる存在として記述されている。

一九四〇年代の「国民＝民族（nation）」と「ただの民族（people）」

これに対し、初期論考においては、すでに第一部第三章で確認した点だが、「ただの民族（people）」は解放（liberation）の主体、また「国民＝民族（nation）」こそ自由（freedom）と活動の主体として論じられていた。例えば、一九四二年の記事「より小さな悪に抵抗しなければ」ではユダヤ軍の創設に関して以下のように記している。

> また、間接的な影響はさらに深刻でさえある。我々がこの戦争において積極的に闘うのは、ユダヤ民族の民族的解放（the national liberation of the Jewish people）という目的のためだが、ユダヤ軍なしには、戦争への積極的な参加がなければ、この目的は失われる［JW: 166］。

ユダヤ軍は、「ユダヤ民族の国民的解放」を「目的」とするものとして定義されている。この時、まだユダヤ人は「ただの民族集団（people）」であり、今後ユダヤ軍を通して「国民的な解放」さらには自由を獲得する存在として想定されている。同年の記事「悪魔の詭弁」の末尾にも、「民族（nation）」を同様のニュアンスのもと、論じている箇所がみられる。

また、不正義の概念は、本当に残念な、さまざまな理由のために、ユダヤ人の属性とされて、ユダヤ人はそれを体現しているとされている。平等と正義のために闘わねばならない者は、変なものおじを捨て、ユダヤ民族の名（the name of the Jewish people）を人前で堂々と語る以外にない。民族的自由（national freedom）を正当に要求する際、相応の正義を獲得し、対等かつ重要な連合国の一員として平等を確保するために、それが必要である［JW: 157］。

ユダヤ軍の組織化と連合軍への合流はユダヤ人の「国民的自由を正当に要求する」、すなわち民族解放運動として「正当化」されるに値する。一九四〇年代の時点で、アーレントにすればユダヤ人は解放前の「民族（people）」の状態に止まっており、政治的主体としては公的に認められていないが、その潜勢力を持つ存在として捉えられていることが分かる。これは当時アーレントが強調した「諸民族の共生」にも当てはまる。つまり、この時期のアーレントの考える政治的な「共生」の主体とは国民となるべき「民族」であり、「ただの民族」ではない。

さらに、こうした四〇年代の「民族」「人民」の語義は、すでに連邦の構想とはっきり接続されて示されている。というのも、アーレントは四二年まで連邦の例としてソ連を挙げていた。四三年以降、ソ連においても労働収容所が設置されていたことを知ってからは、ソ連への批判的姿勢を強めていった。だが、それ以前は逆に、一時的にしてもユダヤ人の民族的解放を達成した稀有なケースとして、ソ連について、好意的に論じている。

その姿勢がよく現れているのが、一九四二年の「ロシア・ユダヤ人の帰還」と題された記事である。ソ連ではユダヤ人は連邦を構成する「国民＝民族（nation）」の一つとして承認されており、それゆえに「連邦憲法において、反ユダヤ主義はソ連の一民族に対する攻撃と同等のもの」とみなされ、「窃盗や殺人のような社会に対する犯罪として追及し、処罰するものと決められている」［JW: 174］。したがって、ソ連のユダヤ人は「自由」を享受していた存在として論じられている。

たとえロシア・ユダヤ人がソ連のほかの市民のように政治的に不自由だとしても、それでもなお、彼ら彼女らは法的にも社会的にも「脱‐制約化された（emancipated）」、すなわち民族として（as a nationality）認められ、解放された世界で最初のユダヤ人だ［JW：173］。

アーレントは連邦制度を採用するメリットとして、反ユダヤ主義を法的に罰することに注目していた。実際にソ連はそうであった、と評価しているのである。

「国民＝民族（nation）」概念の変化とその背景

では、なぜ「国民＝民族（nation）」の定義は、一九四〇年代と六〇年代で変化したのだろうか。考えられる理由は二点ある。第一に、歴史的背景として、ソ連の労働収容所の発覚がまず挙げられるだろう。『起原』では、ソ連の労働収容所はナチスの絶滅収容所とともに批判の対象となっている。また、『革命』でも、ソ連の連邦制度を批判的に捉え直す姿勢が看取できる。ソヴィエト制度を連邦制度として評価しつつも、一方で、「人民（people）」の権力を保障するものだったはずが、革命政党すなわちソ連共産党の「強制力（force）」が強まり、結果として一党独裁ひいては全体主義体制となった、と批判している［OR：241-242, 249-250］(6)。

第二に、「人民（people）」を複数的なものとし、相対的に「民族＝国民（nation）」を単一的なものとして記述することで、国民国家と主権制度への批判を強調しようとした、と考えられる。『革命』では、「人民」と「民族」は明確なコントラストをつけて論じられている。前者は複数的な存在であり、権力を持つ存在だとして強調され、後者は国民国家を形成し主権を持つ均質的で単一的な絶対者とされる。これは、「連邦制度が国民国家の原則に代わる唯一の選択」［OR：161］であることを強く押し出す、戦略的な定義づけといえるだろう。

他方、『革命』でアーレントは、民族というカテゴリーを全面的に斥けているわけでもない。民族は「人民」また「市民」の一部（カテゴリー）として位置づけられている。

〔人びとが連帯する〕その時の共通関心は、「人間の偉大さ」「人類の名誉」や人間の尊厳だろう。連帯とは、理性、つまり普遍性（generality）を分かち合い、複数の人びとを概念的に、階級、民族、人民だけでなく、最終的には全人類として織り込むことができるからである［OR: 79］。

政治的主体として権力を発現する「人民」は、公的に認知される場合、階級、民族といった属性とともに、「市民」となることが明示される。これらの点から、まず政治的主体である市民ないし人民が、さらにその中には階級や（エスニシティに近い意味で）民族といった、さまざまな帰属のカテゴリーが想定されている、といえる。

初期のシオニズム‐バイナショナリズム論は、『革命』で論じられた創設行為とほとんど内容が一致する。革命は、「諸民族の共生」を目的とし、またこれを創設における正統性とする。ユダヤ軍を通したシオニズム、すなわち「解放」からははじまり、バイナショナリズムというパレスチナ人との協働、また連邦国家という法的体制の制定（創設）をもって終わる。ただし、初期と『革命』では、異なる革命の主体が想定されている。初期は民族としていたが、『革命』では人民が革命の主体として論じられていた。これは、第二部で確認した、共生概念の変化と連動している。共生概念は初期から中期にかけて「諸民族」によるものから、「選ばざる他者」との共生へと変化した。同じように、共生を目指す革命も、その主体はより普遍的なものに——民族から人民へ——変遷している。

註

（1）第二部第四章、第五章参照。
（2）第二部第五章参照。
（3）第一部第一章参照。
（4）第一部第一章参照。

（5）ホーニッグが論じたとおり、たしかにアーレントは『革命』において権威を、過去や伝統を参照しない、完全にあたらしいものとしてはじめようとしている点で古代ギリシア・ローマを「復活」させようとはしていない［Honig 1991: 102］。しかしながらアーレントは、例えばマダガスカル計画を決して認めようとせず、『起原』でブラック・アフリカをあくまで「未開」かつ「野蛮」の場所とした［高橋 2012］ように、古代ギリシア・ローマ的な地政感覚を無意識的に継承し、参照してしまっている。

（6）亡命後、アーレントとパートナーのハインリッヒ・ブリュッヒャーはアメリカ国籍取得のために奔走していた。当時アメリカでは反共主義政策が取られていたことから、国籍取得のことも考慮し、ソ連への言及を控えていったことも考えられる［大形 2021: 30］。

第七章　バイナショナリズム再考
――『革命について』から読む〈パレスチナ〉

本章では引きつづき『革命』とバイナショナリズム論との比較分析を行なっていく。『革命』は管見のかぎり、具体的なケースに当てはめて議論はされていない。バイナショナリズムはアーレント自身が論じた、まさにその一事例としても捉えられる。そこで本章では、バイナショナリズム論をアーレントの連邦論の具体的ケースとして導入し、『革命』の議論を肉づけする形で再解釈する。また、『革命』とバイナショナリズムをつなぐポイントとして、本書が取り上げている〈場所〉という視点は有効である。なぜなら、『革命』はアーレントの理想とする政治的な〈場所〉における制度を論じ、バイナショナリズムはパレスチナという具体的〈場所〉について論じた。この点に注目して、本章では『革命』からバイナショナリズムを発展的に再解釈し、イスラエル・パレスチナ紛争に対する思想的、政治的展望を示す。

第一節　脱中央集権的な〈場所〉へ――法と政治的領域

まず、『革命』での「場所」に関する大きな枠組を捉えるために三つのキーワードに着目したい。すなわち、「自由が住まう家」としての法、「私的所有」を保護するものとしての法、「触知可能かつ限定的な」政治的領域の三点である。

「自由が住まう家」としての法

『革命』では法を「自由が住まう家」という建築的なイメージで論じている［OR: 25］。アメリカ連邦制は「自由の住まうあたらしい家」であり、それまで「例のなかった」あたらしい試みだった。その制度の創設は、「建造物」や「構造」など、製作を通して地上に打ち立てられる、人工物のイメージをもって語られる。というのも、連邦国家創設は革命の最終段階である憲法作成行為に位置づけられるためである。(1)『人間の条件』で論じられていたように、法は「人工物」［HC: 198］であり、「製作」されるものである。憲法作成行為によって、すなわち「境界線」を打ち立て、その内部でその時活動する人民、またその後の世代の自由を安定的・永続的に保障する。こうした建造物のような、人工物としての「法」のイメージこそ、アーレントがいう「法的体制としての国家」だった。

「私的所有」を保護するものとしての境界線＝法

他方、『人間の条件』と同じく『革命』でも、法とは「財産を保護する」［OR: 172］ものであり、私的領域の所有は同時に市民権を持つことを示す、とされる［OR: 117–118, 244］。法とは私的領域を公的領域から区別し、区切るものとして理解されている。

さらに『革命』では、私的所有と政治の関係性がより詳しく議論されている。人民が複数性を現すためには、まず個々人がそれぞれの「意見（opinion）」を持つ必要がある。意見とは「人びとがほかの誰かと自由にコミュニケーションし、それぞれの見解を公にする権利を持つ時にはいつも立ち上がるもの」であり、「個々人によって形成され、いわば、個々人の私的所有（property）として維持され」る［OR: 219］。

この際、個人の「意見」と対照をなすものが集団の「利害（interest）」である。アーレントは「利害」を多数派集団の単一化、「精錬させること（purification）」［OR: 219］の結果として形成されるものとした。一方で、アーレントは複数の意見をばらばらに放置するのではなく、一定の公的見解までまとめ、代表的意見や代表者による調停、すなわち合意を取る必要もある、と認めている［OR: 219］。

ただし『革命』で重視されるのは、あくまでも住民の直接的な政治参加であり、評議会とは住民の複数の意見を可能なかぎり回収するためのシステムだった。したがって、「意見」という「財産」を持つために、政治的領域から区切られた、「四方を壁に囲まれ、隠れることのできる空間」を所有しなければならないのである。

「触知可能かつ限定的な」政治的領域

また、この意見の交換からもみて取れるように、アーレントは空間的な「移動」、それも抽象的なものではなく、実際にある場所からある場所へと歩く、という意味での「移動」を重視していることが分かる。アーレントが「移動」に政治的自由をみいだしていたことは、「イデオロギーとテロル」また『人間の条件』における公的領域／私的領域の「あいだ」往復の重視からも看取できるし、いくつかの先行研究が指摘してきたことでもある［例えば矢野 2002］。

『革命』では、この「移動」がより具体的な空間の「移動」として——歩いて移動するという明確な身体的イメージとともに——詳しく言及されている。

自由とは、それが触知可能なリアリティとして存在するところではどこでも、常に空間的に限定されている。これは、あらゆるネガティブな意味の解放の最も偉大で最も基本的なもの、つまり移動の自由において特に明らかなことである。民族的領土の境界線や都市国家の壁は、人びとが自由に移動する空間を包含しそれを保護した。条約や国際的な補償は、自国外部にいる市民に対しこの領土的に縛られた自由の拡張を与えたが、そうした現代の条件下でさえ自由と限られた空間の基本的な一致は明白である。移動の自由についていえることは、おおむね、自由一般にも有効なのだ。ポジティブな意味での自由は平等な者たちの間でのみ可能であり、平等そのものは普遍的に明白な原理ではないものの、制限を伴い、空間的に限定された内部にのみ適応可能なのである。もしもこうした自由の空間――ジョン・アダムスの主張にしたがうと、彼の言葉ではないが、それは現れの空間とも呼べるだろう［OR: 267］。

革命という活動によって打ち立てられる「政治的領域」は、「触知可能な（tangible）」「限定的された」空間、言い換えれば、人びとに直接「見られ、聞かれ」触れることのできる範囲という、実体的な空間として論じられている。(2)

ここで言及されている「現れ」、「自由」、「政治の空間」の条件は二点ある。第一に、具体的な地理的地点であること、第二に、身体的に移動可能な距離を持つ、地理的に限定された空間であることである。したがって、アーレントの考えている政治的領域とは、対面で直接顔を合わせて意見を交換できる〈場所〉である。実際、『革命』で重点的に論じられた「郡区制（ward system）」や「タウンホール」は、直接人びとが集う、触知可能で実体的な〈場所〉として評価されている。特に郡区は、空間を細かく区切ることで、あえて「隣人」と直接会える距離を生み出し、人民に選挙以外でも意見を表明するチャンス［OR: 245］を設けるための制度である。

オルタナティブな空間へ――脱中央集権化を目指して

アーレントはアゴラのような、歩いて移動でき、直接顔を突き合わせられる「政治的空間」を〈場所〉として想定している。それにより、人民の政治への直接的な参加、より幅広い意見を反映した民主的な政治が可能となる。だからこそ、アーレントは主権という中央集権型の法的制度と力のあり方ではない別の選択肢、すなわち「権力の分割」にこだわった［Lederman 2019: 4, 13］。その具体的制度こそ、評議会制、連邦制だった。先行研究は場所や地理的空間についてまで言及していないが、アーレントは脱中央集権的な地理空間も考えていたと思われる。例えば、一九四八年にアーレントはパレスチナのキブツを「二〇世紀になされた社会的実験のうちもっとも有望」で、「ユダヤ人の家郷（the Jewish homeland）のもっともすばらしい部分」であると評価しながら、以下のように論じていた。

ここキブツでは、いかなる政府によっても干渉されない完全な自由の中で、あたらしい形の所有、あたらしいタイプの農業、家庭生活と子どもの教育のあたらしいあり方、そして、都市と地方、田舎の農業労働と産業労働との間の厄介な対立へのあたらしいアプローチが生み出されている［JW : 395］。

キブツによって都市／地方といった、国民国家の中央集権的な地理のあり方も変革可能だと考えられていた。つまり、地方が首都のために労働し資源を調達するのではなく、各地域で自給自足する〈場所〉のあり方である。地域間の中心／周縁の構造を排することで、経済的にも政治的にも地域間の平等の実現を考えていた、とわかる(3)。初期に論じられたバイナショナリズムは、こうしたアーレントの政治的〈場所〉のイメージのスケッチである。

第二節　バイナショナリズム再考

本節では、『革命』における〈場所〉の諸概念を紹介しつつ、あわせて初期バイナショナリズム論の連邦構想を比較し、その具体像を検討していく。

区制による基本的共和国と評議会

『革命』において、最も強調されるのが「区制」に基づく「基本的共和国」構想である。区制、基本的共和国とはジェファーソンの発案による政治システムであり、アーレントはこれを直接・参加型の民主主義の理想的な形態として高く評価した。ジェファーソンにとって、区制は「革命は反復されることが望ましいとする初期の見解にかわる、唯一可能で非暴力的な代案だった」［OR : 242］。すなわち、区制を導入すれば、「マルクス的な永久革命」、すなわち蜂起や暴動の繰り返しがなくとも、(4)すべての住民の意見を政治に反映することができる、というのである。

では、「基本的共和国」としての区とは、具体的にいかなるものなのか。ここで重要になるのが、「評議会」である。アーレントは複数の住民の政治参加を重視していた。これを実現するために、歩いて集まることのできる範囲を「区」とし、その区ごとで常にタウンホールミーティングを開く。そうして区内の住民の「意見」を収集し、一定の合意をとって調停する「評議会」の設置を考えていたことがうかがえる。

区ごとの「評議会制」が重視されるのは、区制による直接民主政によって活動やはじまり、革命が場所的、また世代的に一部の人のみのものではなく、限られた時空を超えて、人びとが経験できるようになるためだった。言い換えれば、評議会制という法を打ち立てることで、その内部に生きる活動を保護し継承することが可能になる。

この『革命』での評議会制・区制論と、初期のバイナショナリズム論における「ユダヤ‐アラブ混成の都市評議会と農村評議会」の創設は、軌を一にした議論である。

> 地域の自治政府およびユダヤ人‐アラブ人混成の都市または農村評議会を、小規模かつ可能なかぎり多数設置すること、これが最終的にパレスチナの政治的解放を導くことができる唯一の現実的な政治的施策である[JW: 401]。

上は一九四八年発表の記事「ユダヤの家郷を救うために」にある、アーレントが考える、パレスチナでの国家のあり方を示したものの一つである。ここにおける「ユダヤ人‐アラブ人混成の都市または農村評議会」の創設とは、『革命』の区制の採用と「基本的共和国」の創設の議論そのものである。ユダヤ人‐パレスチナ人の「区」は、「農村」で設置されるとされることから、アーレントはバイナショナリズムにおいて、ユダヤ人‐パレスチナ人が混住することを想定していた、とも解釈できる。言い換えれば、アパルトヘイト政策下での南アフリカ共和国のように白人と黒人で居住区を徹底して区別するのではなく、バイナショナリズムでは両者が自らのルーツに関係なく、好きなところにともに住むことが想定されている、と考えられる。

割拠する区の「統治」と「代表」の問題

郡区で人民の複数的な声を集めることに成功しても、それでは国家としてまとまりのある政治体を立ち上げることができるのか。また複数の声を統治機構にいかに統合するのか、という問いが残る。これに対し『革命』でアーレントは次のように論じている。

最後に、個々人のためにつくられたこうした最小の組織を、成員全員のためにつくられる連邦の政治的な構造へといかに統合するのか、という課題について、ジェファーソンの答えは次のようなものだった。「郡区という基本的共和国、地方共和国、州共和国、連邦共和国は権威の段階的移行を形成し、それぞれ法的基盤の上に成立し、それぞれ委任された権力を共有し、基本的均衡と政府に対するチェックのシステムを真に構成する」[OR: 246]。

まず最下部にタウンホールミーティングを通してすべての人民が参加可能な区ごとの「基本的共和国」がひしめき、そこでは人民の権力が権威の源泉となる。この区の上に「地方共和国」、また「州共和国」が形成され、区ごとの評議会の代表者が議論を交わすことになる。さらにその上部に「連邦共和国」が設置され、国家として統治機構となる、という仕組みである。さらにアーレントは、外交をこの上部の連邦政府が対応し、下部の州政府が国家内の問題に対応する [OR: 400-402] とした。ジェファーソンが「区は代議制度よりも人民の声を収集するのによりよい方法となる」[OR: 246] と捉えていたことに言及しながら、アーレントは限られた世代、場所を超えたあらゆる人民の政治への直接参加を永続的な制度として、憲法に組み込むことを考えていた。

ここで次のような問いも出てくるだろう。すなわち、評議会で代表を選出する点で、結果として代議制システムから逃れられていないのではないか、という問いである。この点について、アーレントは国家による統治においてある程度の代表選出は避けられない、と認めつつも、あくまで「あたらしい統治機構」としての連邦制は区制を法的に導入し認めることで、人民こそ権力を持ち、権威の源泉となると強調している。

意見とは、人びとがほかの誰かと自由にコミュニケーションし、それぞれの見解を公にする権利を持つ時にはいつも立ち上がるものである。だが、そうした際限のない多様性を持つ見解は、精錬させること（purification）と代表すること（representation）もまた必要にみえる。もともとアメリカ上院特有の機能とは、あらゆる公的な見解を通った「媒介するもの（medium）」となることだった。意見は個々人によって形成され、いわば、個々人の私的所有として維持されねばならないものだが〔…〕意見をより分けたり、あるいは恣意的なものと完全に一個人に特有なことを分ける、知性の篩に通し、このように意見を公的な見解へと精錬化する作業において、各人は決して平等ではありえないだろう。〔…〕意見と意見の交換の過程において、意見がかたちづくられ、テストされる時、それらの差異は、目的のために選ばれた人びとの団体の媒介を通すことによってのみ、調停されうる［OR: 219］。

ここでアーレントはたしかに、区から吸い上げられる複数の人びとの複数の意見を重視し、それを政治における真の「権威」と位置づけている。同時に、他方ではある程度の代表と統治を認めてもいる。それは、アーレントが連邦を「国家」とみなしていたところからも明らかだろう。

したがって、一九六〇年代においてもアーレントは「国家（state）」の存在それ自体を拒否していない。アーレントが忌避したのはあくまで「国家」と単一的な民族＝国民との融合であり、国家が複数的な人びととその状態、つまり「共生」と結びつけば問題はない、と考えられている。「共生」と結びつくかぎり「国家」は非‐暴力的なものとして解釈されるのである。

こうしたことから、アーレントのいう「創設の行為」は、「安定性に対する関心とあたらしいものの精神」といった対立要素が同時に起こる事柄として理解されている［OR: 215］。言い換えると、「保守主義」と「進歩的リベラリズム」という二つの対立物が融合して共存することなのだ。さらに、アーレントは「人民」の日々あらたになる流動的な「活動」、そして「活動」を保護・継承するための「国家」という安定性を持つ「人工物」、いわば器、このソフトな部分とハードな部分、二つをあわせて「革命」だと定義している。

つまり、『革命』の連邦制国家創設論は、革命と地域における活動の更新というパフォーマティブかつ法措定的な側面と、区政・評議会制を通した代表選出とそれによる連邦政府の再組織化という法維持的、コンスタティブな側面を持つ、闘議的かつ熟議的な民主主義の議論であるといえる。また、アーレントの議論を闘議的か熟議的かの二択で解釈するのではなく、リーダマンのような、むしろそれらを包括的に読解する「参加民主主義」の解釈は、アーレントの革命論の奥行きを示す適切な枠組ともいえるだろう。

代表と統治機構としての連邦制度

『革命』で強調されたのは「代表制」、換言すれば民主主義の問題だった。アーレントはパリコミューン、ハンガリー革命における評議会、レーテ制、ソヴィエト制は、人民の自発的な活動による「現れの空間」であり、人民全員が自ら「統治参加者になれる」「あたらしいタイプの政治組織」［OR: 236］だという。近代革命は絶対王政、貴族制から人民の代表者・革命を先導した一部の人びとによる代表制へと変化を促したが、依然として政党制による多数決の原理が残った［OR: 155］。政党制は一部の代表者の声しか政治に反映できず、市民は選挙以外、自らの意見を表明する機会や場所を持てなくなってしまう［OR: 245］。結果として多数派の特定集団の「利害形成」につながり、マイノリティの多数派集団に対する同調と同化を進める［OR: 217］[5]。アーレントは、そうした政党政治は独裁、僭主政といった暴政、ひいては全体主義につながる、と批判した［OR: 156］。

アーレントがパリコミューン、ハンガリー動乱（ハンガリー革命）における評議会、レーテ制、ソヴィエト制にみいだした、革命を経て打ち立てられる「あたらしいタイプの政治組織」とは、自らの財産である「意見」を「公的に発表できる権利」［OR: 219］を持ち、それを他者と自由に交わすことのできる空間である。それは「全員の権力を法の限度内で強化できる」［OR: 256］直接民主主義の政治システムだった。

そうした意味で、バイナショナリズムはまぎれもなく連邦の議論である。一九四三年の記事「ユダヤ‐アラブ問題は解決できるか」において、アーレントは以下のように言及している。

> パレスチナ問題の理性的な解決に向けたさらなる可能性、それはある種の「地中海連邦」だろう。この種のモデルでは、アラブ人は強力な存在感を持つものの、ほかのすべての人びとを支配する立場にはならない。〔…〕ユダヤ人にとって、それは地中海諸民族のあいだで尊厳と居場所、双方を回復することを意味するだろうし、ユダヤ人はその地域の文化的栄光に大いに貢献したのだ。しかし、この場合においても、この連邦の境界内部に生きるこうしたユダヤ人は、平等かつ政治的な諸権利を享受する地位が認められ、ユダヤ人の郷土としてのパレスチナに特別な措置が与えられるよう、主張しなければならないだろう。
> もちろん、この政治的な枠組は、ヨーロッパ諸国のより大きな連邦をふくむところまで拡張することができる［JW: 197］。

このパレスチナ地方による「基本的共和国」の上位には、地中海連邦、さらにはヨーロッパ連邦が構想されていた。『革命』の議論に沿って整理すれば、ヨーロッパ連邦が最上部の「連邦共和国」、地中海連邦が「州共和国」に当たる、といえる。この時点で、アーレントが地中海地域をヨーロッパの一部とみなしていることは注目に値する点だろう。

また、バイナショナリズムにおいても、パレスチナの土地に住むパレスチナ人、ユダヤ人といった複数の人民による権力に権威の源泉がみいだされ、世俗的なものとして考えられている。一九四〇年代に郡区制による評議会・連邦制が理想的な政治システムとして明示されているのである。ここで重要なのは、アーレントが四〇年代の時点から、村、パレスチナ地方、地中海、ヨーロッパと空間を限定的に区切ることに政治的な重要性をみいだしていることである。(6) こうした空間の「区切り」、つまり境界線＝法を設けることは、効果的に作用する面と同時に問題をはらむ面とがある。

第三節　バイナショナリズムの可能性と限界

この節では『革命』での「場所」の議論にさらに踏み込みつつ、第二部で行った『人間の条件』での法、境界線の議論とあわせてアーレントの「場所」をめぐる思索を一度まとめたい。

連邦論における「結合」、「約束」、「友情」

『革命』では、土地を細かく区切ることで郡区とその評議会を立ち上げ、それらすべてを取りまとめるために連邦国家という統治形態が議論されていた。郡区内のタウンホールへと人びとが集まって権力を現すように、複数の郡区が集まることでさらに権力を「増大（augment）」［OR: 193］させるのである。この郡区同士が連邦を立ち上げる際の、住民ないしは区の代表者たる評議会同士の相互関係を、アーレントは「約束（promise）」または「結社（association）」という言葉で説明した。

［フランス革命とは］対照的に、アメリカ革命の人びとは、権力は前政治的な自然の暴力と真逆のものだと理解していた。彼ら彼女らにとって、権力とは、人びとが集まり約束、盟約、相互的な誓約を通して結束する時、

その場所に存在するものだった。互恵主義と相互関係に基づいた、このような権力のみが真の権力であり正統なものであり、それゆえに国王、皇太子や貴族のいわゆる権力は、相互性に根ざしていないため、せいぜい合意にのみ基づくだけで、まがいもので強奪されたものだった。アメリカ革命の人びと自身、ほかのどこの民族でも失敗したのに自分たちは成功した理由をよく知っていた。すなわち、ジョン・アダムスの言葉でいえば、「互いに、また普通の人びとを信頼する」権力が「アメリカを革命へと導くことができた」。さらに、この信頼とは、共通のイデオロギーではなく、相互の約束に起因するもので、それゆえ「結社（association）」――ある特定の政治的目的のために人びとが結集すること――の基盤となったのだ［OR: 173-174］。

「互恵主義と相互関係に基づいた」「約束、盟約、相互的な誓約」によって権力は増大する。ここで「約束」という語が出てくることは決して突飛なことではない。「相互性」に基づく「約束」、これは『人間の条件』で高次の活動として挙げられた行為の一つである。予測不可能かつ不可逆的な活動結果は、不和や破綻を惹起することもある。それらの状況を修復するために、アーレントは「赦し」と「約束」を活動の中でも重要性を帯びるものだとした［HC: 236-247］。『革命』では、活動は住民から連立する評議会の場へとボトムアップで広がってゆく。同時に下から上へと権力も増大する。各区の住民と区同士の関係性を対等に取り持つのが「約束」という活動である。

さらに、この「約束」はあくまで活動であるため、永続性と耐久性のある「物」として残さなければならない。『革命』では郡区同士の「約束」を「同盟」、またその物化を「連邦国家」という「法（的体制）」を打ち立てることとしている。アーレントはこれを古代ローマのトロイ戦争を例に説明している。

「法」は平和を再建する手段以上のものだった。あたらしい同盟、あたらしい団結を伴うこうした条約や合意は、戦争によって偶然出会ったまったく異なるふたつの敵を統合し、いま一度、対等な協力関係へと入ることによって打ち立てられた。ローマ人にとって、戦争の終わり＝目的は単に敵を打ち負かすことや平和の樹立ではなく、それまでの敵と「友」となり、ローマの同盟者（socii）となる時にのみ、戦争は満足のうちに終結したのである。ローマの野望は全世界をローマの権力と支配へと従属させることではなく、ローマの同盟のシステムを地球のあらゆる国へ投げかけることだった［OR: 179–180］。

還元する。これがアーレントの考える連邦のシステムである。各区が法によって対等に結合し、権力を増大させる「戦争」(7)、あるいは二者間の対立がまずあり、闘いののちに「友」として「同盟」を「約束」し、それを「法」へと還元する。これがアーレントの考える連邦のシステムである。各区が法によって対等に結合し、権力を増大させるのだ［BPF: 121］。これは、バイナショナリズムにおいて、ユダヤ人－パレスチナ人、二者間の「合意」が重視されていたことと一致する。(8)

たしかに、オーウェンズが指摘したように、ここでもアーレントは異なる者同士の対立とアゴニスティックな関係を想定しているようにみえる［Owens 2007］。しかしながら、より重要なのは、対立と闘争の果てにお互いが信頼して「同盟関係」となること、言い換えれば「友情（friendship）」を結ぶこと、そしてその友情を「法」として残すことなのだ。

ここでの「友情」への言及もまた強調に値するだろう。(9)「友情」は『革命』のみならず、『人間の条件』また『暗い時代の人々』におけるレッシング論にも登場する。「暗い時代の人間性――レッシング考」は一九五九年ハンブルグで行われたレッシング賞受賞の際の演説である。そこでアーレントはレッシングの戯曲『賢者ナータン』――ユダヤ教、イスラム教、そしてキリスト教、いずれもが本物の宗教であるとし、後に汎神論論争の火種となった物語――を引き合いに出して次のように語った。

もしレッシングがプラトン的なドクサかアレーテイアか、意見か真理かの選択に直面したら、いかに決断したかに疑問の余地はない。彼は――彼の例え話を用いれば――本物の指輪が、もしもこれまで存在したならば、それが失われたことを喜んだ。なぜなら彼は、人びとがこの世界の出来事を議論する時に生じる数かぎりない意見を喜んだからである。もしも本物の指輪が存在したならば、それは言説の、友情の、ひいては人間性の終焉を意味する［MDT: 26］。

『革命』と同じく、人びとの複数的な「意見」と、絶対的、唯一的な「真理」とが対立的なものとして位置づけられている。「真理」の決定や断定は、「語り合い」「友情と人間らしさの終焉」、すなわちアーレントからすれば「世界」の終焉である。この演説で、アーレントはナチスによる迫害の期間を振り返りながら、当時、国民にとって「真理」とは「科学的人種理論」という「教義」だった、とした。そのうえで、その「真理（教義）」とは、果たして「二人の間の一つの友情さえも犠牲にする価値があるのだろうか」［MDT: 29］と問いかける。

この一節は文脈としてドイツ人とユダヤ人の間の問題を取り上げているのだが、レッシングの『賢者ナータン』はユダヤ教徒、キリスト教徒、そしてイスラム教徒の物語である。ここで、パレスチナ人の存在、つまり数年前までアーレントが情熱を持って訴えつづけた、もう一者との「友情」のことを喚起することもできるだろう。

山岡健次郎は、『難民との友情』において、アーレントの難民に関する議論を取り上げながら、かつて研究者や「普通の国民」にとって難民や無国籍者は距離としても状況としても遠い存在ではなかった、と指摘している［山岡 2019: 163-165］。難民や亡命者にはアーレントをはじめベンヤミン、アドルノのように学者がふくまれていたし、現在のような厳重に区画化された難民キャンプによって場所的な隔たりを持ってはいなかった。ナチス・ドイツの「国民」にとっても、難民とはきのうの「隣人」のはずだった。山岡は、アーレントの友情論に触れながら、現代ほど「難民」と国民の間に「友情」が必要とされている時代はない、と訴える［山岡 2019: 190-192］(10)。

アーレントは「暗い時代の人間性」の終盤、「真理」を絶対的、非人間的なものだと批判し、以下のように語った。

〔真理が非人間的であるのは〕すべての人を突然、単一の意見へと縛りつけるかもしれないからである。無限の複数性のある人びとではなく、単数となった人間、一つの人種、一つの類型が地上に住んでいることになれば、多くの意見を度外視して単一の意見が持ち上がることになるだろう。そうなれば、あらゆる多様性のある人びとのあいだの空間によってのみ形づくられる世界は、完全に消え去ってしまうだろう［MDT: 31］。

「友情」はたしかに「共生」――「この地上には単数の人間ではなく、複数の人びとが住んでいる」というアーレントの定義――に接続されている。言い換えれば、アーレントの「共生」とは、選ぶことのできない他者と「友情」を結ぶことなのだ。

だとすれば、アーレントがレッシング論で注目した『賢者ナータン』にイスラム教徒が登場することを、単なる偶然として見過ごしていいのだろうか。一九四〇年代を中心にアーレントが説いた「諸民族の共生」、とりわけパレスチナ人とユダヤ人の「共生」もまた、「友情」の議論に繋がっているようにみえる。

以上のことから、『革命』の連邦論からみるとバイナショナリズムは、他者によって傷つけられた者が他者とあらたな関係を求める「友情」の議論、寛容論としても解釈できる。それは次のように言い換えることもできるだろう。すなわち、バイナショナリズムは難民とある土地の住民とのあらたな「友情」の議論なのだ。(11)

ヨーロッパという境界線＝法

では、こうした『革命』における「同盟」、または友情に基づいた「約束」の議論と、『人間の条件』における〈場所〉論はいかに接続できるだろうか。

第二部の議論を振り返ると、アーレントは例えば都市国家の「城壁」と「法」のように、「境界線」を設けて空間に都市国家の内部／外部、ないしは人為／自然という区切りを設けることを重視していた。『人間の条件』における物語、記憶の議論と合わせて読むと、この境界線の措定は、言論空間、つまりポリスの場所を線引きする原暴力にあたる。境界線措定自体は「製作」に相当する行為である。

ただし、この『人間の条件』における場所の議論を、そのままバイナショナリズムに導入すると、アーレントは「境界線」の措定によって地上という場所を人為と自然の空間に切り分けようとしている。連邦化で想定されているのはヨーロッパのみで、アジア・アフリカはその外側に位置づけられているようにみえるのだ。実際、『起原』においてアーレントはブラック・アフリカをヨーロッパの外部に位置づけ、「野蛮」な空間として議論した［高橋 2012］。よって、アーレントの議論は一九四〇年代から「ヨーロッパ中心主義」である、といえる。

アーレントにとっての「ヨーロッパ」

これまでのバイナショナリズム論に関する先行研究も同様に、アーレントの「ヨーロッパ中心主義」を批判してきた［Raz-Krakotzkin 2001, 2011; Butler 2013］。例えば、早尾貴紀によると、アーレントは、ユダヤ人の存在をヨーロッパの代表として捉えることで「主権国家」というヨーロッパ的な理性、または「普遍性」をパレスチナ地方に輸入しようとしたに過ぎない［早尾 2008: 144–147］。

この「普遍」をめぐって、再びレッシング論に注目してみる。アーレントはこの講演において、レッシングをドイツ啓蒙思想の潮流に位置づけることを拒否した。ナチスによる「人種」概念と、その政策との関係を疑われるドイツ啓蒙思想を拒否するためである［Disch 1995: 285–312］。だとすると、ここでアーレントの「普遍」の捉え方は、まず間違いなくドイツ啓蒙思想的な「普遍」としてのヨーロッパではないのである。と同時に、アーレントはドイツ啓蒙思想の流れは継がない別の「普遍」をレッシングから説いている。それこそ異教徒ないしは異民族の「友情」だった。

『革命』に立ち返れば、アーレントは過去や伝統の反復という意味での権威概念を拒否し、「まったくあたらしい」活動に権威を求めていた。レッシング考においても同様である。これからのあたらしい政治において、その基盤を、権威を、アーレントはドイツ啓蒙思想に求めていない。むしろその反復を、それもドイツという土地ではっきりと拒否した。『革命』では、「権威」は人民にあり、人民の始める活動にある、とされる。アーレントが求めた「普遍性」とは、人民の「友情」に基づくあたらしい政治だった。また、『革命』で境界線が強調されたのは、あくまであらゆる人びとの政治参加を可能にするため、郡区を対面可能（tangible）で限定的（limited）にする必要性があったからである。

ただし、こうした『革命』の議論自体が、ジェファーソンやロック、モンテスキューといったヨーロッパ、アメリカの思想によって立ち上げられているために「ヨーロッパ的」である、ともいえるかもしれない。だが、この諸民族の友情に基づいた共生という議論自体は、「ヨーロッパ」という区切りを乗り越えていく可能性を持つ。よって、アーレントのヨーロッパ中心主義をアーレントの思想自体が超克する側面も浮き出てくるのである。(12)

このように、『人間の条件』、『革命』双方を踏まえて検討すると、バイナショナリズムにおける「ヨーロッパ連邦」は、次のように解釈できる。アーレントの出発点は「ヨーロッパにおける少数民族問題」と、そのうちの一つである「ユダヤ人問題」だった。非常に好意的にみれば、アーレントは区切られた一つの地域として、ヨーロッパの中でヨーロッパの難民問題を解決することを目指していた。この場合、ヨーロッパという「区切り」もまた、あえて空間を限定的にすることで政治参加の可能性を高める、という郡区の考え方となる。この時、アーレントはユダヤ人をヨーロッパ的な存在として捉え、だからこそユダヤ人が入植するパレスチナはヨーロッパ連邦に入るのだとしてしまう。だが実際、ユダヤ人はヨーロッパ外部にも離散しており、必ずしもヨーロッパに由来を持つ人びとがすべてではない。また、難民はユダヤ人のみ、ヨーロッパのみの固有な事柄ではなく、グローバルに発生する問題である。他方で境界線＝法の措定が活動によって可変的であるように、人民の権力という権威を増幅させるのであれば、「同盟」さえ取りつけることができれば、連邦はヨーロッパの外部までも「結合」可能である。したがって、アーレントの理論ではアーレントの設けたヨーロッパという境界を超えてより大きな連邦になりえるのだ。(13)

バイナショナリズムの問題点——先住者と入植者は対等か

一方で、この「約束」があくまで「友情」という、対等な他者関係の上に立脚するものであることもまた、バイナショナリズムでは決定的に重要となる。アーレントが具体的な地理的場所を問題とする実例こそ、シオニズム–バイナショナリズム論だった。この議論は『革命』からみれば、具体的な地理的場所、パレスチナという土地へのユダヤ人の入植、または移住の「正当化」をめぐる議論なのである。

バイナショナリズムは当時のユダヤ人側からみれば難民の「再定住」であるが、先住するパレスチナ人の方からみれば間違いなく「入植（settlement）」である［Pappé 2017; ハーリディ 2023］。その行為は民族浄化として明らかに暴力的に行われた。このことから、はっきりと「入植」といえる。(14) アーレントはバイナショナリズムを移民と先住する住民との対等な他者関係の問題に回収しているが、はたして、パレスチナのケースを「対等な他者関係」として論じることは可能だろうか。パレスチナ人には、その土地に住みつづけてきた先住民として権利と立場がある。(15) パレスチナという土地に、アーレントがいう意味での政治的な「住まい」を打ち立てる時、先住民と移民が当初から「対等」「平等」とは言い切れまい。アーレントからすればおそらく、この点はパレスチナ人との「合意」までのプロセスの問題、すなわち、いかなる「約束」をしうるか、信頼に基づく友情を築きうるか、という問題になる。また、紛争の現状をみても、イスラエル側の「入植型植民地主義」による暴力が紛争の根底にあることを考えると、まず両者の関係性の不平等さを認識するところからはじめなければならない［ハーリディ 2023］。

しかしながら『革命』を読むかぎり、そう簡単な問題としても片づけられない。例えば『革命』におけるアメリカ独立戦争時のネイティブ・アメリカンに対する抑圧について、アーレントはまったく言及しておらず、あくまでアメリカの独立を中心とした議論を展開した。アーレントはアメリカを「移民の国」と定義するが、ここには、「移民」すなわち入植者と先住民との間の線引きの問題が潜在している。この場合、境界線＝法の策定は明らかにアーレントの用語の意味で「暴力」の問題だといえるはずだ。

したがって、人民（people）は平等である、と仮定する時、先住者の土地の権利をいかに尊重するかという問題について、アーレントはまったく無自覚である。この点でアーレント思想は「植民地主義的」といえる。ただし、この問題が一筋縄ではいかない点として、先住者の土地の権利と同時に、難民の〈場所喪失〉という問題とが、表裏一体であることを強調しておきたい。とりわけ、現代の難民問題を鑑みても、「再定住」先は元々の出身地とは限らない。元の場所に戻ることができず、再定住先がなく、ゆえに〈場所〉をみいだせない人びとにとって、政治参加とは夢のまた夢である。

『革命』における連邦・評議会制の議論から、初期のバイナショナリズムを再解釈すると、アーレントが立案していた〈場所〉の様子が、具体的な形を伴ってみえてくる。

まず、バイナショナリズムの場合、パレスチナ人とユダヤ人は混住するものとして考えられていた。混住した状態で、村、地区、地方ごとに、民族単位で代表者を選出し、評議会が形成される。これによって下から上へと声が響く政治を実現し、権力を増大させることができる。さらに、混住にすることで、公的領域、例えばタウンホールのような集会所で民族も意見も異なる他者と出会うことができる。この公的領域は、私的な自分の〈場所〉と同じく、触知可能な〈場所〉でなければならない。他者と出会い、直接互いをみて、聞いて、知ることのできる〈場所〉では、何が起こるかは予測不可能であり、何かが起こったとしても不可逆である。だが、その他者との出会いを通じた偶然性により、一定の「利害」に偏向しない、複数性のある政治が可能だとアーレントは考えていた。

また、そうした政治的な〈場所〉を開くには、他者との「友情」が重要となる。バイナショナリズムの場合、それはパレスチナ人とユダヤ人の「友情」となる。しかしながら、それは言い換えれば、先住者と入植者の「友情」になる。〈場所〉への権利をめぐって、先住者と入植者は対等ではありえない。この点は先住者への倫理をともに考えることで、アーレントの連邦論によりアクチュアリティを持たせることができるだろう。(16)

註

（1）第三部第六章参照。

（2）第二部第五章においてみたように、『人間の条件』でも〈場所〉の特徴として、「触知可能（tangible）」である点が挙げられていた。

（3）こうしたアーレントの考える〈場所〉のあり方と対照をなすものが、主権国家として建設されたイスラエルである。主権的国民国家の空間としてイスラエルを地理学の観点から批判した研究として、メロン・ベンヴェニスティ『聖なる風景』[Benvenisti 2000]、今野泰三『ナショナリズムの空間』[今野 2021] が挙げられる。

（4）もちろん、これはあくまでアーレントによるマルクスの解釈であり、マルクス自身がそれを認めていたわけではない。アーレントはマルクスを一面的に解釈していると指摘した文献として百木漠『アーレントのマルクス』[百木 2018] を参照。

（5）同様の指摘を一九四三年の記事「ヨーロッパ政党制の内的崩壊」でも行っている [JW: 187–188]。

（6）アーレントの連邦論とバイナショナリズムは、当時のさまざまな連邦論とのさらなる比較検討が必要と考えられる。本書では第六章第一節にてバウアーやレンナーの影響を示唆したが、当時、例えば一九五〇―六〇年代イギリスでは帝国再編成の文脈で植民地の「地域連邦計画」が論じられていた [ケネディ 2023: 77–78]。もちろんアーレントのバイナショナリズムはイギリスの議論とは距離をとっており、『ユダヤ論集』では議論に変遷がみられるもののイギリス帝国に従属する形でパレスチナ・イシューヴが独立することに反対する文章が収録されている。他方で、こうした当時の議論と突き合わせることでアーレントが『革命』を執筆するまでに意識したことや初期思想からの変遷がみえてくる可能性もあるだろう。

（7）いうまでもなく、ここでアーレントが想定している「戦争」は第二次世界大戦のような近代戦でも、現代の紛争でもない。古代においてあったような、敵／味方がはっきりしており、かつ個々人の行いが名前とともに業績として記憶されるような「戦争」を指す。

（8）第二部第五章参照。

（9）「友情」はアーレントにとって『ラーエル・ファルンハーゲン』以来のテーマの一つでもある。

（10）同時に「友情」は共生や歓待といったテーマとともにより検討する必要がある。具体的にはアーレントは政治的な「友情」をいかなる前提、条件のもとで、どのくらいの親しさ（とても仲がいいわけではないがとりあえず空間をともにする、など）を考えていたのか、という点である。例えば難民・移民と国民との政治的関係を考える時、現在いたるところで友情関係とは真逆の分断やバックラッシュ現象が起こっている。差異を持つ人びとがタウンホールに集まる時、いかなる形で、どの程度の親密さが求められ「人間関係の網の目」は形成されるものか、民主主義論にも関係する点だろう。

(11) さらに、バイナショナリズムが「ヨーロッパ連邦」へと広がるのは、傷つけられた者と傷つけた者の間の、「赦し」の問題へと繋がっているともいえるのではないだろうか。実際、レッシング論でアーレントはショアをめぐる「赦し」を焦点化しているのだが、本書ではこの問題には立ち入らない。

(12) アーレント思想への「ヨーロッパ中心主義」という批判に対して、矢野久美子はアーレントの挙げる事例が基本的にヨーロッパのものであることを認めつつ、テクストを精査したうえで「本来的に西洋起源であるとか、そうでなくてはならないなどとは彼女はけっして言っていない」と応答している。そうしたうえでアーレントの議論をデイヴィッド・グレーバーによるチアパス・サパティスタ運動への評価へと広げて読むことを推奨している［矢野 2024: 160］。

(13) 連邦制度について、アーレントはさらに、自分が政治的な責任を担いたいと思い、心地よく感じる場所を自由に選択できるようになるべきだ、としている［COR A=J: no. 59/91］。

(14) 現在でもイスラエルでは極右シオニストによる西岸地区への不法入植の拡大が問題化している。

(15) 先住者と移住／入植者の場所に対する権利の違いをめぐっては、マーガレット・ムーア『領土の政治理論』［Moore 2015］を参照した。

(16) この点でアーレント思想において重要となるのは「赦し」の概念である。だが、二〇二三年一〇月七日以来のガザおよび西岸の状況を踏まえると慎重な議論を要するため、本書では深く立ち入らず、まずは言及に留めておく。

第八章　難民としてのアーレント、パーリアとしての立場
――『エルサレムのアイヒマン』を読みなおす

一九五〇年以来、アーレントはイスラエルやシオニズムについて沈黙していたが、『アイヒマン』とその論争の期間のみ、再び発言するようになった。本章では『アイヒマン』からアーレントのナチス、イスラエル、シオニズムに対する考えの変遷を検討する。そのうえで、本章ではアーレントがとった「政治的立場」に注目する。

第一節　〈場所〉と政治的立場をめぐって

『アイヒマン』はアーレントの著作の中でも特に多くの分野で議論されつづけているテクストである。近年もベッティーナ・シュタングネト『エルサレム以前のアイヒマン』のように、歴史学の観点からアーレントの記述の正確性を問う研究が出てきている［シュタングネト 2021］。哲学・倫理学においても、『アイヒマン』は晩年の判断力や責任、思考論執筆の具体的きっかけになったテクストとして論じられており、日本においても研究が盛んである［例えば國分 2017など］。

他方でこうした先行研究は、アーレントによるアイヒマン裁判の傍聴をあくまで理論的な議論への「きっかけ」とし、ユダヤ軍創設論と同様、エピソード的に扱う傾向にある、といえよう。そのため、『アイヒマン』をシオニズムやユダヤ人問題の議論として読解する研究は少ない。

また『アイヒマン』刊行によるアイヒマン論争、とりわけショーレムとの往復書簡から、当時のアーレントのイスラエルをめぐる政治的姿勢を議論する研究もある［例としてed. by Aschheim 2001など］。だが、初期のテクスト全体をあわせて一九六〇年代のアーレントのシオニズム観を論じたものはほとんどない。そのため、初期と後期でシオニズムに関する考えがいかに変遷したかは明らかにされていない。例えば、アーレントとショーレムのシオニズムをめぐる対立は、この時初めて明らかになったのではない。二人のシオニズムをめぐる決裂は一九四〇年代時点ではっきりしており、そのことをお互い理解していた。(1)

建国からアイヒマン裁判が起こった一九六〇年、またその後の第三次中東戦争まで、パレスチナをめぐる政治的状況は第二次世界大戦期から大きく変容している。裁判と論争が起きた一九六〇―六五年の期間のみからアーレントのシオニズム観を示すよりも、初期から後期に至るまで、アーレントの中で何が変化したのかをみることが重要である。そこで、本章では二つのことに取り組む。まず、『アイヒマン』からアーレントのシオニズムに対する考えとその変遷を明らかにする。その際、問題となるのはやはり〈場所〉である。第二に、アーレント自身が個人として選択した政治的立場について触れる。

第二節　〈場所〉から『エルサレムのアイヒマン』を読みなおす

『アイヒマン』を通して、アーレントは、アイヒマンその人が反ユダヤ主義者だったというよりは、ナチス・ドイツの全体主義体制にしたがい、その中で出世のために動いていたのみ［EJ: 49］、とした。(2) アイヒマンがどの程度、反ユダヤ主義を意識していたかは、いまだ議論の分かれるところである。(3) 本章では、こうした、アイヒマンの実像や歴史的事実とアーレントによる主張との一致、不一致には踏み込まない。本章がまず注目するのは、『アイヒマン』において、〈場所〉がいかに論じられたのか、という点である。テクストで論じられる裁判でのアイヒマンの陳述、それに対するアーレントの見解を踏まえ、ナチス・ドイツによるユダヤ人差別をめぐる空間的表象を確認していく。

ナチス・ドイツの反ユダヤ主義と空間的表象――移住、移送、解決

アドルフ・アイヒマン（Adolf Eichmann, 1906–1962）は、当初からユダヤ人の強制移送（彼の言葉でいえば「移住」）の熱心な推進者だった。一九四一年以降は「ユダヤ人問題の最終解決」において「強制移送（forced evacuation）」の責任者になる。アーレントはテクストの中で彼の行動とその背景を理解しようと試みている。

アーレントによれば、「最終解決」決定以前のアイヒマンは「移住（forced emigration）」と称し、政策としてドイツ領内のユダヤ人の強制移送を推進していた。アイヒマンはマダガスカル案を支持し、「「自分の」ユダヤ人にいくらかの領土を手に入れてやる」［EJ: 75］という「熱意」を持っていた、とされる。アーレントの説明からわかるように、アイヒマンはユダヤ人の民族的自決権を支持・擁護する「シオニスト」では決してない。アイヒマンはマダガスカルにユダヤ人を「移住」させることが職務上、「ユダヤ人問題の解決」方法になる、と捉えていた［EJ: 76–77］。つまり、アイヒマンは当初からユダヤ人の自己決定権、民族自決権を認めておらず、政策的に別の場所に強制的に移動させることを考えていたのだ。

一九四二年、ヴァンゼー会議においてヒトラーによる「最終解決」、すなわち「肉体的絶滅」が決定づけられた。これを受けてアイヒマンの職務は「移住」から「移送」、それも抹殺のための「移送」へと変化した［EJ: 114］。アイヒマンは裁判において、「最終解決に反対する者には実際一人も――まったく一人も――会わなかった〔強調は引用者〕」［EJ: 116］ことによって、自身の「良心」に折り合いをつけることができた、と明らかにしている。ここからアイヒマンは移送の遂行のため、ユダヤ人から法的権利の剝奪を行なっていった［EJ: 114–115］。また、ヴァンゼー会議以降、ナチス内部でのガスによる大量殺戮の「用語規定」にも変化があった、とされる。

人を欺き、カモフラージュするために注意深く考案された、さまざまある「用語規定」において、「殺害」という言葉の代わりに〔ユダヤ人を拳銃ではなくガスにより「安楽死」させる、という意味で〕「慈悲の死を与える」というフレーズが用いられている、ヒトラーによるこの最初の戦争命令ほど、殺人者のメンタリティにおいて決定的な効果を持っていたものはない［EJ: 108］。

ガスによる大量殺戮とは、ナチス・ドイツにとって、「人種的に劣っている」ユダヤ人に「慈悲の死を与え」てやることと考えられていた。これはナチスによる障害者安楽死計画と同じ論理である〔森下・佐野 2020〕。ナチスはあくまでユダヤ人に死を「与える」、優越にふるまうことができる、あるいはそれが「自然」であるという意識がこの「用語規定」には如実に現れている。この「慈悲による死」に即してアイヒマンの職務、つまり移送への考えも変わった、とアーレントは分析している。

　彼はこうも考えたはずである。すなわち、あたらしい方法はナチ政府のユダヤ人に対する姿勢の決定的な進歩を示している、と。ガス殺計画の開始において、安楽死の恩恵は真のドイツ人のためのものだと明白に述べられていたからである［EJ: 109］。

アイヒマンにとってユダヤ人のガス殺は「慈悲」として捉えられ、自らの犯罪の正当化に至ったのである。さらに、ガス殺は「慈悲を与える」側に立つという、国民と非‐国民の境界を強化した。この場合の境界線とは、人種主義によって規定されたものであり、アーレントが考えるような法としてのものではない。それはユダヤ人を「劣等人種」として管理し、公共の施設をあてがい、「慈悲」を与えることで国民の立場を優位にする人種主義的なものとして機能した。

アイヒマンの陳述を通してみえてくるのは、ユダヤ人問題に対するナチス・ドイツの空間的な「解決」であり、差別の空間的な表象である。ナチスの「支配」は、いわばユダヤ人を空間的にみえないようにする、不可視化の支配である。例えば、「移送」からみられる空間的な「住み分け」は、伝統的かつ最もわかりやすい差別の表れである。ヨーロッパにおけるゲットーや南アフリカのアパルトヘイト政策における黒人の居住区域、アメリカのジム・クロウ法による黒人の公共施設の利用制限、イスラエル人とパレスチナ人とでは住む地区が区別され、壁があることも同じ論理である。このようなナチスによる反ユダヤ主義的政策は、空間からの不可視化という点で、移動させてその〈場所〉からみえなくすることから、「抹殺」、すなわちすべての〈場所〉からユダヤ人の存在自体を完全に抹消する方向へと切り替わっていった。

意見と立場の均質化

『アイヒマン』を準備した同時期、アーレントは『革命』を執筆した。第七章で論じたとおり、『革命』でアーレントは空間的な「移動」によって身体を伴い、実体的な〈場所〉へ人びとが集って言論を交わすことに「活動」、また「自由」をみていた。アーレントが考えた「移動」と、ナチス・ドイツの「移住・移送」とでは、「自由」のための移動か否かという点に大きな違いがある。ナチスによる「移住・移送」はユダヤ人を支配し、従属させるための「強制移送（forced evacuation）」［EJ: 114］だった。

また、アイヒマンは「反対する者には実際一人も会わなかった」［EJ: 116］、つまり、異なる意見を持つ者と同じ〈場所〉に居合わせなかったことが、自らの判断に影響した、という。『人間の条件』から『革命』で、意見とは、人びとが「ほかの誰かと自由にコミュニケーションし、それぞれの見解を公にする権利を持つ時にはいつも立ち上がるもの」、「個々人の私的所有（property）として維持され」［OR: 219］るものだとしていた。『起原』によれば、近代国民国家では私的所有が否定され、さらに全体主義社会では国民の均質性が強化されていった［OT: 573, 597］。アイヒマンが異なる意見を持つ他者に出会わなかったことは、ナチスが目指していた全体主義社会がかなりの程度、実現していたことを示している。私的所有、また複数の意見を否定し、根本的に非政治的なナチスの全体主義社会は、反ユダヤ主義をはじめとして、異なる立場の人びととの空間的な不可視化、抹消という差別を基盤とする。ナチスは人種的に「国民」として認められる者だけを空間に残し、国民の立場を均質化した社会をつくった。ユダヤ人の移送、虐殺、それに反対する者の押さえ込みは、そうしたナチスの全体主義的な空間の象徴である。

ナチスによる〈場所〉からの不可視化に対し、アーレントは「共生」をもって論駁する。

政治において、服従と支持は同じである。また、ユダヤ民族やほかの諸民族とともに地上に生きることを望まない——あなたとあなたの上司が、この世界に誰が住み、誰が住むべきでないかを決定する権利を持っているかのように——政策をあなたが支持し実行したからこそ、誰一人として、つまり人類の成員誰もが、あなたとともに生きることを望みはしないだろうと思う［EJ : 279］。

ここで主張される「共生」は、明らかにある〈場所〉での身体的で言語的な、直接の接触を示すものだといえる。同時に「現れ」は「可視化」を伴うものとして議論されている。

第三節　国民、難民、民衆——政治的立場の違い

『アイヒマン』においてアーレントは、こうしたナチスによるユダヤ人の〈場所〉からの不可視化と同時に、当時の人びとの「立場」をめぐる相違——難民と国民の立場の違い、ユダヤ人内の立場の違い——に注目していく。

「国民」の立場

『アイヒマン』では、さまざまな事情を持ったユダヤ人たちが一律に無国籍化され、移送され、その場から消え

ていく状況に対し、隣人たち、すなわち「国民」はいかに反応したたか、が問われている。というのも、アイヒマンはまさに「反対する者に会わなかった」ために移送を正当化できたからである［EJ: 116］。

実際、アイヒマンが陳述したとおり、移送および虐殺に反対した者はごく少数だった。それはナチス・ドイツの全体的支配における相互監視の帰結でもある。ユダヤ人は初めから不可視化されていたわけではなく、隣人たちに目撃されていたはずだった。にもかかわらず、隣人はユダヤ人を「見棄てた」［OT］。アーレントは、ナチスの全体的支配とは「友情」を断ち切るものだった［EU: 16］、としている。この「友情」もまた、アーレントの思想において重要な概念だったことはすでに前章でも触れた。「友情」とは対等なもの同士の「あいだ」に交わされる同盟関係であり、活動の一様態であり、「約束」または法的体制の条件でもある。ナチス・ドイツによる暗い時代は、「友情」それ自体を消失させた。

同様のことは一九六三年の論考「独裁体制のもとでの個人の責任」においても触れられている。

道徳の問題が発生するのは、「強制的同一化」の現象が発生してからのことです。恐怖に怯えた偽善からではなく、歴史の〈列車〉に乗り遅れまいとする気持ちが、早い時期において文化の全ての領域において、公的な人物の大部分がまさに一夜にして、自分の意見を変えたのです。それも信じられないほど簡単に意見を変えたのです。それは生涯にわたる友愛の絆を絶ち、破壊したのでした。要するに私たちを困惑させたのは、敵の行動ではなく、こうした状況をもたらすために何もしなかった友人たちの振る舞いだったのです［RJ: 24／四二］。

アーレントによれば、「友情」が瓦解した原因は、全体主義体制による個人の意見と判断力の無化にある。ここから、アーレントは個々人の判断力や思考へと関心を傾けていくようになった。『起原』でも隣人たちの反応や友情について言及はあるものの、「責任」の問題として発展的に論じたのは、やはり『アイヒマン』からだろう。そこには難民と国民がともに存在していた〈場所〉の問題があったのである。

「難民」の立場

他方、アーレントはアイヒマン裁判を通して、第二次世界大戦中のヨーロッパ・ユダヤ人難民の存在をいかに論じたのだろうか。結論からいえば、この点に関するアーレントの考え方は、一九三〇年代後半から基本的にほとんど変化していない。

アーレントは『アイヒマン』第九―第一二章において、移送に至るまでの無国籍化の過程を、当時のドイツ領、西ヨーロッパ、バルカン諸国、中央・東ヨーロッパとヨーロッパ全体を俯瞰する形で整理している。その中で、近代以降のヨーロッパにおける民族的同質性を基とした国民国家体制から零落した諸集団がいたこと、すなわち少数民族問題に言及し、ユダヤ人問題をそうした問題のうちの一つとして定位している。アーレントは特にバルカン諸国、中欧をさまざまな民族集団による「混合住民地帯」とし、国民国家体制の成立が難しかった地域としている[EJ: 181-182]。西方ユダヤ人（西ヨーロッパに居住するユダヤ人）は大部分が自らのルーツを棄却した。だが、それは同時に、反ユダヤ主義を内面化することも意味した。そうした人びととは対照的に、中欧、バルカン、広く東欧のユダヤ人は、居住国家の国民として認められず、かつ民族自決権も認められない、領土を持たない「少数民族」として扱われた[EJ: 182]。こうした同化していない、少数民族の立場にあったユダヤ人の無国籍化は、西ヨーロッパにいた、国籍を持った同化ユダヤ人、または二重国籍を持つユダヤ人と比べ、容易だったとされる[EJ: 182, 159-160]。

このようなヨーロッパ・ユダヤ人内部の多様な状況は、シオニズム内部の議論の複雑性を理解するうえでも重要である。戦前に貧しい地域にいた者、裕福だった者、あるいは同化していた者、同化せずにいた者、ユダヤ教徒でありつづけた者、非ユダヤ人からも認められる才能を持つ「名士」たちなど、立場の違いから当然シオニズムに対する姿勢も変化する。

アーレントは一九四〇年代にもこの点に触れ、特に西欧の「成り上がり者」的なユダヤ人シオニストを批判していた。彼女自身によるシオニズム批判は、ユダヤ人内の多様性、またそれゆえの断絶をよく表している。こうした点で、近代ヨーロッパにおいてユダヤ人問題は少数民族問題の一つである、というアーレントの考えには初期からほぼ揺らぎはない。

さらに、この人口や階級、居住地の問題もまた、〈場所〉と関連した問題である。特に東欧ユダヤ人は「その地域で『郷土（homeland）』のない唯一の民族集団」[EJ: 182] だった。それゆえに、難民化し一時的にゲットーに押し込められた彼ら彼女らを、その後いかに処遇するか、この点こそ、アイヒマンが強い関心を持っていたユダヤ人問題の「空間的」な解決に繋がったのである。また、完全に離散し土地や言語という共有可能なものを持たない民族であるユダヤ人側にとっても、代表者とは誰なのか、誰であれば集団を代表できるのかは大きな問題だった。シオニズム内部の議論対立はこうした「ユダヤ人」の多様性と断絶の表れでもあった。

本来、多様な存在だったはずのヨーロッパ・ユダヤ人は、ナチス・ドイツによってショアのもとでは一律に「難民」とされた。この状況は、民族的同質性を「国民」の条件とする国民国家体制の論理とも一致する。『起原』で論じられたとおり、民族的同質性を持つ者は均質的に「国民」となり、どこの国家においてもそれを持たない者は「難民」となる。

政治的立場をめぐるユダヤ難民間の相違――ユダヤ人指導者の政治的立場をめぐって

さらに、アーレントはユダヤ難民の間の政治的立場の違い、特にユダヤ人指導者の政治的判断の問題に注目した。『アイヒマン』において、アーレントは立場による責任の問題をユダヤ人内部、特にユダヤ人指導者たちにも提起した。アーレントによれば、指導者はユダヤ人の中でも「責任」を担う「立場」にあった、という。

無国籍化された当時のユダヤ難民の間には、ユダヤ人指導者のように集団に対して発言権を持った存在から、移送されたユダヤ難民のような、そうした力をまったく持たない、言葉のとおり無力化された存在など、立場はさまざまだった。アーレントはここに注目し、ユダヤ人指導者らがナチスに協力したこと――アーレントの言葉でいえば「勇気」を示さなかったこと——で、多くの無力な難民たちが犠牲になった、と批判した。

ユダヤ人評議会と「勇気（courage）」

つまり、『アイヒマン』においてアーレントは、全体主義体制に抵抗する手段として、体制に抵抗することとそれに連帯する「勇気（courage）」を誰がいかに示していたのか、審判している、ともいえよう。彼女はまず隣人、すなわち非ユダヤ人の住民や国民たち、諸外国の住民・国民たちがユダヤ人に「友情」を示す「勇気」を持っていなかったことを指摘した。次いで、ユダヤ人内部の階層において上部を占めていた「名士」らも、抵抗する「勇気」を示さなかったことを非難した。

アーレントは、論争においてもこうしたユダヤ人評議会への考えを変えることはなかった。一九六四年のシンポジウムで、アーレントは「ナチ占領下のヨーロッパ内部のユダヤ人大衆は客観的に無力だった」ことを強調しつつ、次のように評議会を批判している。

> ヨーロッパ内部のユダヤ人指導者は客観的にみて、ユダヤ人民衆よりも無力でなかった、というわけではありません。また、もしもユダヤ人指導者らがこの無力さを認め、自らの立場を放棄していたら、それ以上のことをいう必要もなかったでしょう。客観的に言って、次の三つの選択肢以外なかったのです。第一に、ユダヤ人指導者らが自らの無力さを認めて、すべては失われた、逃げろ、と民衆に告げること。または、世話をしていた人びとと東方への旅に向かい、運命をともにすること。あるいは、とりわけフランスでなされたように、ナチに支配されたユダヤ人評議会をユダヤ人の亡命を助けようとしていた地下運動の隠れ蓑として利用すること。〔…〕ユダヤ人指導者は、単に無力である代わりに、実際、絶滅作戦を掲げた官僚制において、重要な因子となっていたのです［JW: 494］。

アーレントによると、指導者の立場にあったユダヤ人には、ほかの一般のユダヤ人とは異なり、いくつかの方法を通して「勇気」を示すことができたはずだった。すなわち、民衆に逃げるよう勧めること、ともに移送されること、またユダヤ難民の亡命を支援するレジスタンスと協力することの三つである。アーレントは次のように続ける。

さて、最後に、パレスチナ、またディアスポラ両方のユダヤ人指導者について、彼らはよくこう言われてきました。ヨーロッパ・ユダヤ人の窮状を劇的に表現してこなかった、連合国との取引をめぐって主張や想像力を持つこともなく、勇気を出すこともなかった。私はこのことを否定しようとは思いません。しかし、こうした状況下では、ただユダヤ人の立場の「正常化」――つまり、真の宣戦布告を行い、パレスチナのユダヤ人と世界中の無国籍のユダヤ人で構成されたユダヤ軍を創設し、ユダヤ民族を交戦国として承認させること――のみが助けだった、と当時私は信じていましたし、今日も信じる方に気持ちが傾いているのです［JW: 495］。

この引用で「パレスチナ」と言われているのは、ヨーロッパからパレスチナへ入植し、活躍していたシオニストの指導者を、「ディアスポラ」と言われているのは、それ以外の世界中のユダヤ人指導者全体を指している。つまり、連合国にいたユダヤ人、例えばアメリカやイギリスのユダヤ人たちもふくめ、ユダヤ人指導者全体がより積極的に「連合国と取引」すべきであった、としているのである。それ以上に、一九三〇―四〇年代当時、アーレント自身はユダヤ軍を通した「ユダヤ人の立場の『正常化』」、すなわち民族的な主体化が必要だった、と「信じていたし、今日も信じる方に気持ちが傾いている」という。

シオニストの政治的立場をめぐって

この箇所をめぐっては、初期のアーレントのシオニズム論について補足する必要があるだろう。アーレントがシオニズムにおいてユダヤ軍の創設を重視したことは第一章ですでに述べた。ユダヤ軍によって収容所を解放し、ユダヤ人全体が民族として主体化する、その後にパレスチナにパレスチナ人との共生国家を打ち立てる、というアーレントの筋書きは、当時のシオニズムにおいて非常に珍しい意見だった。シオニズムの主流派を成していた左派は、パレスチナでの「領土」を有するユダヤ人の主権国家建設を目標としており、民族としての主体化は「領土」の獲得のもとに遂行されるもの、と考えていたからである。つまり、アーレントと一般のシオニズムとでは「主体化」と「領土」の順番が逆だったのである。

一九四〇年の自らのシオニズム観は、当時の状況を照らし合わせて現実的だった、当時の見解は今（一九六四年）も変わらない、ということをアーレントは先の引用で示そうとしている。つまり、ナチスによる迫害下において、「領土」よりも「主体化」こそ、ユダヤ人にとって喫緊かつ優先的な課題である、とするシオニズム観である。「領土」よりも「差別撤廃」が優先されるべきである、と言ってもいい。

かつて、アーレントはテオドール・ヘルツルとベルナール・ラザール（Bernard Lazare, 1865–1903）を比較して次のように論じていた。

この大きな違いが、ともに世界シオニスト機構の役員を務めていた二人〔ヘルツルとラザール〕の間で、個人的不和へとつながった。ユダヤ人問題に対するヘルツルの解決方法は、つきつめると、郷土への逃亡、あるいは解放だった。ドレフュス事件に照らして考えると、ヘルツルにはキリスト教徒の世界は全体として敵対的にみえた。そこには、ユダヤ人か反ユダヤ主義者しかいなかったのである。〔…〕一方で、ラザールには、領土問題は二の次であり、それは「ユダヤ人は人民として、ネイションの形をとって解放されるべきである」という重要な要求の、単なる結果に過ぎなかった。ラザールが求めたものは反ユダヤ主義からの逃避ではなく、敵に対抗する人民の動員だったのである［JW : 339］。

ヘルツルとラザールのシオニズムに対する姿勢の相違は、反ユダヤ主義に対して示す反応にあった。前者は反ユダヤ主義からの〈場所〉的な脱出、つまりユダヤ人の主権国家の建設を支持した。だが、主権国家の建設はユダヤ人自らが反ユダヤ主義を認める（「反ユダヤ主義は永遠になくならない」、ゆえに別の土地に別に住む）ことになる。それに対して後者のシオニズムは、ユダヤ人の主体化によって反ユダヤ主義という差別の撤廃を求めていた。

シオニズム左派の源流となったヘルツルと、彼女自らの理論で位置づけた「自覚的パーリア」であるラザールとを対比させていることは偶然ではない。アイヒマン論争での発言に立ち返れば、世界中のユダヤ人指導者らが、反ユダヤ主義自体を拒否し、抵抗する「勇気」をみせる、という、別の選択肢を志向することも可能だったと、アーレントは「当時信じていたし、今日も信じる方に気持ちが傾いている」のである。この点で、アーレントのシオニズムは初期からある程度、一貫性を持っていることがわかる。

第四節　パーリアとしてのアーレント――政治的立場をめぐって

ここまでの議論をまとめると、アーレントは「活動」、「約束」や「友情」が破綻した暗い時代の人びととの立場を「責任」という観点のもと、次のように分けていた。まず、国民と難民である。前者にはアイヒマンのようなナチスの党員から、非党員の一般の人びと、ドイツ以外の国のフランスやイギリス、デンマークの国民などがふくまれる。こうした「国民」からこぼれ落ち、国籍を持たず、あるいは剥奪され、市民権を失った人びと、広義では少数民族、狭義でいえばヨーロッパ・ユダヤ人が後者である。アーレントに言わせれば、国民は難民を目撃していたかぎりで、難民と連帯する責任、換言すれば「友情」のもと体制に対して抵抗する「勇気」をみせるべきであった。

さらに、アーレントはヨーロッパ・ユダヤ人を二種類に分けた。一方は政治的判断を担う立場にあったユダヤ人指導者らであり、もう一方はそうした立場になく、活動の余地を一切奪われたユダヤ人民衆である。では、こうした勇気と責任をめぐり、アーレント自身はいかなる立場にあったのだろうか。あるいは、自らをいかなる立場に位置づけたのだろうか。

「われら難民」からみる難民としてのアーレント

客観的にみても、アーレントは活動の余地を一切奪われ難民化された、ユダヤ人民衆の一人に数えられるだろう。アメリカ亡命以降は迫害から離れ安全地帯にいた、といっても、それまでにドイツでナチスによって逮捕され（一九三三年）、フランス・ギュルス収容所で拘留されている（一九四〇年）ことから、決して彼女が安全な環境にいたとはいえない［Hiruta 2021: 138–140］。

また、「われら難民」において、アーレントはアメリカにおいても敵性外国人、あるいは移民として差別を受けたことを述懐している［JW: 266, 270］。また、『起原』における、国民国家体制を難民の観点から批判したことも、自身をユダヤ難民として認識していたことを表している。アーレントは客観的にみても、彼女自身の認識からしても、ユダヤ難民、それも他者に対しても自分自身に関しても、ほとんど決定権を持たない、無力な難民、ユダヤ人の民衆の一人だったといえよう。

名声のある難民、無名の難民

他方、「ユダヤ難民一般」「ユダヤ人の民衆」といっても、その内実は一枚岩でなかったことは先述したとおりである。多様な背景を持つはずのユダヤ難民の中で、アーレントは比較的裕福な西方ユダヤ人の家庭出身だったものの、自らは西方ユダヤ人の同化主義に対して強く批判的な立場だった。あわせて、難民の中でも「ユダヤ人名士」と呼ばれる人びと、すなわち無名のユダヤ人一般とは異なり、何かしらの才能を持ち、非ユダヤ人にも認められるような人物に対してアーレントは初期から批判的だった。「名士」の例として、科学者のアルバート・アインシュタインが挙げられている［EJ: 134］。アインシュタインはユダヤ難民の中でも、その才能ゆえに早い段階からイギリスへの亡命が可能だった。また、アメリカに原子力の軍事利用に関する情報を提供したこともあり、彼はユダヤ難民としては比較的早期にアメリカ国籍を取得することができた。

『アイヒマン』では、こうした「ユダヤ人名士」への批判も言及されている。例えば、アーレントはルドルフ・カストナーを挙げている。こうした、数名の名士のために大勢の無名のユダヤ人民衆を暗黙のうちに犠牲にした、カストナーの対独協力はアーレントにとって「勇気」には当たらない。[4] 別の箇所では次のようにも書かれている。アインシュタインを追放したことを悔いるドイツの文化的エリートたちは、「街角にいたハンス・コーン少年[5]がたとえ天才ではなかったとしても、彼を殺すことの方が、より大きな犯罪だったことに気づくことがない」[EJ: 134]。

こうした「名士」への批判も、アーレント自身が移送されるはずだった「無名の大衆」の中の一人だったことと無関係ではないだろう。ギュルス収容所での勾留経験を考えてみても、脱走することはできたものの、もしかするとアーレントも、行動を共にしていた母マルタも移送されていた一人だったかもしれない。

アーレントは真の被害者を無名のユダヤ人民衆とし、自らの立場をもそこに位置づけていた。そこには、ユダヤ人指導者はふくまれず、さらには対独協力したユダヤ人や彼らによって救われた「ユダヤ人名士」もふくまれない。

こうした、ユダヤ人名士、同化ユダヤ人といった「成り上がり者」への批判は、本来、パーリア論に接続されるはずのものである。だが、『アイヒマン』では無名／有名という二項対立は持ち出されているものの、議論はユダヤ人指導者、ユダヤ人名士、同化ユダヤ人への批判に留まっており、パーリアについては言及されていない。この点が、アーレントのユダヤ人としての立場を曖昧なものにしている。つまり、ユダヤ人名士、同化ユダヤ人に向けられた批判の行き着く場所が曖昧なのである。その結果、多くの読者、特にユダヤ人の読者たちからは、ユダヤ人指導者への批判とユダヤ人名士への批判が混同されて読解された。また、ショーレムからもアーレント自身はいかなる立場でユダヤ人を非難するのか、とその立場を批判されたのである。では、本来説明されるべきだった「パーリア」とは、いかなるものだったのだろうか。

パーリアとしてのアーレント

一九六四年、ギュンター・ガウスとのインタビューで、アーレントはショーレムとの論争について尋ねられ、自らの立場を語っている。アーレントは改めて、自らにユダヤ民族に対する「愛」はないこと、「愛」という概念自体、非政治的なものだとした。これに対しガウスから、アーレントにとってユダヤ民族とはいかなるものなのか、と問われ、ユダヤ民族の特徴として「世界喪失状態」を挙げて応答している。

　この世界喪失は、ユダヤ民族が離散において被り、また、パーリアであるすべての人びとと同じように、そこに属する人びとのあいだに特別な温かみを生み出していました。これはイスラエル国家建国の時に変容したのです［EU: 17］。

この発言における「世界」とは、アーレント独自の「複数人のあいだに現れる公的な空間」のことである。アーレントは続ける。

　世界喪失によって意味を帯びた、この特別な意味でのユダヤ的な人間性は、なにかとても美しいものでした。それを知るにはあなたはお若すぎますね。ですが、それはなにか本当に美しく、このあらゆる社会的な結びつきの外に立ち、偏見を持たず、心を開くことを、私はとりわけ母において経験しました。母は、ユダヤ人社会全体への関わりの中においてもそれを実践していました。もちろん〔イスラエル建国とともに〕そうしたことはすべて過ぎ去り、多くのものが失われました。解放の代償です［EU: 17–18］。

「世界喪失」、すなわち「あらゆる社会的な結びつきの外に立」っているというパーリア的な状態こそ「ユダヤ的な人間性」であり、それは「美し」く、「温かみ」のあるものだった、とアーレントは回顧し、それがイスラエル建国によって失われたことを悔やんでいる。続くガウスの「解放の代償を払う前に戻りたいか」という問いに対し、アーレントはそれを否定しつつも、自ら解放の代償を「好んでそれを払いたいとはいえない」と答えた［EU: 18］。アーレント自身は「世界喪失状態」にある「パーリア」の立場に留まりたい、としたのである。

一見すると、アーレントはイスラエルの建国、ひいてはパレスチナ地方におけるユダヤ人の国家創設に否定的であるようにも受け取れる。この発言と『アイヒマン』でのイスラエル批判とをあわせてみれば、アーレントは非シオニストないし反シオニストにもみえるだろう。だとすれば、初期にシオニズムを支持したこととまったく矛盾してしまう。また、この応答はパーリアという概念について十分に説明しているとは言い難い。『人間の条件』では「世界」や公的領域、そこで生じる権力や活動の重要性を議論していながら、この発言では逆に、自らはそれらを「喪失」した状態のパーリアの地位に留まりたい、としており、わかりにくい発言である。しかしながら、この発言はショーレムによるアーレント自身の立場という問いに対する、唯一はっきりとした応答である。この発言を手がかりに、パーリアという概念を整理してみたい。

パーリアとは何か

アーレントがパーリアの概念について詳しく論じたのは、一九四三年「われら難民」、一九四四年「パーリアとしてのユダヤ人——隠された伝統」においてである。

まず、パーリアは二重の意味を持つ語として定義されている。一つは社会的な意味、すなわちマックス・ウェーバーがいう「賤民」の意味である。端的にいえば、抑圧されるヨーロッパの少数民族、無国籍者、難民全般を指す言葉として使われている［例えばJW: 127-128］。もう一つは、「人間性」の類型としての意味である。それは、政治的に無力な人びとの営為によって積み重ねられた「伝統的なもの」、しかし記録されず、語られずにきたために「忘れられてきた」ものでもある［JW: 274］。換言すれば、人間性の伝統の一つとして「パーリア」なるものが生まれている、という意味である。「パーリアとしてのユダヤ人」ではこちらの意味が強調されている。

「人間性」の伝統としての「パーリア」

では、人間性の伝統の一つとしての「パーリア」とは何か。アーレントによると、賤民として生きてきたユダヤ人の間にはあたらしい「人間性」の類型が生まれた。それは忘れられ、隠された伝統として今も息づいている。その伝統の担い手とは、ハイネ、ラザール、チャップリン、カフカ、そしてファルンハーゲンである。

なぜこれらの人びとが「パーリア」なのか。それは彼、彼女らが一九世紀を生きたユダヤ人であることが大きい。一九四三年の「われら難民」で、パーリアと成り上がり者はともに「一九世紀が生んだ」現象だとされる[JW: 274]。一九世紀とはユダヤ人の同化政策が西欧で一定程度進んだ時代である。ユダヤ人からすれば、反ユダヤ主義と表裏一体の同化政策に対し、いかなる姿勢を取るかが迫られた時代だった。ユダヤ人は社会的に賤民であるため、多数派民族による世界との社会的な結びつきの外部にいる。同化して成り上がるのか、同化しないのか、いかなる道を選択するのかが個々に問われていた。こうした中で、上記の人物たちは無自覚にせよ意識的だったにせよ、同化を選ばず「パーリア」としての個人的態度を貫いた、とアーレントは論じている。これらの「パーリア」は、大きく三つのタイプに分けられる。すなわち、ロマン主義タイプ、活動タイプ、製作タイプである。

ロマン主義から活動的、製作的パーリアへ

ロマン主義タイプのパーリアが示す態度の特徴は、人為的なものに対するユーモラスな攻撃と自然的なものへの称賛である。一九世紀初頭を生きたユダヤ人は、解放と同化政策が進められていく中で、それまでとは異なる政治状況にあるために先例や手本、踏襲すべき伝統を持たない人びとだった[JW: 25]。これを逆手に取り、ロマン主義的パーリアは「現実世界の外側に立ち、外側から現実世界を攻撃した」[JW: 280]。その際に批判対象となるのが、主権者、あるいは国民らの世界がつくった「人為的なもの」、すなわち階級、隷属、支配など不平等を生み出すもの、またそれを生む特権的な人びとである。これらをロマン主義的パーリアはユダヤ人の長所である「無分別さ、ユー

モア」でもって戯画化した［JW: 280］。社会におけるアウトサイダー的視点を詩作などの芸術活動等を通じて表現することで、自らの立場性をも表現する。同時に、上流階級や特権的存在をアウトサイダーの立場から批判することで、一般民衆への「親近性」［JW: 279］と「忠義」［JW: 282］を持つ、とされる。

さらに、ロマン主義的パーリアは民衆から名声を得たとしても、それは自らが「外側に立つもの」であることを裏づけることになるため、成り上がり者のように金銭的、また政治的立場上の利益につながることがない。つまり利害性を持たない（没利害的）存在である。したがって、パーリアは無名の民衆の代表者でもある。

第二のタイプは自覚的パーリア、すなわち「自らの立場を自覚し、意識し、それに対する反抗者となる」［JW: 283］人びとである。つまり、賤民として抑圧されている側であることを政治的に自覚する者やその態度を指す。アーレントはこの類型の例としてラザールを挙げている。ユダヤ人また少数民族は賤民であるかぎり、人為の空間、言い換えれば公的領域に踏み入ると必ず「抵抗者」となる。ラザールにとって、反ユダヤ主義の永続性を認めることは、同化と同じく「隷属」を意味した。世界または公的領域によそ者として入るユダヤ人は、世界の成員（国民）の基準に対し「抵抗」することになる。ラザールは「ユダヤ人はパーリアの代表者として、人前に現れるべきである」［JW: 284］とした。つまり、あらゆる賤民、あらゆるアウトサイダーの代表者としての自覚を持つべきだとしたのである。

この自覚的パーリアとしての態度は、アーレントのシオニズムに通底するものだろう。ラザールの「自由のための闘いは、ヨーロッパの虐げられたすべての人びとが民族的、社会的解放を達成する」［JW: 283］ことを目標としていた。これは、賤民への差別の撤廃をほかの少数民族と連帯して求めた点でアーレントのシオニズム観にかぎりなく近い。アーレントはこの目的のためにまずユダヤ軍創設という活動を論じた。この点で、ラザールの態度はアーレントのいう「活動」を指しているともいえよう。

アーレントは、ラザールの試みは失敗していないとするが、それは彼がはじめてパーリアとして活動する人だったためである。しかし、活動は一時的なものであり、それは物語などの物として次世代に語られ、引き継がれなければ忘れられたままとなってしまう。

この活動的パーリアの「儚さ」という欠点を補うようにして登場するのが、カフカを例とした製作的なパーリアである。アーレントはカフカを「あたらしいパーリアの形象」とした。アーレントによれば、カフカはパーリア自身でありながらそれまでのパーリアのあり方を批判した。カフカは「思考こそあたらしい武器」であり、思考を「自己保存の道具として」[JW: 290] 使っていくべきだとする。同時に、シオニズムを「ユダヤ人の「異常な」状態を廃棄する手段」であり、「ユダヤ人がほかの諸民族のような民族になる道具」だと考えた。この点は活動的パーリアとも通ずる点である。両者が異なるのは、同化の限界を見極め、闘うという別の選択肢を選ぶ過程を物語化した点にある。つまり、製作を通して世界や次世代に活動を語り継ぐことを初めて行ったパーリアだった。カフカがパーリアにこうした製作の視点を取り入れたのは、彼自身、第一次世界大戦とそれによる東方ユダヤ人の大規模な無国籍化・難民化を目の当たりにしたためだろう。[6]

カフカを通して示されるのは、思考し、活動する過程を製作によって表現し残すことの重要性である。[7] それによりほかの少数民族や世界に対してユダヤ人を目撃させ、連帯を呼びかけ、協調して行動することこそ、カフカの狙いだった、とアーレントはいう [JW: 296–297]。

この点もまた、アーレントのシオニズム観において重要なポイントだった。ほかの少数民族との連帯、世界へ物語を通して伝えること、すなわち周囲あるいは世界に目撃させ、証言させ、連帯する勇気を訴えることがシオニズム(特にユダヤ軍創設論)における主張の一つだった。同時にユダヤ人自身には闘って死ぬ覚悟や勇気を持つことを促すことになる [例えば JW: 145 など]。

イスラエル建国とパーリアの伝統

以上のことから、ガウスとのインタビューで触れたことを振り返ると、イスラエルによる「損害」として二点が挙げられる。第一に、民族的解放とほかのパーリア、つまり少数民族との連帯――アーレントの考える意味での真の「自由」――が得られなかったことである。ユダヤ人の主権国家が建設され、ユダヤ人自身が「国民」となったことから、反ユダヤ主義の永続性の論理が残り、差別の撤廃には至らなかった。この点でラザールの活動的パーリアも、それを引き継ぐカフカの製作的パーリアの試みもともに一度失敗に終わった。

第二に、ロマン主義的パーリアの持っていた没利害性、一般民衆への忠誠も建国によって失われたことになる。イスラエルが主権国家として建国したことで、ユダヤ人もイスラエル国家に対して一定の利害を持つようになった。国際社会においても、各国家においても、イスラエルへの利害を考慮に入れてユダヤ人は行動するようになり、ゆえに人為的なものに対する批判の力も失われた。民衆とともにあった当初からのパーリア的態度も失われた。

また、アーレントがガウスへの応答の中で触れた、パーリアの世界喪失状態が「温か」く「美しい」とは、いかなる意味なのか。これはロマン主義的パーリアの態度を指したものである。民衆に愛されるユーモラスさ、階級や特権的存在に対する批判、自然を平等なものとして「無垢」に「陽気」に享受する態度など、これらのロマン主義的パーリアの持つ特徴は、イスラエルの建国と同時に「頓挫」し、今もまた「忘れられ」「隠され」たものとなった。

パーリア論の狙いは、パーリア的態度を「ユダヤ的な人間性」として、かつ「伝統」として、物語化を通して記憶ないし想起させ、シオニズムの基底に定位することだった。それは一九五〇年時点で頓挫したのだが、パーリア的な態度は反ユダヤ主義、同化主義、難民化、全体主義と同じく、一九世紀の遺産であり、アーレント自身の中に息づいたものだったのだろう。イスラエルに対し批判的態度をとったこと、またユダヤ人指導者やユダヤ人名士への批判も、この点からみると一貫している。アーレントは自身をイスラエルの「外部に立つ」ユダヤ人として位置づけている。彼女は成り上がり者ではなく、自身の立場性を一般民衆、それも法の外部に立たされた賎民、言い換えれば難民当事者——領土を持たず、一切の居場所を持てず、移送され虐殺される対象だった当事者——として理解していた。

第五節　パーリアの揺らぎ——一九五〇年代から六〇年代へ

アーレントは初期から後期に至るまで、抑圧され差別される人びととともにあり、国民国家の「外部に立つ者」または「よそ者」として振る舞うパーリアの態度を貫いた。とはいえ、初期の考えと一九六〇年代の姿勢が完全に一致しているわけでももちろんない。『アイヒマン』では初期、また『起原』の議論と矛盾する点も多々ある。アーレントは初期に自ら定義したようなパーリアであったのか、というと、厳密にはそうでもないのである。最後に、こうした後期におけるパーリア概念の矛盾について触れる。

没利害性をめぐる矛盾——「解放の代償」としてのイスラエル国家へのコミット

一九六〇年代になって、一つの顕著な変化がみられる。それは没利害性についてである。アーレントはパーリアの、特にロマン主義タイプ以来の人びとが抱えた問題として、意見の形成の困難さを挙げていた。国民への同化が進み、その社会に合流する中で、ユダヤ人は国民のように共有された伝統や歴史、言語といった「方向性」を持っていなかった［JW : 26］。

だが結果として、ファルンハーゲンやハイネは「方向性」を持たず、先入観を一切持たないからこそ、アウトサイダー的な視点を武器にすることができた。社会全体や特権的存在に対し利害を持たないために、忌憚なく、しかし「陽気」に批判的な態度を取ることができた。アーレントからみて、そうした「無垢」な振る舞いがパーリアのよさだった。

こうした「利害」と「意見」の関係性は、『アイヒマン』と同時期に刊行されている『革命』でも言及されている。『革命』では、個人の「意見」と対照をなすものとして挙げられているのが、集団の「利害（interest）」である。アーレントは、「利害」を多数派集団の単一化、「精錬させること（purification）」［OR: 219］の結果として形成されるものとした。個人の「意見」と集団の「利害」の対比についても、一九三三―四四年における主張と、一九六三年の主張は基本的に一致している。これを踏まえても、パーリアにおいて没利害性を長所として捉えられていることに矛盾はない。さらにアーレントはこのパーリアの没利害性を実践してさえいる。『アイヒマン』において、アーレントはエスタブリッシュメントの反発を恐れずに裁判におけるイスラエル、またユダヤ人社会の「利害」を批判した。これもまたパーリア的な振る舞いである。

ところが、アーレント自身イスラエルの「利害」から完全に自由だったわけではない。例えば、マッカーシーとのやりとりでアーレントは何度か中東戦争の状況に触れ、イスラエルの立場について「悲観的」で「心配」していた［COR A=M 1999: 454, 611］。イスラエルが中東戦争によって立ち行かなくなることは、「もう一度ホロコーストが起こる」ことだとして、アーレント自身懸念があることが記されている。

帝国や政府や国家は起こっては消える、だがユダヤ民族は残る。ユダヤ人はそう考えているのです。この情熱には何か壮大なもの、そして何か卑しいものがあります。私自身は、それを分け持っていないと思っているのですが、その私でさえ、イスラエルに真の破局が訪れれば、ほかのほとんどいかなるものにも増してそれから大きな影響を受けることを知っています［COR A=M: 445］。

イスラエルの「真の破局」によって「大きな影響」つまり、再びショアのような迫害に遭うことを不安に思っていた。あらゆるディアスポラ・ユダヤ人にとってイスラエルは無関係ではないとしても、アーレントにもイスラエ

ルへの利害を意識する場面があったのだ。(8)

これらのやりとりからわかることは、結果として主権国家に対するアーレントの批判的態度が一貫していない、ということではない。むしろ、アーレント自身、ショアを通してユダヤ人の利害とその代表者の存在を重視していた、ということである。(9) ユダヤ人の利害とは、すなわち一民族としてその存在がまず認められることである。反ユダヤ主義と闘ううえで、この利害が国際的に認知されることは重要だった。その利害を主張する代表的存在が主権国家の形態をとったことはアーレントにとって本望ではなかっただろう。それは同年に『革命』で主権制を厳しく批判し、連邦制を評価した点でも明らかである。他方で、アーレントは迫害を受けた一当事者として、戦後世界でそうしたユダヤ人の利害を代表する機関の必要性を感じていたのだろう。だがそうであれば、アーレント自身もパーリア的な態度に留まることは戦後において不可能になっていたはずである。あらゆるユダヤ人がパーリアに留まることができなくなったこと、あるいはパーリアの伝統がほぼ断ち切られたことこそ、イスラエル建国の本当の「代償」だったのではないだろうか。

〈場所〉は差別を映し出す。本章では、『アイヒマン』での議論を手がかりとして、〈場所〉を喪失した難民の様子をたどり、ナチスの差別における空間的な表象を確認した。同時に、移送と虐殺をめぐる国民／難民、またユダヤ難民内部での政治的立場の違いを検討し、そのうえで、アーレントの政治的立場を分析した。アーレントは戦後も自らを一人の難民、ユダヤ民衆、あるいは、ラザールのような、自覚的パーリアとして位置づけていた。これに伴い、アーレントのシオニズム観も初期からほとんど変化はみられなかった。

さて、第三部では大きく分けて二点のことを分析してきた。すなわち、『革命』での〈場所〉論と、『アイヒマン』を手がかりにみた、アーレントの政治的立場である。

まず『革命』での〈場所〉論は次のようにまとめられる。『革命』の連邦・評議会論と初期のシオニズム――バイナショナリズム論は、理論的に一致する点が多く、『革命』からバイナショナリズムを再解釈することができる。アーレントのパレスチナにおける連邦国家論は、パレスチナ人‐ユダヤ人が混住するものとして構想されており、地区・地方ごとで民族単位の評議会を形成する。そうすることで、複数性を現し、下から上への政治を実現し、権力を増大することができる。

初期の議論と『革命』は、相違点もあった。それは革命の主体の違いである。初期のシオニズム‐バイナショナリズム論においては、民族（nation）が革命の主体として考えられていた。これに対し、『革命』では人民（people）が革命の主体として論じられている。この変遷は、第二部までの議論によって補うことができるだろう。すなわち、初期から中期にかけては共生概念の変化が看取できた。共生は、初期では「諸民族との共生」として論じられ、『人間の条件』が書かれた中期以降には、他者を諸民族とは限定せず、しかし、「選択不可能」と条件づけたうえで議論していた。中期において、共生するうえで想定される他者が普遍化されるとともに、後期にかけては、革命の主体も民族単位から人民へと普遍化されたのである。

共生と革命の主体が「人民」になることは、〈場所〉論に以下のような解釈を加えることができるだろう。まず、連邦制は主権制のような領土の考え方を持っていない。ある主権国家の領土内に住む人は、その主権国家の国民＝民族である、という同一化の原理を主権制は少なからず持っている。連邦はそうした同一化の原理を持たない。連邦がパレスチナ地方だけでなく、ヨーロッパ、さらにその先へと拡大され、その内部では「国境」という概念がないため、当然どこへでも行き来は自由となり、ヴィザも不要となる。パレスチナ地方以外に、パレスチナ人やユダヤ人が住んだとしても、居住権も市民権も認められることになる。

一方で、こうしたアーレントの〈場所〉論は、先住者の〈場所〉に対する愛着や、権利を軽視する傾向もはらんでいる。この問題をアーレントの政治思想の中でいかに取り扱うかによって、連邦論はよりアクチュアリティを持つことができるだろう。

最後に、第三部では、『アイヒマン』を手がかりとして、ナチス、シオニズム、イスラエルに対するアーレントの政治的立場を分析した。アーレントのシオニズム観は後期に至るまでほとんど変化はなかった。イスラエル建国以降、イスラエルを批判しつつも、一方ではユダヤ人の「利害」を守るために、イスラエルを擁護する立場をとっていたことも事実である。ダブルバインドとも指摘できるこの態度は、アーレント自身の〈場所喪失〉の経験が要因として考えらえる。アーレントはこうした態度を「パーリア」として表現した。すなわち、ユダヤ人としてイスラエルの「利害」に関心を持ちながらも、イスラエルに属さないアウトサイダーとして批判する、という態度である。パーリアの概念において、アーレントはとりわけ、ラザールのシオニズム批判から強い影響を受けている。だが、こうしたパーリア的態度は、先述のとおりある種のダブルスタンダードに陥りかねない。それを避けるには、絶えず自己批判、すなわちカフカのいうような「思考」が必要となる。

註

（1）シオニズムをめぐるアーレントとショーレムの意見の相違は一九四五年時点で決定的なものとなっていた。それを裏づける資料として、一九四六年一―四月に両者の間で交わされた書簡のやりとりがある（書簡19・20）。ショーレムは「シオニズム再考」（一九四四／四五年）を読み、アーレントの「反シオニズム」的な態度に「憤激した」としている。これに対する返信で、アーレントはシオニズムについて議論することはお互いできるだけ避け、ベンヤミンの遺稿の出版に向けて協力していくことを提案している。両者の間の意見の違い――アーレントからすればそれは主流派シオニズムとの根本的な政治観の違いだったのだが――はこの時期から明らかであり、一九六三年に突如噴出したものではなかった [COR A=S: 75-92]。

（2）メアリー・マッカーシー宛の書簡（一九六三年九月一二日付）で、『アイヒマン』についてアーレントは次のように言っている。「この本を注意深く読めば、私が全体主義の本で想定したより遥かにアイヒマンがイデオロギーの影響を受けていないことに気づく。私は個人に与えるイデオロギーのインパクトを過大評価していたのかもしれない」[COR A=M: 280]。

（3）二〇一〇年代以降、アイヒマンを出世欲で全体主義社会にしたがったとしたアーレントの主張を批判し、歴史的な裏づけのもと、彼を一貫した反ユダヤ主義者として指摘する研究、また、これらに対するアーレント思想の観点からのさらなる批判研究が多く出てきている。例えば、シュタングネト［シュタングネト 2021］、野口雅弘［野口 2018］、田野大輔［田野 2022］、リチャード・キング［King 2015］などが挙げられる。こうした、アイヒマン像をめぐる研究を概観するものとして、三浦隆宏「アイヒマン裁判――『悪の凡庸さ』は論駁されたか」［三浦 2020: 103–112］、「怪物と幽霊の落差――あるいはバクテリアが惹き起こす悪について」［三浦 2022: 22–31］を参照した。

これと関連して、アイヒマン論争以降、『アイヒマン』はさまざまな誤読がなされてきた。例えば、テクストでアーレントは、アイヒマンを「小役人」として過小評価はしていない。また「怪物」や「異常者」として扱うのではなく、一人の人間として犯したことを厳しく追求している。ほかにも、アイヒマンが全体主義機構で果たした機能は、彼自身の認識以上に大きかった、と指摘している。『アイヒマン』が論争以降、どのように誤読されてきたかは、Kei Hiruta, *Hannah Arendt and Isaiah Berlin: Freedom, Politics and Humanity*, Princeton University Press, 2021 がわかりやすく整理している［Hiruta 2021: 126–128］。

（4）ルドルフ・カストナーはアイヒマンに贈賄し、その見返りに一部の移送者をスイスへ逃していたが、戦後ナチスとの関係が明るみとなり、一九五七年に暗殺された人物である。アーレントはカストナーがナチスと協力して難民の中から「名声」や才能を持つ「ユダヤ人名士」を優遇し、移送ルートから逃していたこと、「名士」に当たらない者たちのことを軽視していたことを指摘している［EJ: 132］。

（5）「ハンス・コーン」という名はこの場合、ドイツ・ユダヤ人にありふれた名前として使われている。

（6）カフカは一九一六年には「ユダヤ民族ホーム」というボランティア団体に携わり、東欧ユダヤ難民を保護するため政府に滞在許可を得る活動を行っていた［平野 1996: 78–79, 149］。

（7）森川は、バイナショナリズムもふくめ一九四〇年代のアーレントの主張は「複数の単独者が連帯して新たな世界を造りだす」ことであるとした［森川 2010: 114］。同じくパーリア論においても、カフカが物語を通して作者として「善意のモデルとしての人間のイメージ」を示していること、パーリア論において人為的に世界を創り直す「世界建設者」という製作的なイメージが強調されている点に注目している。つまり、四〇年代までのアーレントは政治を「製作」的に捉えており、『人間の条件』にみられる政治や活動の捉え方とは異なることを指摘している［森川 2010: 113–123］。この時期、あらたな世界の「はじまり」を論じるうえで活動と製作の区別がアーレントの中でも曖昧であることは確かだろう。他方で、アーレントはシオニズム－バイナショナリズム論において、カフカ論に出てくるような「古い世界」の「破壊」［森川 2010: 120］

のイメージを強調しているかといえばそうではない。シオニズムでは民族的解放が主題となり、ユダヤ軍にしても正当防衛を超えない範囲での暴力の行使を強調した。ここではユダヤ軍の暴力を正当防衛の範囲にとどめパレスチナに持ち込まずに他者との協働の権力へと移行させることが重要だった。また、バイナショナリズムは、主権という中央集権的かつ単一的な制度ではなく、連邦制という複数性を持つ制度の採用を推奨する議論である。ヨーロッパ連邦も主権国家の「破壊」というよりは連邦制度への移行を論じたものである。さらにいえば、アーレントのバイナショナリズム論にあたるような、あたらしい公的空間や共和社会を目指す議論は――例えばグリッサン、シャモワゾーや川満信一のテクストなど――ほかの植民地支配を受けてきた地域にもみられる。これらの議論もまた「理想の世界や社会を造る」ような主権者的な「製作」行為なのだろうか。むしろこれらは世界に複数の声があることを示すために現れ、ともに集い、主体として尊重される権利を取り戻し、政治的自由へと向かおうとする「活動」にみえる。

（8）この点に関し、第三次中東戦争におけるイスラエルの勝利についてアーレントが喜び、「戦争花嫁」のように振る舞っていた、とする先行研究がいくつかある［高橋 2012: 173; 早尾 2008: 122など］。これらの研究が根拠として参照したのは、ヤング＝ブルーエルの『ハンナ・アーレント伝』における記述である［Young-Bruehl 2004: 445-456］。ヤング＝ブルーエルはマッカーシーとの書簡を根拠に「戦争花嫁」と記述しているのだが、邦訳による訳注も指摘しているように、当該の書簡において、イスラエルの勝利を熱烈に歓迎するような記述はみられない。マッカーシー書簡全体を通しても、イスラエルを全面的に支持するような発言はなく、ただ「悲観」し「心配」していることだけが強調されている。なお、ヤング＝ブルーエルによるシオニズム、イスラエルに関する記述の妥当性をめぐっては第二章註（1）を参照。

（9）アーレントはアイヒマン裁判についてヤスパースに宛てて、イスラエルは「好きではない」としつつ、すでに「ユダヤ人の政治的審級（political entity）」となった、と述懐している［COR A=J: no. 274/415］。

おわりに

立ち上がってたたみなさい、あなたの悲しみの地図を(1)
――W・H・オーデン

「この世界に誰が住み、誰が住むべきでないか」を決めることは誰にもできない。「選ばざる共生」に基づいたアーレントの〈場所〉論は、初期のバイナショナリズム論から発展的かつ普遍的に立ち上げられたものである。本書は、第一部において初期のシオニズム－バイナショナリズム論の全体像を明示し、後年の思想との共通点、相違点を素描した。第二部以降は、中期以降の政治思想を〈場所〉という観点から読解し、そこから得られたものを初期の議論に還元する形で、バイナショナリズム論を再解釈してきた。ここでは、これらの議論をまとめ、アーレントによる共生の〈場所〉論の具体像、その背景、また〈場所〉論によってバイナショナリズムはいかなる再解釈が可能かを改めて示す。

ユダヤ軍創設論というシオニズム――政治的主体化のためのナショナリズム

まず、第一部ではアーレントの初期論考からシオニズム－バイナショナリズムの全体像を明らかにした。初期のシオニズム－バイナショナリズムには、主権制に結びつかない、あらたなナショナリズムのあり方が示されている。〈場所〉を喪失した難民は、暴力を通じてしか現れることができない。アーレントは、離散し、また難民化したユダヤ人が軍隊を組織すること、ユダヤ軍創設論を提唱した。ユダヤ軍の目的は大きく三点ある。第一に、収容所を解放し同胞を助けること、第二に、ナチスに対して連合国軍とともに闘い、前線にその姿を「現す」こと、最後に、これらを通して民族として主体化することである。

ユダヤ軍は、軍隊であるかぎり「暴力」を用いることになるが、当時のユダヤ難民は完全に無力化された存在だった。この点から、ユダヤ軍の暴力は自己防衛として正当化される。また、ユダヤ軍は目的を達成した際には解散するものとして論じられた。組織化の目的にも、パレスチナでのイシューヴ防衛はふくまれていない。

したがって、ユダヤ軍創設論とは〈場所喪失〉者による、現れに向けた「活動」である。また、ユダヤ軍の組織化は、ユダヤ人を一つの民族として主体化する点で、アーレントのシオニズムにおける中心的議論だといえる。さらに、ユダヤ軍創設論は、民族解放のためのナショナリズムに留まるもので、目的を達成したら解散する。解放されたユダヤ民族は、政治的主体として、パレスチナ人とともに言論による合意を介し、あらたな政治体である連邦制国家を創設する。こうしたことから、ユダヤ軍創設論は、主権という単一性に向かわず、連邦という複数性に向かう、創始のための道具的暴力となる。換言すれば、「はじまりの暴力」となるのである。同時に、それは偉業の記憶として、あらたな政治体のはじまりの記憶になり、創設の基盤となる。

ただし、初期思想においてこの偉業の記憶はあくまで、共生を否定され〈場所〉を喪失した者たちの、それまでの「地獄」のような日々の記憶を相対化したうえで語られる。

バイナショナリズムとは

一民族として政治的な主体となったユダヤ民族は、軍を解散し、パレスチナ地方で先住者のパレスチナ人とともに、合意をもって連邦国家を創設する。これがアーレントのバイナショナリズム論だった。

初期のバイナショナリズムは、中期思想の〈場所〉論によって、以下のように再解釈できる。まず、パレスチナ人という他者と協働し、連邦・評議会制というあらたな法的体制による国家の創設に向けて合意、すなわち約束をする。この協働の「活動」は、言い換えれば創設行為となる。この国家創設の記憶を製作物、すなわち境界線ないしは連邦制という「法」として打ち立てる。この製作物は、都市国家の城壁のように、後世へと継承され、同時に、活動によって時に改変され、より複数の声を反映した物として遺される。

では、連邦・評議会制の具体的な仕組みはどう考えられるのか。バイナショナリズムの場合、パレスチナ地方を細かく区分けし、民族単位で代表を選出して評議会を形成する。この際、両民族は混住することで、他者を知り、区における複数性を維持する。この連邦は、ヨーロッパまで拡大可能とされるが、理論上はその境界線をさらに超えることも可能である。連邦の拡大によって、「選ばざる共生」はより内実を伴って実現されていく。

「諸民族の共生」から「選ばざる共生」へ——初期、中期、後期へ

アーレント自身、難民であり、〈場所喪失〉者だった。ドイツを出国した一九三三年から、アメリカで市民権を得る一九五一年までの一八年、生涯のおおよそ四分の一の時間を無国籍者として生きた。こうした経験をもとに、主権的国民国家に対する批判を展開した。

第一部第三章では『起原』を中心に、初期の思想がいかなる形でまとめられ、発展したのかをみた。『起原』では、主権的国民国家の発展と衰退を分析するうえで、特に国民国家を下支えする民族＝国民（nation）、ナショナリズムが注目される。そこで批判されるのは、主にナチス・ドイツのような、擬似科学の観点から人間の自然的な画一性を民族の定義とする人種的ナショナリズムである。人種ナショナリズムは、大衆運動と結びついて、あらゆる境界線を無視し突破してしまう。また、民族＝国民として人びとを均質化し、人種の規定にあてはまらない人びとを排除・抹殺することで全体主義体制を成立させた。

また、フランスやイギリスのような、西欧的ナショナリズムとそれが確立した典型的な国民国家にも問題点はある。西欧的ナショナリズムは、人種的なそれと異なり、地理的、言語的境界線、また民族＝国民の「はじまり」と

して創設の記憶を有する。だが、このナショナリズムにおける民族＝国民もまた、人種的ナショナリズムと異なるとはいえ、地理的、言語的共通点を有する単一民族のみを国民として定義する。そのため、西欧的ナショナリズムは、そこから零落する少数民族、例えばユダヤ人に対し、国民への同化か、あるいは排除を強いる。同時に、そうした他民族への差別という他者化を通して、自らを「国民」として主体化する。こうした、単一的民族が国民となり、主権国家を創設することは、最終的に単一民族による法の占有を引き起こす。単一者ないし主権者による法の占有によって、少数民族は、人権をはじめ諸権利を持つこともできず、〈場所〉を喪失した。

〈場所喪失〉者は、あらゆる権利を持たないために、自らの声を政治に反映することができない。それどころか、国民国家という社会において、たとえその国境の中にいたとしても、存在しないに等しいものとして扱われる。そうした難民が現れる手段は、犯罪を犯して逮捕されるか、あるいは自殺するか、いずれにせよ暴力を用いるほかない。自殺は、あらゆる〈場所〉を失った難民が、自らの身体を現れの空間とする、最後の手段だとした。ユダヤ難民の多くは、最終的には各地の収容所へ移送され虐殺された。生まれたこと、生きていたこと、一切の記憶を抹消されたのである。

こうした〈場所喪失〉の経験から、アーレントは、ヨーロッパにおける「諸民族の共生」を訴えた。ユダヤ人をヨーロッパ少数民族の一集団として位置づけ、民族的属性によって排除されない政治を目指した。その具体策として論じられたのが、シオニズム－バイナショナリズムである。

「諸民族の共生」は『起原』以降、ただ「共生」として論じられるようになった。ただし、中期以降は「選ばざる他者」とともに生きる、という条件が加えられている。つまり、アーレントは中期以降、共生ないし政治の主体を国民＝民族（nation）からより普遍的な存在に位置づけなおしているのである。この変遷の要因には、『起原』で論じられた民族＝国民（nation）と、主権制につながるナショナリズムへの批判がある。

アーレントによる共生の〈場所〉論——自分の部屋からタウンホールへ

第二部、また第三部第六章、第七章では、『人間の条件』『革命』の再読解を通して、共生の〈場所〉論の具体像を明らかにした。アーレントの〈場所〉論において、重視されるのは「法としての境界線」である。『人間の条件』では、政治が行われる〈場所〉を立ち上げるために、まずは自然的空間から人為的空間を区別する「境界線」が必要とされる。アーレントは暴力を自然的な存在に向けられるもの、また権力は複数の人びとのあいだに生じる非-暴力の力であるとした。そのため、権力は自然から区別された〈場所〉において生じ、維持される。人間を生物学的な存在（zōē）ではなく、政治的な生（bios）として定義するうえでも、自然と人為を区別する境界線は、アーレント思想において重要だった。

境界線によって分けられ、区切られた人為的な空間は、さらに二つの空間によって構成される。一つは、私的領域、つまり私的に所有された、自分だけの〈場所〉であり、もう一つは公的領域、つまり複数の人びとが集まる〈場所〉である。もちろん、実際にこの二つの空間は明確に区別できるものではないが、どちらも触知可能な〈場所〉、すなわち特定の地理的な地点に存在しなければならない。この二つの〈場所〉を持ち、維持することにも、やはり「境界線」が必要とされる。人為的な空間の中で、誰にも共有されることのない私的所有として、私的領域が境界線によって区切られる。この境界線によって、公的領域が区別される。公的領域は、単一者（例えば主権国家における「国民」など）によって占有されることのない、複数の人びとのための政治的な〈場所〉となる。

また、私的な自分の〈場所〉が失われると、公的領域に参加する権利も失う。私的な〈場所〉は、自分だけの「意見」という私的所有を持つための〈場所〉である。つまり私的領域を失うことは、「意見」を失うことである。加えて、私的領域と公的領域のあいだの行き来こそが、アーレントの考えた政治的生のあり方である。私的領域で「意見」を持ち、公的領域に出かけ、活動とその偶然性を通じて他者と出会い、自らとは異なる「意見」を見聞きし、また私的領域へと帰って自分の「意見」を醸成する。政治的な〈場所〉は一度なくなることがあっても、複数の人びとと集うことで、再びあたらしく打ち立てることができる。だが、私的な〈場所〉を取り戻すことは難しい。こうした〈場所喪失〉（placelessness）を、アーレントは難民として知っていた。

したがって、私的領域と公的領域という二つの〈場所〉の往還が「活動」を保障することになる。それには、人為的な空間の中で、境界線によって二つの〈場所〉が区切られている必要がある。境界線は、同時に「法」も意味する。法としての境界線は、人間を政治的な生として、私的所有を他者によって侵害されないものとして保護し、維持する。そうすることによって、〈政治的〉な場所は保障され、維持される。

あわせて、初期から『起原』において、アーレントは「国家（state）」を「法的体制」と定義した。国家とは、法であり、また境界線なのである。国家がいかなる法的体制を採用するかによって、境界線は何を、誰をどのように守るのかが決定されていく。

『革命』では、国家が採るべき、あらたな法的制度として、連邦制・評議会制が提起されるとともに、政治的な〈場所〉、すなわち公的領域がいかに創設され、いかなる仕組みを成すのか、が議論される。

まず、あらたな政治制度の「創設」には、「解放」と「革命」が必要である。人びとが経済的、社会的な問題から解放され、政治的な生として主体化されていることが、革命の前提となる。解放された人民（people）は、「自由」を目指し、またこれを活動における正統性として、あらたな政治制度を「創設」する。これが「革命」である。この場合の「自由」とは、対等な複数の他者と共生する政治、また政治体、すなわち連邦制国家を指す。

連邦制国家もまた、触知可能な〈場所〉として議論されている。まず、一定の地理的な〈場所〉を「区（ward）」として小さく区切っていく。小さな区ごとで、そこの住民から代表者を選出し、評議会を形成する。評議会は、さらに集まって地方評議会、連邦評議会を形成していく。こうして、人民の「意見」を下から上へと押し上げることで、直接民主制が可能となる。加えて、権力を区、地方、また連邦へと増大させていくことができる。これにより、代議制民主主義における多数決の原理を克服し、少数派の意見を反映した、より平等な政治をひらくことができる。

この評議会こそ政治的な〈場所〉に当たり、例としてタウンホールが挙げられている。

こうしたうえで、重要なポイントが二点ある。第一に、評議会のような政治的〈場所〉に出かけ、「意見」を述べるには、私的な自分の〈場所〉を持つ必要がある。第二に、他者との政治的な「友情」である。隣人との「友情」によって、この評議会制は成立するのである。

「はじめに」で紹介したケーシーの議論に立ち返ると、アーレントは政治的、倫理的な場所として、中期の著作を通して共生の〈場所〉論を提示していた。この議論は、アーレント自身が経験した難民問題という反‐場所的現象の影響を多分に受けている。反‐場所的な経験から中期の共生の〈場所〉論へ、これらの間を結ぶものこそバイナショナリズムである。バイナショナリズムは、反‐場所に抗い、共生という他者との政治的、倫理的な関係のある〈場所〉を求めた。こうした点で初期バイナショナリズム論は、中期以降の思想の萌芽的議論だったのである。

バイナショナリズムの展望──あたらしい〈場所〉の地図を広げる

アーレント思想は、具体的な制度論を示していない、とたびたびその限界を指摘されてきた［千葉 1995］。だが、このように初期のバイナショナリズム論とあわせて読解、また再解釈することで、ある程度、政治制度としての具体性を知ることができる。ただし、バイナショナリズム論は、シオニズム論とともに読解されなければならない。ユダヤ軍創設論は初期思想、ひいては革命論を理解するうえで、重要なテーマとなっている。

こうしたうえでバイナショナリズムは四点の可能性を持つ。第一に、連邦は地域内の民族紛争（内紛）を恒久的に解決できる。これはイスラエル・パレスチナ紛争において長年大きな、また根本的な問題だった。例えば、二国家解決を提起したオスロ合意においても、国境線の策定が問題となった。バイナショナリズムの構造は、この国境の問題において、ほかの民族紛争にも適応可能と考えられ、大きな可能性を持っている。この点は強く示しておきたい(2)。

第二に、地域格差をある程度、解消できる。主権制度は首都を設け、それを支える地方がある、といったように、地理的な中心／周縁を生み出す。そのため、周縁とされる地域には経済的にも政治的にも負担が生じる。例えば、国境線付近の場所は紛争地域になりやすい。また、首都を支えるために、人的にも物的にも搾取されやすい。にもかかわらず、周縁に住む人びとの声は、中心に住む人びとと比べて政治的に反映されにくい。こうした問題は、あらゆる国家が今もなお持ちつづけている問題だろう。連邦制度の場合、それぞれの区が「基本的共和国」として機能し、「首都」というものを設けない。よって、地域による格差や搾取の問題を取り払うことを期待できる。

この点と関連して、第三に、連邦制は代議制民主主義における多数決の原理を克服する可能性を持つ。アーレントの場合、連邦は評議会制によって形成される。小さな区ごとに設けられる評議会によって、住民は直接政治に参加できる。また、評議会のメンバーは定期的に交代することで、より多くの意見を政治に反映できる。主権国家の場合、主権者としての国民は、もちろん内実とは異なるが、基本的に単一的な民族として想定される。近代の主権国家は、代議制民主主義を基本としてきたが、国民とされる民族が多数派となれば、少数派の意見は反映されにくくなる。この場合の少数派とは、少数民族に限らない。例えば、人口が少ない地域の場合も少数派となり、先に挙げたような格差が生じる。連邦制は、直接民主制を実現することで、この国家における多数派／少数派の枠組を解消できる。これは、ユダヤ人の法的な保護という観点から、バイナショナリズムの実現において最も重視された点だった。

最後に、連邦制は難民の発生を防ぐことができる。人びとは連邦の内部では好きなところに住むことができる。また、理論上はパスポートも必要ない。人びとは連邦の内部で自由に移動し、私的な自分の〈場所〉を持つ。移動によって「新参者」として現れることで、その区において複数性をさらに豊かにする。こうした点で、連邦は先住者による移民の歓待といった議論もふくむといえるだろう。

今後の展望

ただし、バイナショナリズムは、先住者と入植・移住者の非対称性という問題をはらむ。イスラエル・パレスチナ紛争に顕著であるように、パレスチナ人にはその〈場所〉に先住していた、という点で権利がある。そのため、パレスチナ人とユダヤ人は平等ではない。言い換えれば、この紛争の本質はイスラエル側の「入植型植民地主義」による暴力である。近代アラブ史研究者のハーリディは次のように言っている。「パレスチナ人とイスラエル人が、一方の民族が他方の民族を抑圧し支配するために外部の援護を利用しないポスト・コロニアルな未来に移行するなら、認識を改めて紛争の本質を明らかにすることが不可欠な一歩となる」［ハーリディ 2023: 287］。両者の和解に向かうにはまず、イスラエル側がこれを認識しなければならない。アーレントの連邦論はその先のヴィジョンであり、そこには両者の弛まぬ「言論」活動が重要となる。現実にはイスラエルは建国前後からパレスチナ人に対し、民族浄化を行なってきた。先住者と入植・移住者の関係をめぐっては、難民の観点から、共生論とともに歓待論を検討する必要がある。(3) また、本書では残念ながら、ブーバーらが展開したイフード運動によるパレスチナ人との共生論やエドワード・サイードらパレスチナ知識人らによる議論については簡単な参照にとどまり、アーレントの議論との本格的な比較にまでは到達していない。この点を資料に基づいて整理することで、一国家解決案の思想的展開はより広がりをみせるに違いない。

他方で、このバイナショナリズムの議論が、〈場所喪失〉者による〈場所〉の希求と模索だったことも忘れるべきではない。難民はあらたな〈場所〉がないかぎり、諸権利が否定された状態でありつづける。アーレントは、〈場所〉から排除され、難民として、パーリアとして生きた。それでもなお、バイナショナリズムや中期思想を通して、〈場所〉が必要だと主張した。この主張は、難民の再定住という切実な問題を背景としている。「この世界に誰が住み、誰が住むべきでないか」を決めることは、誰にもできない。だが、〈場所〉を持たずに人は生きることができない。

もちろん、イスラエルによるパレスチナへの占領と攻撃は、人道的に許されることではない。歴史から、日々のニュースから、今、パレスチナについてみえるのは、主権国家によってつくられた――アーレントの友人だった詩人オーデンの言葉を借りれば――「悲しみの地図」である。

しかし、共生の〈場所〉はその地図にはないのだ。地図にない〈場所〉をみつけるために、その地図と一緒にあたらしい地図を広げるべき時ではないだろうか。あたらしい地図は、バイナショナリズムという形で、アーレントのテクストにすでに示されている。

註

(1) W・H・オーデン著、深瀬基寛訳『オーデン詩集』せりか書房、一九七三年から本書筆者が訳出した。

(2) ただし、紛争を予防できるのはあくまで連邦の内部までである。つまり連邦とその外部との間で戦争状態が起きる可能性は残っている。この点で、連邦国家も外交を行うという主権性は持ちつづけることになる。

(3) また、こうした議論を取り上げるにあたって、議論する必要があることがいくつかある。第一に、アーレントは自身の連邦論において、警察はいかに位置づけられるのかを明らかにしていない。『起原』の警察批判と併せ、連邦における警察権力についても分析する必要がある。その際、アメリカの公民権運動、学生運動への評価も参考になると考えられる。第二に、第五章註(12)で取り上げた「身体」と「言論」の問題である。アーレント思想を共生論の観点から読解したバトラーは身体を、これに対して、歓待論の観点から読解したベンハビブは言論を重視して議論している。これらの違いに注目しつつ、特にアーレントの複数性概念や公共性が現代においていかに受容されているのかを検討する必要がある。

あとがき

本書はハンナ・アーレントの初期思想、とりわけバイナショナリズムを通して、一つの「共生」のあり方を模索した研究である。今もなおパレスチナの地をめぐって紛争を続けるユダヤ・パレスチナ二民族が共生するための議論、バイナショナリズム。そんなものはユートピアだと考える読者もいるだろう。

「はじめに」では冒頭からエドゥアール・グリッサンとパトリック・シャモワゾーの「世界の妥協なき美しさ」（中村隆之訳『マニフェスト』所収）の一節を引用した。「黒人差別」のイメージがあるアーレントの研究書で、冒頭から植民地支配に反対し、黒人奴隷の子孫たちについても論じているカリブ海の詩人・思想家の言葉を引いたことに違和感を持つ読者もいるかもしれない。だが、アーレントのバイナショナリズム論という共生の〈場所〉論は、パレスチナという地域やアーレント自身が当初設けた境界線を突破してしまうダイナミズムを有している。この点から本書は、アーレントのバイナショナリズムを脱植民地化の議論へと接続可能なものとして捉えた。昨年以降、出版までに躊躇はなかった、というと嘘になる。今この状況でパレスチナとユダヤの「共生」を論じることは無感覚で暴力的ではないかと何度も繰り返し考えた。本書はこの最悪の現実に対する、応答の一つである。アーレント思想を「ユートピア（ou-topos, 存在しない場所）」で終わらせないように、いかなるリアリズムのもとで考えられ、具体的にどのように論じられたのか、できるかぎり詳細に書いた。民族紛争というグローバルな問題を扱ったが、本書でつきつめて考えたかったのは寄るべない個々人の〈居場所〉の問題でもある。ちなみに「おわりに」のエピグラフは吉田秋生『海街dairy』をオマージュしたものでもある。

本書は二〇二三年に東京大学大学院総合文化研究科に提出した、同タイトルの博士論文を改稿したものであり、著者の初めての書籍となる。いくつかの章はベースとなる投稿論文があり、その次第は次のとおりである。

第一章：「ハンナ・アーレントの『ユダヤ軍創設』論――初期におけるシオニズム論と後年に対する影響」、『Arendt Platz』、七号、三六―五〇頁、二〇二二年。

第五章：「『私的な自分の居場所』を持つことと政治――ハンナ・アーレントの労働論におけるキブツ運動の位置づけ」、『ユダヤ・イスラエル研究』、三四号、一―一五頁、二〇二〇年。

本研究が結実するまで、たくさんの方々に支えられてきた。一部となってしまうが、この場を借りて感謝をお伝えしたい。

自由学園でわたしに学問の楽しさを教えてくださった故・十文字輝雄先生、大貫隆先生、木村秀雄先生、室永優子先生。また大先輩の梶谷宣子さん。

本書準備期間から現在の所属である、東京大学大学院総合文化研究科「人間の安全保障」プログラムの運営・協力委員の先生方。とりわけ遠藤貢先生、森山工先生、阪本拓人先生。そして事務の松井たまきさん、先輩方、院生の皆さん、ライブラリースタッフの皆さん。先代助教の大内勇也さん、重松尚さんにも深い感謝をお伝えしたい。

研究仲間の中井杏奈さん、小池利彦さん、佐々木さん。

アーレント研究でお世話になっている先生方、同僚の方々。なかでも論文執筆中、多くのアドバイスをくださった渡名喜庸哲先生。出版まで励ましの言葉をかけてくださった森一郎先生。尊敬する先輩であり畏友、大形綾さん。

本研究の副査の矢野久美子先生（フェリス女学院大学）もあたたかい励ましのお言葉をかけてくださり、審査時だけでなく翻訳に関しても多くアドバイスをくださった。

吉国浩哉先生（東京大学）も修士以来お世話になっている。最終審査の時、厳しいお言葉をいただきつつ先生の笑顔が本当に嬉しかったです。星野太先生（同）もお忙しい中相談に応じてくださり、出版に向けて背中を押してくださった。

主査・星埜守之先生（東京大学名誉教授）は二〇二二年度から指導教官を引き受け、ことあるごとに叱咤激励してくださった。先生の穏やかなお話しのされ方、他者の言葉を傾聴する姿勢はわたしの目標である。

大学院入学以来お世話になっており、本研究の主査（二〇二一年度まで）・副査を務めてくださった高橋哲哉先生（東京大学名誉教授）。修士入学試験に卒論原稿を持たずに私服で挑み、突拍子のないことを言い出したりする、変わり者の学生だったに違いない。にもかかわらず先生は労を惜しまず厳しく、励ましながらご指導くださっている。厳しいイメージのあるらしい高橋ゼミだが、心から議論を楽しめる風通しのいい場所だった。ゼミで一緒になった方々と信頼関係を結べたことは、ひとえに先生のお人柄ゆえと思う。趙真慧さん、李依真さん、崎濱紗奈さん、金景彩さん、島田貴史さん、羽生有希さん、茂木謙之介さん、藤高リリさん、渡部純さん、山田秀頌さん、陳昱君さん、里井明さん、近藤望寧さん、木内慧さんは、ゼミでお世話になって以来、折々に連絡を取らせていただいている。また、本書の校正チェックでは堤縁華さん、上野春香さんのお力を借りた。もしも本書に不備があったとしてもそれらは無論筆者の責任である。

また本書は、東京大学学術成果刊行助成・同学而立賞を受けて刊行に漕ぎつけた。国際世論においてイスラエル国家批判と反ユダヤ主義が混同される中で東京大学からこうした助成と賞をいただけたことは、大きな励ましだった。

晃洋書房の西村喜夫さんは刊行まで辛抱づよく見守りサポートしてくださった。とある学会で周囲はスーツを着た方が多い中、かなり場違いな私服で参加し小さくなっていたわたしに声をかけてくださったことは思い出深く、やはり感謝である。

研究の道を許し、応援してくれている家族。とりわけ母と父、祖母には深い感謝を伝えたい。深夜までの執筆に付き合ってくれたサバラン、ブリジット、クローディアにも。

パートナーの古川太一さんには、告白すれば家事の多くを担わせてしまっている。わたしの雑な家事も多少は貢献している面もあると願いたい。これからも協力していきましょう。精神的にもつねに支えてくれて、心から感謝しています。

最後に天国のクミコおばさんへ。「彬緒の夢は何?」と問われなにもいえなかったけれど、この本が応えです。

二〇二四年一二月

二井 彬緒

《著者紹介》

二 井 彬 緒（ふたい　あきを）

東京大学大学院総合文化研究科「人間の安全保障」プログラム博士課程修了
博士（国際貢献）
東京大学大学院総合文化研究科「人間の安全保障」プログラム助教

ハンナ・アーレントと共生の〈場所《トポロジー》〉論
――パレスチナ・ユダヤのバイナショナリズムを再考する

2025年 2 月20日　初版第 1 刷発行　　＊定価はカバーに
2025年 7 月15日　初版第 2 刷発行　　表示してあります

著　者　二 井 彬 緒©
発行者　萩 原 淳 平
印刷者　江 戸 孝 典

発行所　株式会社　晃 洋 書 房
〒615-0026　京都市右京区西院北矢掛町 7 番地
電話　075（312）0788番㈹
振替口座　01040-6-32280

装幀　HON DESIGN（北尾　崇）　印刷・製本　共同印刷工業㈱
ISBN978-4-7710-3898-1

人名索引

事項索引

〈あ　行〉

〈か　行〉

〈さ 行〉

〈た　行〉

〈な・は　行〉

参 考 文 献

〈一次資料〉

Arendt, Hannah.（1951/1966）, *The Origins of Totalitarianism,* New York: Penguin Random House Group.（大久保和郎，大島かおり訳『全体主義の起原【新版】 1－3』みすず書房，2017年.）

――――（1957）, *Rahel Varnhagen: The Life of a Jewess,* Johns Hopkins University Press.（大島かおり訳『ラーエル・ファルンハーゲン――ドイツ・ロマン派のあるユダヤ女性の伝記【新版】』みすず書房，2021年.）

――――（1958）, *The Human Condition,* Chicago: University of Chicago Press.（志水速雄訳『人間の条件』ちくま学芸文庫，1994年.）

――――（1961）, *Between Past and Future: six exercises in political thought,* New York: Viking Press.（引田隆也，齋藤純一訳『過去と未来の間――政治思想への８試論』みすず書房，1994年.）

――――（1963）, *On Revolution,* New York: Penguin Random House Group.（志水速雄訳『革命について』ちくま学芸文庫，1995年.）

――――（1963）, *Eichmann in Jerusalem: The Banality of Evil,* New York: Penguin Random House Group.（大久保和郎訳『エルサレムのアイヒマン――悪の陳腐さについての報告【新版】』みすず書房，2017年.）

――――（1970）, *Men in Dark Times,* London: Mariner Books.（阿部齊訳『暗い時代の人々』ちくま学芸文庫，2005年.）

――――（1973）, *Crises of the republic,* Harmondsworth: Penguin.（山田正行訳『暴力について――共和国の危機』みすず書房，2000年.）

――――（1981）, *Vita Activa Oder Vom Tätigen Leben,* Serie Piper 217, Piper, München / Zürich.（森一郎訳『活動的生』みすず書房，2015年.）

――――（1981）, ed. by Mary McCarthy, *The Life of Mind,* London: Mariner Books.（佐藤和夫訳『精神の生活――上・第一部 思考』1994年，佐藤和夫訳『精神の生活――下・第二部 意志』岩波書店，1995年.）

――――（1994）, ed. by Jerome Kohn, *Essays in Understanding,* New York: Harcourt Brace. & Company.（齋藤純一，山田正行，矢野久美子訳『アーレント政治思想集成――１組織的な罪と普遍的な責任』，『アーレント政治思想集成――２理解と政治』みすず書房，2002年.）

――――（1994）, *Responsibility and Judgment,* New York: Schocken Bocks.（中山元訳『責任と判断』筑摩書房，2007年.）

———— (2007), ed. by Jerome Kohn, *The Jewish Writings,* New York: Schocken Books.（山田正行，大島かおり，佐藤紀子，矢野久美子共訳『反ユダヤ主義——ユダヤ論集 I』みすず書房，2013年，齋藤純一，山田正行，金慧，矢野久美子，大島かおり共訳『アイヒマン論争——ユダヤ論集 II』みすず書房，2013年.）

———— (2007), ed. by Jerome Kohn, *The Promise of Politics,* New York: Schocken Books.（高橋勇夫訳『政治の約束』筑摩書房，2008年.）

アーレント，ハンナ，ヤスパース，カール著（2004），ロッテ・ケーラー，ハンス・ザーナー編，大島かおり訳『アーレント＝ヤスパース往復書簡 1 — 3：1926-1969』みすず書房.（Hannah Arendt and Karl Jaspers, translated from the German by Robert and Rita Kimber, *Hannah Arendt/Karl Jaspers correspondence, 1926-1969,* New York: Harcourt Brace Jovanovich, 1992.）

————，ショーレム，ゲルショム著（2019），マリー・ルイーズ・クノット編集，ダーヴィト・エレディア編集協力，細見和之，大形綾，関口彩乃，橋本紘樹訳『アーレント＝ショーレム往復書簡』岩波書店.

————，マッカーシー，メアリー著（1999），キャロル・ブライトマン編，佐藤佐智子訳『アーレント＝マッカーシー往復書簡——知的生活のスカウトたち』法政大学出版局.（ed. by Carol Brightman, *Between Friends: The Correspondence of Hannah Arendt and Mary McCarthy, 1949-1975,* New York: Harcourt Brace, 1995.）

〈二次資料〉

Agamben, Giorgio. (1998), translated by Daniel Heller-Roazen, *Homo Sacer: Sovereign Power and Bare Life,* Stanford University Press.（高桑和巳訳『ホモ・サケル——主権権力と剝き出しの生』以文社，2003年.）

———— (2000), translated by Vincenzo Binetti and Cesare Casarino, *Means without End: Notes on Politics,* University of Minnesota Press.（高桑和巳訳『人権の彼方に——政治哲学ノート』以文社，2000年.）

Agnew, John A. (1987), *Place and Politics: the Geographical Mediation of State and Society,* Boston: Allen & Unwin.

ed. by Aschheim, Steven, E. (2001), *Hannah Arendt in Jerusalem,* Berkeley, Calif: University of California Press.

Bachelard, Gaston. (1964), translated by Maria Jonas, *The Poetics of Space,* New York: Orion Press.（岩村行雄訳『空間の詩学』ちくま文庫，1969年.）

Barnouw, Dagmar. (1990), *Visible Spaces: Hannah Arendt and the German-Jewish experience,* Baltimore: Johns Hopkins University Press.

Bauman, Zygmunt. (1989) *Modernity and the Holocaust,* Cambridge, UK: Polity Press.（森田典正訳

『近代とホロコースト』ちくま学芸文庫，2021年．）

Beiner, Ronald. (2000), Arendt and Nationalism, ed. by Villa, Dana, R. (2000), *The Cambridge Companion to Hannah Arendt,* Cambridge University Press, pp. 44–62.

Benhabib, Seyla. (1996), *The Reluctant Modernism of Hannah Arendt,* Thousand Oaks: Sage Publications.

———— (2004), *The Rights of Others: Aliens, Residents, and Citizens,* Cambridge: Cambridge University Press.（向山恭一訳『他者の権利——外国人・居留民・市民』法政大学出版局，2014年．）

———— (2018), *Exile, Statelessness, and Migration: Playing Chess with History from Hannah Arendt to Isaiah Berlin,* Princeton; Oxford: Princeton University Press.

Benvenisti, Meron (2002), translated by Maxine Kaufman-Lacusta, *Sacred landscape: the buried history of the Holy Land since 1948,* Berkeley: University of California Press.

Bernstein, Richard J. (1996), *Hannah Arendt and the Jewish question,* Oxford: Polity Press.

———— (2001), Hannah Arendt's Zionism ?, ed. by Aschheim, Steven, E. (2001), *Hannah Arendt in Jerusalem,* Berkeley, Calif: University of California Press.

———— (2013), Violence: thinking without banisters, Cambridge: Polity.（齊藤元紀監訳，梅田孝太，大久保歩，大森一三，川口茂雄，渡辺和典訳『暴力——手すりなき思考』法政大学出版局，2020年．）

Boyarin, Jonathan. and Boyarin, Daniel. (2002), *Powers of diaspora: Two Essays on the Relevance of Jewish Culture,* University of Minnesota Press.（ジョナサン・ボヤーリン，ダニエル・ボヤーリン著，赤尾光春・早尾貴紀訳『ディアスポラの力——ユダヤ文化の今日性をめぐる試論』平凡社，2008年．）

ed. by Boyarin, Daniel. (2003), *Queer Theory and the Jewish Question (Between Men-Between Women: Lesbian and Gay Studies),* Columbia University Press.

Butler, Judith. (2004), *Precarious Life: The Powers of Mourning and Violence,* Verso.（本橋哲也訳『生のあやうさ——哀悼と暴力の政治学』以文社，2007年．）

———— (2013), *Parting Ways: Jewishness and the Critique of Zionism,* New York: Columbia University Press.（大橋洋一，岸まどか訳『分かれ道——ユダヤ性とシオニズム批判』青土社，2019年．）

———— (2018), *Notes Toward a Performative Theory of Assembly,* Cambridge: Harvard University Press.（佐藤嘉幸・清水知子訳『アセンブリ——行為遂行性・複数性・政治』青土社，2018年．）

Canovan, Margaret. (1994), *Hannah Arendt: A Reinterpretation of her Political Thought,* Cambridge University Press.（寺島俊穂，伊藤洋典訳『アレント政治思想の再解釈』未來社，2004年．）

Casey, Edward. (1998), *The fate of place: A philosophical history,* University of California press.（江川隆男他訳『場所の運命——哲学における隠された歴史』新曜社，2008年．）

Dicsh, Lisa, D. (1995), On Friendship in "Dark Times," Honig, Bonnie., ed. (1995), *Feminist interpretations of Hannah Arendt,* Pennsylvania State University Press, pp. 285-312.

Elon, Amos. (2002), *The Pity of It All: A Portrait of the German-Jewish Epoch 1743-1933,* New York: Picador.

Flint, Colin. (2011), *Introduction to Geopolitics,* Routledge: London. (高木彰彦編訳，山﨑孝史他訳『現代地政学——グローバル時代の新しいアプローチ』原書房，2014年.)

Gines, Kathryn, T. (2014), *Hannah Arendt and the Negro question,* Indiana University Press.

Hilberg, Raul. (1985), *The Destruction of the European Jews,* New York: Holmes & Meier. (望田幸男，原田一美，井上茂子訳『ヨーロッパ・ユダヤ人の絶滅 上・下』柏書房，2012年.)

Hiruta, Kei. (2021), *Hannah Arendt and Isaiah Berlin: Freedom, Politics and Humanity,* Princeton: Princeton University Press.

Honig, Bonnie., ed. (1995), *Feminist interpretations of Hannah Arendt,* University Park, Pa.: Pennsylvania State University Press. (ボニー・ホーニッグ編，岡野八代他訳 (2001)『ハンナ・アーレントとフェミニズム——フェミニストはアーレントをどう理解したか』未來社.)

——— (1991), Declarations of Independence: Arendt and Derrida on the Problem of Founding a Republic, *American Political Science Review,* Volume 85, Issue 1, March 1991, pp. 97-113.

King, Richard, H. (2018), *Arendt and America,* Chicago: University of Chicago Press.

Kotzin, Daniel. (2010), *Judah L. Magnes: An American Jewish Nonconformists,* New York: Syracuse University Press.

Laqueur, Walter. (2001), The Arendt Cult: Hannah Arendt as Political Commentator, ed. by Aschheim, Steven, E. (2001), *Hannah Arendt in Jerusalem,* Berkeley, Calif: University of California Press.

Lederman, Shumuel. (2019), *Hannah Arendt and Participatory Democracy: A People's Utopia,* Cham: Palgrave Macmillan.

Owens, Patricia. (2007), *Between War and Politics: International Relations and the Thought of Hannah Arendt,* Oxford University Press. (中本義彦，矢野久美子訳『戦争と政治の間——ハンナ・アーレントの国際関係思想』岩波書店，2014年.)

Pappé, Ilan. (2017), *Ten myths about Israel,* Verso. (脇浜義明訳『イスラエルに関する十の神話』法政大学出版局，2018年.)

——— (2007), *The Ethnic Cleansing of Palestine,* Oneworld Publication. (田浪亜央江，早尾貴紀訳『パレスチナの民族浄化——イスラエル建国の暴力』法政大学出版局，2017年.)

Raz-Krakotzkin, Amnon. (2001), Binationalism and Jewish Identity: Hannah Arendt and the Question of Palestine, ed. by Aschheim, Steven, E. (2001), *Hannah Arendt in Jerusalem,* Berkeley, Calif: University of California Press.

——— (2011), "Jewish Peoplehood, "Jewish Politics," and Political Responsibility: Arendt on Zionism and Partitions," *College Literature: A Journal of Critical Literary Studies,* 38-1, Novem-

ber 1, winter 2011, pp. 57-74.

Roy, Sara. (2016), *The Gaza Strip: The Political Economy of De-Development,* Institute for Palestine Studies, 2016.

Rubin, Gil. (2015), From Federalism to Binationalism: Hannah Arendt's Shifting Zionism, *Contemporary European History,* Vol. 24, No. 3 (August 2015), pp. 393-414.

Said, Edward W. (1979), *Question of Palestine,* New York: Random House, Inc.

――― (1994), *Politics of Dispossession,* New York: Random House, Inc.

Segev, Tom. (1993), *The Seventh Million: the Israelis and the Holocaust,* New York; Hill & Wang.（脇浜義明訳『七番目の百万人――イスラエル人とホロコースト』ミネルヴァ書房，2013年.）

Smith, Anthony, D. (2010), *Nationalism: Theory, Ideology, History,* Cambridge: Polity.（庄司信訳『ナショナリズムとは何か』ちくま学芸文庫，2018年.）

Tuan, Yi-fu. (1990), *Topophilia: A Study of Environmental Perception, Attitudes, and Values,* Columbia University Press.（小野有五，阿部一共訳『トポフィリア――人間と環境』せりか書房，1992年.）

――― (2001), *Space and Place: The Perspective of Experience,* University of Minnesota Press.（山本浩訳『空間の経験』ちくま学芸文庫，1993年.）

Villa, Dana, R. (1987), *Arendt and Heidegger: Being and Politics,* Ann Arbor, Mich: UMI Dissertation Information Service.（青木隆嘉訳『アレントとハイデガー――政治的なものの運命』法政大学出版局，2004年.）

――― (1999), *Politics, Philosophy, Terror: Essays on the Thought of Hannah Arendt,* Princeton, Princeton University Press.（伊藤誓他訳，『政治・哲学・恐怖――ハンナ・アレントの思想』法政大学出版局，2004年.）

Young-Bruehl, Elisabeth. (1982/2004), *Hannah Arendt: For Love of the World,* New Haven: Yale University Press.（大島かおり，矢野久美子，粂田文，橋爪大輝共訳『ハンナ・アーレント――「世界への愛」の物語』みすず書房，2021年.）

――― (2009), *Why Arendt Matters,* New Haven: Yale University Press.（矢野久美子訳『なぜアーレントが重要なのか』みすず書房，2008年.）

Zimmermann, Moshe. (2001), Hannah Arendt, the Early "Post-Zionist", ed. by Aschheim, Steven, E. (2001), *Hannah Arendt in Jerusalem,* Berkeley, Calif: University of California Press.

青木崇（2022）「「言葉が肉となった」――ベンヤミンとアーレントの暴力批判論」，『一橋社会科学』14巻，一橋大学大学院社会学研究科，71-87頁.

赤尾光春，早尾貴紀編（2011）『シオニズムの解剖――現代ユダヤ世界におけるディアスポラとイスラエルの相克』人文書院.

阿部俊哉（2024）『パレスチナ和平交渉の歴史――二国家解決と紛争の30年』みすず書房.

有田英也（2000）『ふたつのナショナリズム――ユダヤ系フランス人の「近代」』みすず書房.

池田有日子（2011）「アメリカ・ユダヤ人とシオニズム——国家忠誠と同胞意識のはざまで」，赤尾光春，早尾貴紀編（2011）『シオニズムの解剖——現代ユダヤ世界におけるディアスポラとイスラエルの相克』人文書院，pp. 100-120.
市川裕，臼杵陽他編（2008）『ユダヤ人と国民国家——「政教分離」を再考する』岩波書店.
今野泰三（2021）『ナショナリズムの空間——イスラエルにおける死者の記念と表象』春風社.
梅木達郎（2002）『脱構築と公共性』松籟社.
大岩川和正（1983）『現代イスラエルの社会経済構造——パレスチナにおけるユダヤ人入植村の研究』東京大学出版会.
大岩根安里（2015）「J・L・マグネスとH・ソルドのシオニズムにみる『共生』——“the Internal Jewish Question” と “the Arab Question” を巡って」，『一神教世界』，6巻，同志社大学一神教学際研究センター，2015，pp. 19-36.
オーデン，W. H.（1968）深瀬基寛訳『オーデン詩集』せりか書房.
大形綾（2017）「「リトルロックに関する考察」再考——アメリカ黒人の文化的伝統に対するアーレントの理解と誤解」，『人間・環境学』26巻，京都大学大学院人間・環境学研究科，155-170頁.
————（2021）『ハンナ・アーレントとニューヨーク知識人の知的交流史』京都大学大学院人間・環境学研究科博士論文（未公刊）.
岡野八代（2002）『法の政治学——法と正義とフェミニズム』青土社.
柿木伸之（2019）『ヴァルター・ベンヤミン——闇を歩く批評』岩波書店.
河合恭平（2014）「H・アーレントのアメリカ革命論と黒人差別の認識——「始まり」の恣意性と暴力に関連させて」，『社会思想史研究』38巻，藤原書店，184-203頁.
川崎修（2010）『ハンナ・アレントの政治理論』岩波書店.
川満信一，仲里効（2014）『琉球共和社会憲法の潜勢力——群島・アジア・越境の思想』未來社.
金慧（2020）「熟議と闘技——活動／行為はどのようなかたちをとるのか」，日本アーレント研究会編『アーレント読本』法政大学出版局，pp. 241-257.
金賢京（2020）影本剛訳『人，場所，歓待——平等な社会のための3つの概念』青土社.
金城美幸（2010）「建国初期イスラエルにおけるデイル・ヤーシーン事件の語り——殺戮行為の糾弾と正当化」*Core Ethics,* Vol. 6, 2010, pp. 169-179.
グリッサン,エドゥアール，シャモワゾー,パトリック（2024）中村隆之訳『マニフェスト——政治の詩学』，以文社.
ケネディ,デイン（2023）長田紀之訳『脱植民地化——帝国・暴力・国民国家の世界史』白水社.
河野哲也（2014）『境界の現象学——始原の海から流体の存在論へ』ちくま選書.
國分功一郎（2017）『中動態の世界——意志と責任の考古学』医学書院.

小森謙一郎（2017）『アーレント　最後の言葉』講談社.

————（2018）「サイードのために——アーレントとパレスチナ問題 1」，『武蔵大学人文学会雑誌』，50巻 1 号，武蔵大学人文学会，35-54頁.

————（2020）「忖度，改竄，修正主義——アーレントとパレスチナ問題 2」，『武蔵大学人文学会雑誌』，51巻 1 号，武蔵大学人文学会，1-22頁.

サイード, エドワード.（2003），長原豊訳，鵜飼哲解説，『フロイトと非ヨーロッパ人』平凡社.

櫻井映子編著（2020）『リトアニアを知るための60章』明石書店.

佐藤和夫（2017）『〈政治〉の危機とアーレント——『人間の条件』と全体主義の時代』大月書店.

重松尚（2015）「リトアニアにおける「ジェノサイド」——その言説の系譜と国内法における定義」『ロシア・ユーラシアの経済と社会』pp. 31-45.

————（2017）「1930年代末リトアニアにおける反ユダヤ主義——リトアニア人実業連合の新聞『ヴェルスラス』の分析を中心に」『東欧史研究』39巻，pp. 40-63.

シュタングネト, ベッティーナ（2021）香月恵里訳『エルサレム〈以前〉のアイヒマン——大量殺戮者の平穏な生活』みすず書房.

ショーレム, ゲルショム（1991）岡部仁訳『ベルリンからエルサレムへ——青春の思い出』法政大学出版局.

杉村靖彦，渡名喜庸哲，長坂真澄編（2022）『個と普遍——レヴィナス哲学の新たな広がり』法政大学出版局.

野村真理（2012）『ホロコースト後のユダヤ人——約束の土地は何処か』世界思想社.

タイガー, ライオネル他（1981）荒木哲子・矢沢澄子訳『女性と社会変動——キブツの女たち』思索社.

高橋哲哉（1994）「アレントは《忘却の穴》を記憶したか——岩崎稔氏に応える」『現代思想』22号(12)，1994年，青土社，pp. 28-48.

————（2004）『証言のポリティクス』未来社.

————（2012）『記憶のエチカ——戦争・哲学・アウシュヴィッツ』岩波書店.

田野大輔（2022）「〈机上の犯罪者〉という神話——ホロコースト研究におけるアイヒマンの位置付けをめぐって」，*Arendt Platz,* No7, 2022, pp. 13-21.

千葉眞（1996）『アーレントと現代——自由の政治とその展望』岩波書店.

————（2014）『連邦主義とコスモポリタニズム——思想・運動・制度構想』風行社.

対馬美千子（2016）『ハンナ・アーレント——世界との和解のこころみ』法政大学出版.

鶴見太郎（2012）『ロシア・シオニズムの想像力——ユダヤ人・帝国・パレスチナ』東京大学出版会.

寺島俊穂（2006）『ハンナ・アレントの政治理論——人間的な政治を求めて』ミネルヴァ書房.

デリダ, ジャック（1999）堅田研一訳『法の力』法政大学出版局.
――――（2013）藤本一勇，立花史，郷原佳以訳『散種』法政大学出版局.
――――（2022）谷口博史訳『エクリチュールと差異』法政大学出版局.
渡名喜庸哲（2021）「アーレント・難民・収容所(1)」『境界を越えて――比較文明学の現在』21号，pp. 57–68.
――――（2022）「アーレント・難民・収容所(2)」『境界を越えて――比較文明学の現在』22号，pp. 47–64.
戸谷洋志，百木漠（2020）『漂泊のアーレント戦場のヨナス――ふたりの二〇世紀ふたつの旅路』慶應義塾大学出版会.
中谷礼仁（2019）『未来のコミューン――家，家族，共存のかたち』インスクリプト.
――――（2020）『実況・比較西洋建築史講義』インスクリプト.
西川長夫（1998）『国民国家論の射程――あるいは「国民」という怪物について』柏書房.
日本アーレント研究会編（2020）『アーレント読本』法政大学出版局.
日本建築学会編（1983）『西洋建築史図集』彰国社.
野口雅弘（2018）『忖度と官僚制の政治学』青土社.
ハーバーマス, ユルゲン他（2014）メンディエッタ, エドゥアルド他編，箱田徹，金城美幸訳『公共圏に挑戦する宗教――ポスト世俗化時代における共棲のために』岩波書店.
ハーリディ, ラシード（2023）『パレスチナ戦争――入植者植民地主義と抵抗の百年史』鈴木啓之，山本健介，金城美幸訳，法政大学出版局.
早尾貴紀（2008）『ユダヤとイスラエルのあいだ――民族／国民のアポリア』青土社.
――――（2020）『パレスチナ／イスラエル論』有志舎.
平野嘉彦（1996）『カフカ――身体のトポス（現代思想の冒険者たち　第 4 巻）』講談社.
藤岡俊博（2014）『レヴィナスの「場所」の倫理』東京大学出版会.
藤田弘夫（1993）『都市の論理――権力はなぜ都市を必要とするか』中央公論社.
船津真（2008a）『初期アーレント思想の生成――主に1930年代末から1950年代初頭にかけての，ユダヤ政治との関わりを中心に』一橋大学大学院言語社会研究科博士論文（未公刊）.
――――（2008b）「アーレントとシオニズム――二重ネイション国家論者からイスラエル擁護へ，という「右傾化」の事例に即して」『言語社会』 2，一橋大学大学院言語社会研究科，pp. 241–256.
ベンヤミン，ヴァルター（1969）高原宏平・野村修訳『ヴァルター・ベンヤミン著作集Ⅰ　暴力批判論』晶文社.
三浦隆宏（2020）「アイヒマン裁判――『悪の凡庸さ』は論駁されたか」，日本アーレント研究会編『アーレント読本』法政大学出版局，pp. 103–112.
――――（2022）「怪物と幽霊の落差――あるいはバクテリアが惹き起こす悪について」，*Arendt Platz,* No7, 2022, pp. 22–31.

宮﨑裕助（2020）『ジャック・デリダ――死後の生を与える』岩波書店.
百木漠（2018）『アーレントのマルクス――労働と全体主義』人文書院.
森一郎（2008）『死と誕生――ハイデガー・九鬼周造・アーレント』東京大学出版会.
――――（2019）「誕生，行為，創設――アーレント『革命論』における「始まり」について」『思想』2019年5月号，岩波書店，pp. 69-84.
森川輝一（2010）『〈始まり〉のアーレント――「出生」の思想の誕生』岩波書店.
森下直貴，佐野誠（2020）『「生きるに値しない命」とは誰のことか――ナチス安楽死思想の原典からの考察　新版』中央公論新社.
森まり子（2008）『シオニズムとアラブ――ジャボティンスキーとイスラエル右派一八八〇―二〇〇五年』講談社.
保井啓志（2022）「シオニズムにおける動物性と動物の形象――近代化とショアーをめぐる議論を事例に」『日本中東学会年報』38巻1号，日本中東学会，pp. 61-93.
矢野久美子（2002）『ハンナ・アーレント，あるいは政治的思考の場所』みすず書房.
――――（2024）『アーレントから読む』みすず書房.
山岡健次郎（2019）『難民との友情――難民保護という規範を問い直す』明石書店.
山﨑孝史編（2022）『「政治」を地理学する――政治地理学の方法論』ナカニシヤ出版.
山本圭（2020）『アンタゴニズムス――ポピュリズム「以後」の民主主義』共和国.
――――（2021）『現代民主主義――指導者論から熟議，ポピュリズムまで』中央公論新社.
山本理顕（2015）『権力の空間／空間の権力――個人と国家の「あいだ」を設計せよ』講談社.
ラカー，ウォルター編（2003）井上茂子訳『ホロコースト大事典』柏書房.
レイボヴィッチ，マルティーヌ（2008）合田正人訳『ユダヤ女ハンナ・アーレント――経験・政治・歴史』法政大学出版局.
レッシング（2020）丘沢静也訳『賢者ナータン』光文社.
ロイ，サラ（2024）岡真理，小田切拓，早尾貴紀編訳，『なぜガザなのか――パレスチナの分断，孤立化，反開発』青土社.
The Library of Congress, Hannah Arendt Papers.（2024/11/29確認）
Yad Vashem-The World Holocaust Remembrance Center Website.（2024/08/10確認）